新潮文庫

外務省に告ぐ

佐藤優著

目次

外務省に告ぐ

まえがき "surprisingly"

日本外交は敗北に敗北を重ねている。しかし、ここで冷静に考えてみよう。わが日本人は優秀な民族である。19世紀半ば、帝国主義列強の圧力によって開国したが、国民の力と知恵を結集し、日本は植民地になることから免れた。急速な経済成長を遂げている中国に2010年にGDP（国内総生産）世界第2位の座を譲り渡したが、依然として日本は世界トップクラスの経済大国にとどまる。経済面だけでなく、数学、物理学、さらに哲学や文学などの知的領域においても日本民族は世界史に大きな足跡を残している。それにもかかわらず、なぜ外交がこのようなみじめな状態に陥っているのだろうか。ドイツやロシアに「魚は頭から腐る」という俚諺《りげん》がある。国家が崩壊するときに、まずエリート層が腐敗するということだ。日本外交の今を読み解く鍵《かぎ》が、この俚諺にある。外務官僚は、一流大学を卒業し、難しい国家試験に合格した超エリートだ。キャリア（国家公務員I種試験合格者）だけでなく、外務省専門職員試験に合格したノンキャリアも東大、京大、早稲田《わせだ》、慶応などの難関大学の卒業生が大多数だ。しかも外務官僚は、採用後、本省で1〜2年（キャリアは2年、ノンキャリアは1年）の実務研修をした後、語学によって異なるが2〜3年間、海外に留学する。そのときは、仕事をいっさいせずに勉強（主に外国語の習得）に専心する。国のカネでもう一度、大学を出るようなものだ。外交官1人を養成するのに1500万〜3000万円くらいの国費が投入されていると思う。そうして高度な語学力と教養を身につけた外交官をつくらなくては、外交戦争の中で日本国家が生き残ることができないからである。

しかし、現在、外務官僚が国民の期待に応《こた》える外交をしているとは到底思えない。その実態が民間告発サイト・ウィキリークス（WL）が入手した米国国務省の秘密公電で明らかになった。真理は具体的だ。北方領土問題に関する日本外交の実態について見てみよう。2011年5月10日付朝日新聞朝刊は、WLをもとにした解説記事で、〈米側が日本の楽観的な見通しを一貫して冷ややかに見ていた様子は、他の複数の公電からもうかがえる。／たとえば、06年末に石油・天然ガス開発プロジェクト「サハリン2」をめぐってロシア側が三井物産、三菱《みつびし》商事などから権益の過半数の譲渡を受ける妥協案がまとまったが、07年1月の公電は「日本外務省は、この結果が北方領土交渉を促進すると信じている」と指摘し、「驚くべきことだ」とした。〉と記す。ロシアが環境問題を口実に日本企業も出資していたサハリン大陸棚の天然ガス・石油プロジェクト（サハリン2）を反故《ほご》にした。これに対して日本はロシアに大幅に権益を譲った。本件は誰が見ても外交敗戦である。それにもかかわらず日本の外務官僚は「北方領土交渉を促進する」という頓珍漢《とんちんかん》な評価をしていることに米外交官が驚いて腰を抜かしているという内容だ。

こんな頭の悪い外務官僚がいるとはにわかには信じがたいので、WLが暴露した英語の公電をチェックしてみた。確かに朝日新聞が書いたように「驚くべき（surprising-ly）」という表現がある。頓珍漢な発言で米外交官を驚かせたのは松田邦紀《くにのり》外務省ロシア課長（当時、現在米国デトロイト総領事）だ。06年12月28日に松田氏は東京で米国大使館員と会って、いいかげんなことをペラペラ話している。その内容が07年1月12日付の秘密公電でワシントンの国務省に報告された。その中に松田課長の発言として〈日本外務省はこの外交交渉が露日間の全般的な雰囲気を改善し、北方領土問題を含むその他の分野における協議を促進すると信じている。〉と記されている。もっとも米国大使館としては松田氏の発言を信用していないので「驚くべきことに」という副詞をつけてバカにしているのだ。

松田氏は、東京大学教養学部教養学科（東大の最難関学科）を卒業した秀才中の秀才である。私も駆け出し時代、1987年にモスクワの日本大使館で松田氏と数カ月間、机を並べて仕事をしたことがある。当時の松田氏は酒好きで、愉快な人間だった。ただし、1つだけ気になることがあった。離任するときに松田氏は、いつも使っていた三省堂の『コンサイス露和辞典』をゴミ箱に捨てていったのである。外国語を習得した人は、使いこなした辞書に愛着を持つ。また、通訳や翻訳を担当する外交官は辞書に書きこみをするので、新しい辞書を買っても、古い辞書を捨てたりしない。私はゴミ箱に捨てられた露和辞典が可哀想《かわいそう》に思えたので、拾い上げ、自分の本棚に並べた（今もこの辞書は箱根・仙石原《せんごくばら》の私の仕事場の本棚に並んでいる）。同時に「この人は本気でロシアと取り組む気持ちがない。このような姿勢でロシアを専門とする外交官としてやっていけるのだろうか」と松田氏の将来に不安を覚えた。

それから10年後、私は、所属する課は異なったが、松田氏と仕事をすることになった。そのときの松田氏の行状については、鈴木宗男《むねお》氏が『闇《やみ》権力の執行人』（講談社プラスアルファ文庫、07年）や私との共著『反省　私たちはなぜ失敗したのか？』（アスコム、07年）において、赤坂の料亭における松田氏の「幼児プレイ」とその経費を鈴木宗男事務所につけ回したことなど詳しく述べているので、ここでは繰り返さないが、東京の米国大使館員が松田氏について形容した「驚くべき（surprisingly）」という表現に私は何の意外性も持たない。

松田氏のような幹部が外務省には何人もいる。いわば外務省の生活習慣病なのだと思う。その治療のためには、健康診断を受けなくてはならない。「新潮45」に連載した「外務省に告ぐ」は、外務省に対する私なりの健康診断と処方箋《しょほうせん》の提示なのである。その動機は、日本のために頑張って欲しいという外務省に対する私の愛だ。

2011年8月3日　箱根仙石原の仕事場で

佐藤優

第1章 外交敗戦——北方領土はなぜ失われたのか？

ロシアにもなめられ、北方領土を失う日

クレムリンからのシグナル

2010年11月1日朝、筆者は箱根仙石原の仕事場で、17世紀初めに翻訳されたチェコ語の聖書を読んでいた。現代チェコ語と文法は基本的に同じだが、語彙《ごい》や表現が異なる。今から21年前、モスクワの日本大使館に勤務しているときにプラハに出かけ、この聖書を買ったが、外交官時代は辞書を引きながらこの本と向かい合う時間的余裕がなかった。02年に鈴木宗男疑惑に連座し、東京地方検察庁特別捜査部に逮捕、起訴され、裁判闘争に7年を費やし、結局負けて、外務省を去ることになった。しかし、職業作家になり、こうして読みたい本に割く時間があるのだから、人生は悪いことばかりではないと考えていた。

午前9時10分頃、突然、携帯電話が鳴った。最近は、電話に出ることもあまりなく、留守番電話のメッセージを聞いて、コールバックすることの方が多い。液晶盤に表示された電話番号を見ると昔からの知り合いの政治部記者だ。電話に出ることにした。

記者「佐藤さんの予測通りになりました。ユジノサハリンスク（ロシア連邦サハリン州の州都）からたった今連絡がありました。（ロシアの）メドベージェフ大統領一行が小型機に乗り込んだのを確認したという情報です」

佐藤「行き先は」

記者「国後島《くなしりとう》という情報です」

佐藤「一旦《いったん》、電話を切る。続報があったらすぐに教えてくれ」

筆者はすぐに鈴木宗男前衆議院議員（新党大地代表）の自宅に電話をした。鈴木氏は、10月26日に内視鏡で食道ガンの手術をした。10月31日に退院し、自宅で療養している。筆者が電話で、記者から聞いた話を伝えた。

鈴木「あなたの読み通りになったね。こっちにも昨日、現地の港湾関係者から、1日の11時（日本時間の10時）にメドベージェフが国後島に入る予定だという情報が入っていた。予定よりも少し早いようだね。あなたが言ったとおり10月26日『ロシアの声』は、クレムリン（ロシア大統領府）からのシグナルだった」

佐藤「それだから、外務省の連中にも注意喚起する意味で私はあの記事を書いたのです。連中が読んでいないことはないと思うのですが……」

鈴木「佐藤さんの書いたものは注意深く読んでいると思うよ。特に北方領土がらみだ」

佐藤「あえて無視しましたね。佐藤の言うことだけは絶対に聞きたくないという心理が働いたのでしょう」

ここで少し説明が必要になる。「ロシアの声」とは、ロシア国営ラジオ放送で、ソ連時代は「モスクワ放送」と呼ばれていた。最近、ロシアは日本に対するシグナルを「ロシアの声」の日本語放送で流す。日本語版HP（http://japanese.ruvr.ru）が充実しているので、それを読んでいると、クレムリンの意向が手に取るようにわかる。インテリジェンスの世界に「オシント」という業界用語がある。「オープンソース・インテリジェンス（公開情報諜報《ちょうほう》）」の略で、誰でもアクセスすることができる情報を分析することによって、相手の意図を見破る手法だ。しかも、ロシア側が日本語に訳している。従って、ロシア語の障壁もない。10月26日に、近くメドベージェフ大統領（本書における役職は出来事が起きた時点のものとする）が北方領土を訪問することを予告する奇妙な論評がでた。どうも総理官邸も外務省もこのシグナルがもつ重要性に気づいていない。そこで、筆者が「SANKEI EXPRESS」に毎土曜日に連載しているコラム「地球を斬《き》る」に、注意を促す以下の記事を書いた。執筆したのは28日で、30日付に掲載された。

〈「ロシアの声」が仕掛ける新たなルール

ロシア国営ラジオ「ロシアの声」（旧モスクワ放送）の日本語放送ホームページは、ロシア政府のシグナルをさりげなく日本に伝える役割を果たしている。10月26日付HP

は、「領土問題 露日関係発展の妨げにするな」というタイトルで掲載された論評の以下の部分が注目される。8月にロシア査証（ビザ）を取得して国後島へ渡航した日本人が政府に謝罪したことについて紹介したのに続いてこう論評している。

■「日本は口出しするな」

《日本政府は国民に対し、ロシア査証で北方四島を訪問しないよう求め、四島で経済活動を行わないよう要請した。北方四島に対するロシアの領有権を認めることになるというのが日本政府の論理だ。

国民に対する日本政府の行動は内政問題と捉《とら》えることができるだろう。一方で、メドヴェージェフ大統領の南クリル諸島訪問を阻止しようとする動きはロシアではきわめて否定的な反応を呼び起こしている。ロシア大統領府はこれに対し、「大統領によるクリル諸島訪問は、近く予定している日本訪問に合わせて行うのが最適だろう」と述べたが、日本の新聞の一紙は、「訪問が行われた場合には、駐ロシア大使を召還すべきだ」と反応した。メドヴェージェフ大統領がクリル諸島訪問を中止したのは天候不良のためだったが、11月には島の天候はさらに悪化する可能性がある。いずれにしてももし大統領が島を訪問した場合には、日本政府は最悪の状況に置かれることとなるだろう。メドヴェージェフ大統領を受け入れないわけにはいかない。なぜなら日本政府の権威に傷がつくからだ。日本は中国との間にも尖閣《せんかく》諸島問題を抱えている。この島をめぐる対立は南ク

リル諸島問題よりもはるかに激しいものとなっている》
この論評は、日本政府が日本国民のロシアの査証を取得した形態での北方領土訪問の自粛を要請するのは、日本の内政問題なので、ロシア政府としてうんぬんするつもりはないという「ゲームのルール」を確認したいと呼びかけている。つまり、相互に内政問題には干渉しないという立場から、メドベージェフ大統領が北方領土を訪問することにつき、日本政府は口出しするなという要請だ。

■現状維持を狙《ねら》う罠《わな》

この論評でロシア側が設定した「ゲームのルール」を受け入れてはならない。日露間で、北方四島は係争地域であるという合意がなされている。それ故《ゆえ》に、大統領がこの地域に立ち入ることをロシアは差し控えていた。ロシア憲法上、大統領は領土保全の義務を負う。メドベージェフ大統領が、択捉島《えとろふとう》、国後島、色丹島《しこたんとう》のいずれかを訪問すれば、「大統領はこの島を日本に引き渡すつもりがあるか」という質問を住民から必ず受ける。これに対して、メドベージェフ大統領は「クリルはわれわれの領土だ。外国に引き渡すことはない」と答えるに決まっている。

このことを予測した上で、ロシアは日本語放送を通じ、「そのような事態になっても、国内的発言なので、モスクワの日本大使を東京に召還するような激しい対応はしないでしょうね」と水を向けているのだ。そして、尖閣諸島問題を巡る日中間で互いに国内的発言に反応しないという日本の立場をロシアに対しても適用させようとしている。

これは、ロシアの罠だ。国内的発言に互いに反応しないというのは、現状を維持する効果をもたらす。尖閣諸島を実効支配しているのは日本なので、この対応は日本に有利だ。これに対して、日本は北方領土を実効支配できていない。「北方領土はロシアによって不法占拠されている」というのが日本政府の立場だ。大統領の北方領土を含め、現状を固定化するロシア側の行為は、日本の立場を弱くする。メドベージェフ大統領の北方領土訪問を阻止するために日本政府は全力を尽くすべきだ。〉

ロシア・スクールの能力低下

それからしばらくして、別の新聞記者からメールが入った。ロシアの通信社インターファックスの「大統領が国後島に着いた」という露文記事が貼《は》り付けられている。

その後、新聞記者や国会議員から続々と電話がかかってきたので、チェコ語の聖書を読み進めることができなくなった。正午少し前だ。親しくする政治部記者から電話がかかってきた。声が少しうわずっている。

記者「(外務省の)小寺(次郎)欧州局長がオフレコ懇談でとんでもないことを言っていますよ」

佐藤「何て言っているの」

記者「ぶらさがりの会見で記者から『局長は、大統領が北方領土に行くことはないと判断していたではないか』と詰め寄られたのに対して、『常識的に考えればないだろうと判断していた。私の判断が間違いか、ロシアの常識がおかしいのかわからないが、結果として北方領土に行かないという判断は間違えていた』と開き直りました」
佐藤「開き直ったんじゃなくて、小寺さんはほんとうに行かないと信じていたんだと思う。おとといの『SANKEI EXPRESS』にも書いたけれど、ロシア側が明確なシグナルを出しているんだ。『行く』と分析するのがプロの常識だと思うよ」
記者「小寺局長だって、ロシア・スクール（外務省でロシア語を研修し、対露外交に従事する外交官）でしょう。『行く』と思っていながら、政治的思惑からあえて『行かない』と言ったのでしょうか」
佐藤「それはない。小寺さんは、本心から『行かない』と思っていたんだ。これは政治的思惑ではなく、小寺さんのロシア専門家としての能力の問題なので仕方がないよ。ただし、事態は深刻だよね。戦場で、兵隊がバカだとそいつが弾にあたって死ぬだけだけど、司令官の能力が低いと部隊が全滅するからね。覚えているかい。2001年4月に当時の東郷和彦《とうごうかずひこ》欧州局長が小寺さんをロシア課長から外しただろう」
記者「その後、田中眞紀子《まきこ》外務大臣がロンドンから小寺さんを呼び戻して再びロシア課長に就けましたよね。それで田中眞紀子・鈴木宗男戦争が勃発《ぼっぱつ》した……」

佐藤「それが遠因となって、鈴木さんや僕が失脚し、逮捕されることになった。あのとき東郷さんは、『平時ならば小寺でもロシア課長がつとまるが、今は北方領土が日本に返るかどうかという非常時だ。小寺の能力では任に堪えない』と考えて更迭《こうてつ》したんだ。この人事を東郷さんが小寺さんに言い渡したとき、小寺さんは『今後は佐藤に相談して北方領土交渉を進めるのですか』と言っていたそうだ。どうも恨まれてしまったらしい。小寺さんは人間としてはいい人だよ。ただ、他人の気持ちになって考えることが苦手だ。それだから、ロシアの政治エリートの内在的論理を読むことができない。いずれにせよ、これは能力の問題だからどうしようもないよ。ところで、岡野正敬《まさたか》ロシア課長は、メドベージェフの北方領土訪問の可能性についてどう言っていた？」

記者「小寺さんと同じです。この時期での訪問の可能性は、まったくないと言っていました。訪問直前の金曜日（10月29日）には、ロシア課の幹部は午後7時に退庁していました」

佐藤「……」

記者「訪問前日（10月31日）は、休日当番らしい女性職員しかいませんでした」

佐藤「事態は深刻だね。岡野君はフランス語の専門家だから、ロシア事情についてよくわからなくても仕方がない。モスクワの日本大使館とユジノサハリンスクの日本総領事館がきちんとした情報を取っていない。それと本省が横浜でのＡＰＥＣ（アジア太平洋経済協力）首脳会議前にロシアが日本を刺激するはずはないという先入観にとらわれていたんだね。それで、小寺さんは、メドベージェフがこのタイミングで国後島を訪問した理由について何か言っていた？」
記者「言っていました。オフレコ懇談で、『もっとも単純な判断でしょう。ついでだから。前々から行くと言っていたわけだから、ついでだから行っちゃおうということだったのではないか』と言っていました」
佐藤「………」
記者「どうしたんですか」
佐藤「そこまでレベルが低いとは想像していなかった。今回の訪問は、よく練られた戦略に基づいている。尖閣諸島問題で日本外交の基礎体力が弱っている隙《すき》に付け込んで、ロシアが帝国主義国としての本性を現したのだと僕は見ている。それで、外務省はこれから何をすると言っているの」
記者「記者からの『前原誠司《せいじ》外務大臣がベールイ・ロシア大使を呼んで、直接抗議するのか』という質問に対して、小寺局長は『それはまだよくわからないが、その可能性もある』と答えました」
佐藤「甘い。前原大臣が大使を呼んで直接抗議するのは最低限だ。モスクワの河野《こうの》雅治《まさはる》大使を日本に一時帰国させる段階に来ているよ」

記者「大使召還ですか」
佐藤「公式の大使召還は、だいたい戦争の直前にやることだから、そういう言い方は、いまどこの国もしないよ。『大使から直接事情を聞きたい』と言って、呼び戻すんだ。これで相当強く不快感を表明したことになる。これくらいしないとロシアはもっと押してくるよ。それから今回の大使館の情報収集態勢について、どうなっているか河野大使から前原外務大臣が直接聞いてみる必要がある」
記者「しかし、外務省は事態を極力穏便に済ませようとするでしょう。大使を呼び戻すなんていうことをしないと思います」
佐藤「いくつかの新聞が『大使を召還せよ』と書けば、前原さんならばやると思うよ」
記者「佐藤さんは、前原さんと面識があるでしょう。直接、進言したらどうですか」
佐藤「しない。裏でそういうことをすると外務官僚が、全力をあげてサボタージュする。むしろマスメディアを通じて、総理官邸と外務省に僕の意見を表から伝える」

ロシア4島、日本0島!?

その日は、親しくする新聞社幹部や国会議員たちから「前原外務大臣か仙谷由人《せんごくよしと》内閣官房長官に直接意見具申をしろ」という電話がかかってきたが、「それは逆効果になる」と筆者の考えを説明した。そして、11月2日付産経新聞に以下の緊急寄稿をした。

〈四島「脱日本化」の意思あらわ

メドベージェフ露大統領の国後島訪問は戦略的によく練られたものだ。ロシアは、事前にこの訪問についてシグナルをいくつも出してきたが、日本外務省は「メドベージェフ大統領の北方領土訪問はない」と分析を誤った。今回の事態について、外務省のインテリジェンス能力を抜本から点検する必要がある。

今回の大統領訪問の目的を一言でいうと「北方領土の脱日本化」だと筆者は見ている。過去に日本外務省は、人道支援、ビザなし交流などによって、北方領土の日本化を進めていたが、それを逆転させるということだ。

国後島におけるメドベージェフ大統領の発言を分析すると、そのことがよくわかる。大統領は地熱発電所を訪れ、「これは小さな発電所だが、もっともエネルギー効率がよい」と発言した。日本は北方四島の住民生活を支援するためにディーゼル発電機を供与し、事実上の発電所をつくった。それにより、日本政府は北方四島住民の日本への依存度を高めようとした。今後は、ロシアが自前で電力を調達するので、日本には依存しないという意思表示を大統領が行ったと筆者は見ている。

また、大統領は、現在4チャンネルのテレビ放送を「20チャンネルにする」と約束した。国後島のロシア系住民は日本のBS放送を見ている。このような状況をロシアのテレビチャンネルを20に増加させることによって変化させることをメドベージェフ大統領は意図している。

さらに、「ここでは（携帯電話の）通信がどこでも通じる。もちろん日本製でない」と述べた。電力、テレビ、通信において、日本の影響力を排除するというロシア国家としての意思をメドベージェフ大統領が表明したのだ。

尖閣諸島問題をめぐる中国の激しい反応に対して菅直人《かんなおと》政権が及び腰になっているすきにつけ込んで、ロシアは北方領土における不法占拠を固定化しようとしている。

北方四島が係争地であることについては、日露両国政府が公式に認めていることだ。それだから、これまでロシア大統領が北方領土を訪問することはなかった。「領土問題は存在しない」と言っていた冷戦時代においてもソ連の最高指導者が北方領土を訪れることはなかった。そのような行為をすれば、日本が激しく反発し、第三国にも働きかけるので、その対応に消耗し、結果としてソ連の国益を毀損《きそん》すると考えたので、ソ連は北方領土に対する静謐《せいひつ》戦術を採用したのだ。

ロシアはソ連と異なり、共産主義に基づく世界革命の野望は持っていない。ただし、ロシアは帝国主義国だ。まず、相手国の立場を考えずに自国の要求を最大限に表明する。これに対して、相手国がひるみ、国際社会も沈黙するならば、ロシアはそのまま権益を拡大する。相手国が激しく反発し、国際社会からもひんしゅくを買い、結果としてロシアの国益が毀損されるような状況のときにだけ、妥協し、国際協調に転じる。どうも日本の外務官僚には、ロシアが帝国主義国であるという本質が見えていないようだ。日本国家を愛する国民、マスコミ関係者、政治家が一丸となって、北方領土を守るために声をあげなくてはならない。ロシアは日本の反応を注意深く観察している。ここで日本人がおとなしくしているならば、「ロシアと日本は、東京宣言（1993年10月）において北方四島に関する帰属の問題を解決して平和条約を締結すると約束したが、4島を日本に返還するとは約束していない。第二次世界大戦の結果を変更させることはできない。ロシアが4島、日本は0島で、帰属の問題を解決し、平和条約を締結しよう」などと平気で言い出してくるだろう。いま、ただちにロシアの暴挙に対して激しく拳《こぶし》を振り上げることが必要だ。おとなしくしていてはロシアからなめられるだけだ。

前原誠司外務大臣がベールイ駐日ロシア大使に抗議するくらいのことをロシアは織り込んでいる。菅直人首相が政治主導で「今回の事態について大使から直接報告を受けたい」と言って、モスクワの河野雅治駐露大使を即時呼び戻すことだ。そうすれば、ロシア側も事態の深刻さを認識する。それとともに、日本外務省の対露インテリジェンス態勢を抜本から立て直し、今回のような分析ミスによる不祥事が繰り返されないようにすべきだ。〉

官僚の能力を見極めよ

11月2日、前原誠司外務大臣は、河野雅治駐露大使を一時帰国させるという意向を表明した。朝日新聞はこう報じた。

〈菅内閣は、ロシアのメドベージェフ大統領が北方領土の国後島を訪問したことを受けて、河野雅治駐ロシア大使を近く一時帰国させることを決めた。前原誠司外相が2日午後の記者会見で明らかにした。前原氏は「事情を聴くため」と強調したが、事実上、ロシア側に不快感を表明する措置であることを複数の外交関係者は認めている。

河野氏は、3日午前にも成田空港に到着する予定だ。

菅直人首相は2日夜、記者団に「事情を私も聴いてみたいと思って（一時帰国を）指示した」と述べた。首相と仙谷由人官房長官、前原外相らは同日午前、首相官邸で協議し、「一時帰国」を決めた。

前原外相は会見で大統領の北方領土訪問について「どういうバックグラウンド（背景）があったのか」を河野氏に聴くためだと繰り返し、対抗措置ではないと強調した。

外交上、強い抗議の意思を示す場合に大使を召還することがあるが、今回はその措置には踏み込まず「一時帰国」にとどめた。駐ロ大使の召還に踏み切れば、日ロ関係が決定的に悪化しかねないとの判断があったと見られる。〉（11月2日付 asahi.com）

前原外務大臣が迅速に河野大使の一時帰国を命じたことで、ロシア側も事態を深刻に受け止めた。ここから本格的な外交ゲームが始まる。

今回、日本外交はたいへんな失態を演じた。しかし、その責任は、菅直人総理や前原誠司外務大臣にはない。対露外交に従事するもっとも「優秀な」専門家でなくてはならない小寺次郎欧州局長、岡野正敬ロシア課長、河野雅治駐露大使が、日本の国益にかかわる最重要事項について分析と見通しを誤ったのだ。間違えた情報があげられても、外務省以外にその情報をチェックする機関が日本政府には存在しない。仮に安倍晋三《あべしんぞう》政権時代に構想された総理官邸に直属する対外インテリジェンス機関ができていれば、情報のダブルチェック、また日本の対外情報機関とSVR（露対外諜報庁《ちょうほうちょう》）との「裏チャンネル」で正確な情報を日本政府が摑《つか》むことも可能だったはずだ。

11月1日のオフレコ懇談で、前原外務大臣は、「ロシア・スクールで、メドベージェフ大統領が北方領土に行くかどうかについては、意見が分かれていたようだ」と述べた由《よし》。外務省にも、大統領が北方領土を訪問するという正しい分析をした者がいるということだ。こういう外務官僚の見解を政策に反映させることだ。筆者が見るところ、現在の外務省幹部で、篠田研次《しのだけんじ》国際情報統括官は、ロシア語も堪能《たんのう》で、1990年代末に北方領土交渉を動かした実績がある。また、国際情報統括官組織は、SVRを含む諸外国のインテリジェンス機関と外務省との窓口だ。前原外務大臣が小寺欧州局長と篠田国際情報統括官に同じ課題を与え、その報告を比較、検討しながら、政治判断をすれば、今回のような失態を避けることができると思う。

お断り　情報源を秘匿《ひとく》するために、複数の記者の発言を1人の記者の発言としている部分があります。

「新潮45」2010年12月号掲載

モスクワ空港爆弾テロが及ぼす北方領土交渉への影響

テロリストは北コーカサスからやって来た?

２０１１年1月24日午後4時半（現地時間、日本時間同日午後10時半）頃、ロシアのモスクワ南部にあるドモジェドボ空港の国際線ターミナルで爆発があった。捜査委員会によると少なくとも35人が死亡、１２６人が負傷した。捜査委員会は本件をただちにテロ事件と断定した。モスクワでの報道を総合すると、事前にテロに関する情報がもたらされ、捜査員が不審な人物を監視していたが、未然に防げなかったようである。モスクワで起きた交通機関を対象とするテロ事件では過去最大の被害者を出した。

日本ではロシアに関する情報がなかなか入らないという話をよく聞く。細かい内容はともかく、ロシアで起きている基本情報と露政府の立場は、インターネットを使えば日本語で瞬時に入手することができる。ロシア国営ラジオ「ロシアの声」（旧モスクワ放送）が日本語版HPを開設している。ここに掲載されるニュースと解説に目を通しておけば、ロシア政府が何を考えているかがよくわかる。ドモジェドボ空港テロ事件について、1月25日、「ロシアの声」はこう伝えた。

〈事件現場では捜査活動が今も続いている。これまでに判明しているところでは、テロリストの数は2人で、かばんを開けたタイミングで自爆した。また爆発物の破壊力はTNT換算で最大5キロ、中には鋼鉄の針金や鉄球の破片が詰まっていた。女性の自爆犯がかばんを開けた瞬間に爆発した。この女性犯には男性が付き添っており、爆破の際に頭部が切断されている。今回のテロの手法は、北カフカスのテロリストがよく利用するものだ。〉

北コーカサスの、アディゲイ共和国、カバルディノ・バルカル共和国、カラチャイ・チェルケス共和国、北オセチア共和国、チェチェン共和国、イングーシ共和国、ダゲスタン共和国では、イスラーム原理主義過激派のテロが頻発している。今回のドモジェドボ空港テロ事件も北コーカサス情勢に連動しているという情報をロシア政府は集中的に流した。1月29日、捜査委員会のウラジーミル・マルキン報道官は、ドモジェドボ空港テロ事件の真相が解明されたが、具体的内容は追って発表されると述べた。その後、ロシアでは断片的な情報が捜査当局からリークされている。

1月31日付露高級紙「イズベスチヤ」電子版によると、自爆テロの容疑者は5人いる。そのうちの1人が、20歳の北コーカサス出身のマリーナ・ホロシャワという名の女だ。マリーナに同行した男が32歳のビタ一リー・ロズドブジコだ。ロズドブジコはワッハーブ派に属する。ワッハーブ派とは、通常、イスラーム教スンニー（スンナ）派のハンバリー（ハンバル）法学派に所属する原理主義者を指す。ワッハーブ派に関する『世界大百科事典』（平凡社）の記述を引用しておく。

〈ワッハーブ派：18世紀半ばアラビア半島に起こったイスラム改革運動。復古主義的立場でイスラムの純化を目ざす近代の改革運動として初発的なもの。自らはムワッヒドゥーン（一神教徒）と称する。スンナ派に属し、法学上ハンバル派の立場をとる。創始者はナジュド出身のムハンマド・ブン・アブド・アルワッハーブ。彼はメディナおよびイラク、イランの各地に遊学し、一時はスーフィーとして知られたが、転向して14世紀のイブン・タイミーヤの思想的後継者となって故郷に帰った。すなわち、コーランと預言者のスンナに立ち戻ることを厳格に主張し、哲学思想や神秘主義を初期ムスリムの正しいイスラムに対するビドア（革新）、つまり歪曲《わいきょく》・逸脱だとして退けた。ことに聖者や墓の崇拝を最も厳しく排撃した。タウヒード（神の唯一《ゆいいつ》性）とカダル（神の予定）とを強調し、シルク（多神教）につながる可能性ありと認めるいっさいのものを否定しようとした。故郷で迫害された彼は、ナジュドのダルイーヤに拠《よ》るムハンマド・ブン・サウード（?-1765）の勢力拡大運動と結ぶこととなり、その結果、この運動はサウード家の政治的消長と軌を一にしつつ、アラビア半島に展開した。サウード家の支配はワッハーブ王国と呼ばれることもある。それは、19世紀初め、イラクのカルバラーを急襲し、メッカ、メディナを占領したが、オスマン帝国の命を受けたムハンマド・アリーの討伐軍によって滅ぼされた。その後の変転を経て、20世紀初め、アブド・アルアジーズ・ブン・サウードがリヤードを奪回し、やがてサウジアラビア王国を建設するとともに、この立場は半島主要部分におけるイスラムの主流となった。この運動はその出発において部族的・宗派的枠組みから自由でなかったとはいえ、諸地域におけるイスラム改革運動（とくにサラフィーヤ）の諸潮流を触発させた。〉

「血の報復の掟《おきて》」

少し難しい説明だが、平たく言うと、ワッハーブ派とは、コーランとハディース（ムハンマド伝承集）の権威しか認めず、聖人や墓の崇拝を激しく忌避するグループである。サウディアラビア王国の国教がワッハーブ派だ。ちなみにワッハーブ派の武装過激派がウサマ・ビン・ラディンによって指導されるアルカイダである。ワッハーブ派の世界観だとアッラー（神）は唯一なので、それに対応して地上には1人の皇帝（カリフ）によって支配される単一のイスラーム帝国（カリフ帝国）が建設されるべきであるということになる。ウサマ・ビン・ラディンはこの帝国の皇帝になろうとしているのだ。

もっともロシア語でワッハーブ派という場合の意味は、いまここでした説明と異なる。少々細かい説明になるがおつき合い願いたい。北コーカサスでは、オセチア人を除いてイスラーム教徒が多数派を占める。宗派はスンニー派のシャフィイー法学派が主流だ。シャフィイー法学派は、インドネシアでも主流派を占める。北コーカサスのイスラーム教徒は、スーフィーと呼ばれる聖者を崇敬する（スーフィズム）。スーフィーの墓（聖《せい》廟《びょう》）を巡礼することも奨励されている。

また、チェチェン人やイングーシ人などには「血の報復の掟」がある。この掟に基づき、男子は物心がつくようになると、父、祖父、曾祖父《そうそふ》というように7代までの直系の男系祖先の名前と、出生地と死亡地を覚えさせられる。そして、誰か祖先の直系が殺されることがあれば、その殺した相手を仇討《あだう》ちで殺す義務が男子に課される。その義務は、仇《かたき》の男系7代まで及ぶ。この「血の報復の掟」は、ソ連時代を通じ、現在までも残っている。一見、乱暴な風習のように思えるが、そうでもない。「血の報復の掟」があるため、人を殺すとずっと仇討ちで命を狙《ねら》われることになるので、この掟が殺人に対する抑制原理になっているのである。

それとともに、「血の報復の掟」が北コーカサスの民族を結束させる独自の掟となった。18世紀半ばから19世紀末にかけて、北コーカサスはロシアによって占領された。北コーカサスのチェチェン人、チェルケス人などは、ロシアに対して徹底抗戦した。オセチア人はイスラーム教からキリスト教（ロシア正教）に改宗した。北コーカサス支配にロシア帝国はオセチア人協力者を最大限に利用した。この伝統はソ連に引き継がれ、ソ連共産党中央委員会、内務省には強力なオセチアロビーが存在した。現在もロシア内務省にはオセチア系の幹部が多い。チェチェン平定作戦で大きな役割を果たしたウラジーミル・ルシャイロ内相（在任1999〜2001）もオセチア人だ。

話を19世紀末にもどす。チェチェン人、チェルケス人の大多数はロシア帝国の支配を潔《いさぎよ》しとせずにオスマン（トルコ）帝国に亡命した。現在ロシアに住むチェチェン人は約110万人であるが、トルコに約200万人、アラブ諸国に約150万人のチェチェン人の末裔《まつえい》が住んでいると言われている。

1920年代初頭に北コーカサス地域は赤軍によって占領され、その後、ソ連の版図に組み入れられた。そして、中東とロシアのチェチェン人の往来が遮断された。1980年代後半、ゴルバチョフ・ソ連共産党書記長のペレストロイカ（改革）政策によって、外国との往来に対する規制が緩和された。そこで、中東のチェチェン系の人々が故郷のチェチェンを訪れるようになった。ここで「血の報復の掟」を思い出してほしい。60年以上、往来が遮断されていても、1世代を約20年として、チェチェン人は7代前、すなわち140年前までの祖先について記憶している。それだから、中東とロシアのチェチェン人は急速に同胞意識を回復していった。

1994年から第1次チェチェン戦争が始まった。このとき中東からも多くのチェチェン系の義勇兵が参加した。チェチェンの同族を守ろうとしたからである。ただしロシアのチェチェン人と中東のチェチェン人の間では、宗教的な差異があった。中東のチェチェン人はワッハーブ派の影響を受けていたのである。チェチェンは民族独立戦争であったが、そこに宗教戦争、つまり地上にイスラーム帝国を建設すべきと考えるワッハーブ派の義勇兵たちが流入してきた。

1996年に停戦がなされた。これは事実上、チェチェン側の勝利だった。その後、チェチェン人の中で民族独立を追求する民族主義者とイスラーム帝国を建設しようとするワッハーブ派の間で内乱が起きた。中東やアフガニスタンの原理主義過激派から支援を受けたワッハーブ派の方が圧倒的に強い。ワッハーブ派は、世界イスラーム革命を行う拠点国家をチェチェンとダゲスタンに建設しようとした。これを叩《たた》き潰《つぶ》すために1999年秋、プーチン首相が第2次チェチェン戦争を開始した。プーチンは、KGB(ソ連国家保安委員会)第1総局(対外諜報担当)出身のインテリジェンスのプロだ。北コーカサスの民族、宗教事情を研究し、チェチェン紛争を巧みに解決した。

まず、民族に価値を認めるチェチェン民族主義者と、民族に価値を認めないワッハーブ派という二分法を行った。そして、民族主義者は過去にロシアと武装闘争を展開した者であっても基本的に味方であるという方針をとった。現在、チェチェン共和国を支配するカディロフ政権は、第1次チェチェン戦争では民族独立を求めてロシア軍と戦った人々で構成されている。

さらにイスラーム教について、伝統的イスラームと外来のワッハーブ派という二分法を取り入れた。北コーカサスのスーフィズムは、一見過激に見えても伝統的イスラーム教だから弾圧しない。これに対して、外来のワッハーブ派は、アルカイダやタリバーンとつながりロシア国家を解体し、原理主義帝国の建設を目論《もくろ》むので、徹底的に叩き潰すという方針だ。ここで、ワッハーブ派という概念は、サウディアラビアでのものから離れ、ロシア政府にとって都合の悪いイスラーム教徒が、「あいつはワッハーブ派だ」と一括《ひとくく》りにされるようになった。現在のロシアで「ワッハーブ派」といえば、「ロシア国家とロシア国民の敵」という意味なのである。

このことを踏まえて1月31日付「イズベスチヤ」の記事を読み進めてみよう。容疑者の20歳の女が卒業した小・中学校のアンナ・サフォシュニカ校長は、「（マスメディアで報道されている）マリーナではなく、マリヤという名だ。成績がよい子で、ほとんどの課目が5（ロシアも5段階評価）だった。学校を卒業した後、ピャチゴルスク市の薬学専門学校に進学した。家族が生薬に関心を持っていたからだ。マリヤの父は村の薬局で働いている」と述べ、マリヤがワッハーブ派にリクルートされて、人生がおかしくなってしまったと嘆いている。この記事は、マリヤに同行したワッハーブ派のロズドブジコを激しく非難する。しかし、その直後に「国家反テロリスト委員会が行った分析では、自爆テロリストはロズドブジコではない」という記述もしている。捜査委員会のマルキン報道官は、「犯人は20歳の北コーカサスの某共和国出身者」と述べただけで、捜査継続中を理由にそれ以上の情報を発表していない。それにもかかわらず、ロシアのマスメディアは、当初から「ワッハーブ派によるものだ」という当局のキャンペーンに完全に乗った報道を展開している。その結果、1999年秋以降、ロシアに対する脅威をもたらしているのは、「外来種」のワッハーブ派であるというプーチン氏の見立てはやはり正しかったと国民全体が納得しているのである。ドモジェドボ空港自爆テロ事件は、メドベージェフ大統領、プーチン首相の双頭体制の権力基盤を一層強化する。

北方領土交渉への影響

実はこの流れが北方領土交渉にも影響を与える。北コーカサスでロシアの領土保全に関する危機が生じている。それだから、北方領土においても、日本に対して一切譲歩すべきではないという気運が、国民の草の根から強まっていく。1月31日に「ロシアの声」日本語放送が北方領土に関し、ロシアは今後、一層の強硬な姿勢をとるというシグナルを出している。「クリル問題解決　日本以外との協力も視野に入れる」という表題のウラジーミル・フェドルク氏の論評だ。全文を引用しておく。

〈ロシアのヴィクトル・バサルギン地域発展相が、国後、色丹、択捉の3島を訪問することに関連して、日本政府は31日、深い遺憾の意を表明し、クリル諸島（いわゆる「北方領土」）についての自らの立場を変更することはできないという反応を示した。

昨年11月1日、メドヴェージェフ大統領がクリル諸島の歴史的訪問を行ったが、今回の地域発展相による訪問は、最近2ヶ月のうちで、ロシア側による3回目の訪問となる。日本側はこのような現状を、領土問題におけるロシア側の立場の強化であると捉《とら》えている。また今回の日本政府による反応は、ロシアの地域発展相が実際にクリル諸島を訪問する前に行われたものだ。

ロシアの地域発展相による訪問は、メドヴェージェフ大統領が目指している、島民の生活改善、住居整備および港湾設備を含むインフラ発展を進めることを目的とするものとなっている。

またメドヴェージェフ大統領は、日本政府および実業界に対し、地域における経済協力を活発化させることを提案している。

——我々はクリル諸島の環境を整備しなくてはならない。しかしそれは、日本側とのパートナーシップを否定するものではない。我々は、共同の経済プロジェクトを行う準備がある。さらに、クリル諸島をめぐる歴史的要素を考慮する準備も有している。それは本当のことだ。我々には日本側と協力する準備がある。それは我々のクリルに対する領有権を放棄するものではない。そして我々双方がそのことをきちんと理解しなくてはならない。

今回のヴィクトル・バサルギン地域発展相のクリル訪問をめぐる日本政府の神経質な反応から判断すれば、日本側はロシアとの関係およびクリル諸島の問題について、発想の転換がうまくできていないように見える。

2月10日にモスクワ訪問を予定している日本の前原誠司外相は、果たして今までどおりの型どおりのアプローチしか提案しないつもりなのだろうか。前原外相は、昨年の12月4日に、ロシアの南クリル諸島を空中から視察したが、それは日本側に領土問題に対する新たな提案がないことを示している。

ロシア科学アカデミー極東研究所日本研究センターのヴァレリー・キスタノフ・センター長は、前原外相のモスクワでの会談が、領土問題に限定されるべきではない、と述べている。

——日本の前原外相によるロシア訪問は、すでに長い間計画されていたものだ。それは、領土問題を含めて、いままで山積していた問題を議論する時期がきたことに関連している。領土問題が中心議題となることは、よいことではない。露日関係には、領土問題以外にも解決を必要としている問題が幅広く存在している。それは第一に経済関係と文化交流の進展だ。もし領土問題に固執するならば、前原外相のモスクワ訪問の効果は薄いものとなるだろう。領土問題はもっと広い文脈の中で解決しなくてはならない。

ロシアは日本に対して、クリルでの自由経済貿易ゾーンの創設を提案している。その計画はロシアの極東開発と結びついているものだ。日本側が自らの立場に固執しつづけるならば、中国や韓国による投資が成功を収めることだろう。〉

このような揺さぶりに対して、日本側はどうすればよいのだろうか？ 筆者が外務省で北方領土交渉を担当していたならば、以下のシナリオを組み立てる。

日本政府として、テロに対する戦いでロシアと連帯するとともに「日本政府としてはロシアの領土保全を断固支持する」という姿勢を明確にする。読者は、「日本は北方領土問題を抱えている。ロシアの領土保全を支持すると北方領土交渉で日本が不利になるのではないか」と心配されるかもしれない。その心配はない。択捉島、国後島、色丹島、歯舞《はぼまい》群島の4島からなる北方領土に関しては、係属未定地であるという合意が日露両国政府でなされている。ロシアの領土保全の対象に北方領土は含まれていないので、「日本政府としてはロシアの領土保全を断固支持する」という立場を表明しても日本の国益は毀損《きそん》されないのである。領土という言葉を避け、「日本とロシアの間には合意された国境がない」ということを今後の日露外相会談、日露首脳会談でさらりと確認して、後はロシアの領土保全を強調すると言って、ロシアに恩を売っておけばよい。

弛《たゆ》むロシア・スクール

問題はこういう知恵がわが外務官僚に働くかだ。ドモジェドボ空港爆弾テロ事件に関するモスクワの日本大使館員のコメントを朝日新聞で読んで少し不安になってきた。記事を引用しておく。

〈「ドーン 建物揺れた」 テロ遭遇の乗客帰国

モスクワ南部のドモジェドボ空港で24日に起きた爆弾事件の当時、成田への出発を控えていたモスクワ発日本航空442便（乗員乗客41人）が25日午前9時過ぎ、成田空港に到着した。事件は離陸約1時間前に到着ロビーで発生。乗客は当時、出国手続きを終えて、搭乗ゲート前の出発ロビーやラウンジにいたという。爆発音を聞いた乗客もおり、モスクワに残した家族を案ずる声もあがった。

「ドーンと何かぶつかるような音がして建物が少し揺れた。爆発とは思わなかった」モスクワに駐在し、一時帰国した会社員、山口浩司さん（39）は発生当時、ラウンジにいて衝撃を感じたという。家族でモスクワ市内に住み、3年余りになる。「テロが起きた場所や起きそうな場所には近寄らないようにしているが、空港は避けようがない」と困惑した表情を浮かべた。（中略）

横浜市の主婦森泰子さん（54）は夫（60）の赴任先のモスクワを訪れ、日本に帰るところだった。爆発音には気付かず、機内で数時間たったとき、客室乗務員が客席に近寄ってきて爆発の事実を知らせてくれたといい、「ぞっとする。実際にどのようなものかわからないので不安が募った。夫がモスクワに住んでいるので本当に心配」と不安げに話した。

モスクワにいる友人を訪ねていた愛知県犬山市の無職、稲吉義孝さん（60）は「空港では気付かず、変わった様子もなかった。機内アナウンスで初めて知った。モスクワには何回か行ったことがあるが、こんなことは初めて。予想外」と驚いた様子だった。

モスクワの大使館に勤務し、休暇で一時帰国した池上正喜《まさき》さん（40）は「地下鉄の連続テロもあり、またか、という印象。驚きはしなかった」と話した。〉（1月25日付朝日新聞夕刊）

池上正喜氏は、ロシア・スクール（ロシア語を研修し、対露外交に従事することの多い外交官）のキャリア外交官だ。40歳前後のキャリア外交官は1等書記官として、大使館の情報収集や分析で屋台骨としての役割を果たしている。

ドモジェドボ空港爆弾テロ事件は、池上氏が飛行機に乗る1時間前に起きた。機内で事件に関する情報は得られない。インテリジェンス感覚が備わった外交官ならば、正確な情報をもっていない状況で、テロ事件について、「またか、という印象。驚きはしなかった」などというコメントはしない。仮に日本人に死者が出ていたならば、この池上氏の発言は、「邦人を保護するのが職務である外交官として無責任だ」とバッシングの対象になる。もちろん国会でも追及される。駐露大使の責任問題に発展しかねない。駐露大使館員、特にキャリア職員は24時間中、北方領土をどうやって日本に取り戻すかを考えていなくてはならない。

東京のロシア大使館に勤務する外交官とSVR（対外諜報庁《ちょうほうちょう》）の機関員は、新聞を注意深く読み、モスクワに報告している。池上氏の「地下鉄の連続テロもあり、またか、という印象。驚きはしなかった」という発言もロシア語に翻訳され、公電で報告されていると思う。ドモジェドボ空港爆弾テロ事件はロシアにとって極めて重要な政治的意味をもつ。それについてモスクワの日本大使館員が「またか、という印象。驚きはしなかった」と実名で新聞記者に対して述べたことを、ロシア側は意図的に本件に関する冷淡な姿勢を示したと受け止める。

こういうときには、「情報がないのでコメントは差し控えます」と言うか、「今回の事件での犠牲者に心から哀悼の意を表します。テロとの戦いでロシアと提携していくことが重要と思います」と答えるのが、外交官として当然備えていなくてはならない反射神経だ。休暇中でも自分の発言が報道された場合、それがロシアにどのような影響を与えるかについて考えるのは外交官としての基本だ。ロシア・スクールは弛んでいる。

「新潮45」2011年3月号掲載

ロシアが私を攻めてきた！

ロシアのシナリオ

ロシアが本格的に対日攻勢をかけている。歴史的、国際法的論争の迷路に日本を誘い込み、北方領土を日本に返還する必要はないという物語を作ろうとしているのだ。ロシアのシナリオはだいたい以下のようなところではないかと筆者は考えている。《日本は第2次世界大戦でナチス・ドイツと手を組んだファッショ枢軸国《すうじくこく》だ。ソ連が日本と戦争を始めたのは1945年8月9日であるが、その1カ月半前の6月26日にソ連は国連憲章に署名している。国連憲章第107条（敵国に関する行動）では、〈この憲章のいかなる規定も、第2次世界戦争中にこの憲章の署名国の敵であった国に関する行動でその行動について責任を有する政府がこの戦争の結果としてとり又は許可したものを無効にし、又は排除するものではない〉と定められている。そもそも国際連合は英語で記すと、「The United Nations だ。これは第2次世界大戦中の連合国という意味でもある。戦後、日本の外務官僚は、国際連合があたかも公平公正な機関であると見せかけようとして、連合国と異なる意訳をあえてしたのだろうが、連合国と国連は同じなのだ。ソ連は、国連の一員として、国連憲章に従って、択捉島、国後島、色丹島、歯舞群島を合法的に獲得したのである。

日本はファッショ枢軸国に属していたという過去に対する認識が不十分だから、ロシアとは北方領土問題、韓国とは竹島問題、中国とは尖閣問題を抱えておるのだ。正しい歴史認識に立って、「負け組」である貴様ら日本人は近隣諸国と領土に関する諍《いさか》いを起こすのをやめろ。悔しかったら、戦争に負けたあんたたちの先祖を恨むことだな。へへへ》

ロシアのメドベージェフ大統領は、「連合国」対「ファッショ枢軸国」という二項対立を作り、第2次世界大戦においてファッショ陣営に属していた日本は、歴史に対する反省が不十分なので、中国とは尖閣問題、韓国とは竹島問題を抱えているのだという言説を提示し、対日包囲網を作ろうとしている（残念ながら、それはうまく進みつつある）。

もっともそうするとロシアにとって都合の悪い話も出てくる。ソ連崩壊後の北方領土交渉は、スターリン主義の負の遺産を克服するという日露共通の歴史認識に基づいて行われていた。エリツィン大統領は、法と正義の原則に基づいて北方領土問題を解決し、「戦勝国、戦敗国の区別を消滅させるべき」と繰り返し強調した。1993年10月に訪日した際にシベリア抑留者に対してスターリンの負の遺産であると謝罪した。

この流れをメドベージェフ大統領は逆転させようとしている。そのためには、ロシアがエリツィン時代の反スターリン主義的歴史観、さらに日露交渉の遺産と訣別《けつべつ》しなくてはならない。そのための情報戦にどうも筆者が巻き込まれてしまったようだ。

露紙に名指し批判された私

2011年1月17日付の露高級紙「独立新聞」に「日本版ウィキリークス 3回のキスと大洋上の諸島について 外交と交渉に関する探偵小説のような本」というタイトルで、筆者を名指しで批判する記事が、新聞の外交記事特集面のほぼ1面を使ってでた。同紙のウェブサイト版にも掲載されている（http://www.ng.ru/courier/2011-01-17/9-kurily.html）。

筆者が新聞でこれほど大きく扱われたのは、当時吹き荒れた鈴木宗男疑惑の嵐《あらし》に巻き込まれ、02年5月14日に東京地方検察庁特別捜査部に逮捕されたとき以来のことである。いったいロシアで何が起きているのだろうか？

「独立新聞」は1990年12月に創刊された知識人や政治家、官僚を主な読者とする硬派の新聞だ。筆者に対する批判記事を書いたのは、ロシア科学アカデミー極東研究所日本研究センターのビクトル・クジミンコフ上級研究員である。

極東研究所は、1966年に当時の主敵であった中国を調査するために作られたシンクタンクだ。その後、研究対象を日本、韓国、北朝鮮、モンゴルに拡大している。ロシア外務省やクレムリン（大統領府）から調査を依頼される、政策に影響を与える研究所である。

外交官時代、筆者はよくこの研究所を訪れた。親しくしていた研究者も複数いる。ただし、筆者はクジミンコフ上級研究員とはまったく面識がない（筆者を個人的に知っている極東研究所の研究員ならばこのような論文を書かないであろう。また、極東研究所を通じれば、クジミンコフ研究員も筆者と連絡をとることが簡単にできたはずだ。あえて直接取材をせずにこの論文をクジミンコフ研究員は書くことにしたのであろう）。

それでは、具体的にクジミンコフ論文の内容を紹介する。

〈『交渉術』というタイトルで日本の著名な外交官・佐藤優の著作が東京で刊行された。日本外務省で露日関係に従事する専門家派閥（ロシア・スクール）の代表的人物である佐藤優は、国際関係上のもっとも先鋭で困難な問題の1つであるロシアと日本の間の領土係争問題におけるモスクワとの交渉で東京の立場を有利にする上で自らが果たした役割について述べている。〉

ここで興味深いのは『交渉術』の刊行時期についてクジミンコフ研究員が言及していないことだ。拙著『交渉術』は、文藝春秋社《ぶんげいしゅんじゅうしゃ》から2009年1月に上梓《じょうし》された。07年から08年まで「文藝春秋」に連載された内容をまとめて手を入れたものである。「独立新聞」の記事を読んだ読者は、拙著がつい最近、刊行されたと勘違いする。それでは「独立新聞」の記事の続きを読んでいこう。

〈交渉過程を手助けするアルコールとセックス

本書の著者は、10年間にわたりロシアを担当する日本外務省の指導的な分析官であり、モスクワの日本大使館にも勤務した。2002年、著者は職場で逮捕された。その後、著述業を営んでいる。交渉過程の特徴ごとに、佐藤は3種類の交渉を区別している。

1つ目は、見せかけの交渉だ。これは、「交渉を回避するための交渉」である。「交渉の結果、いかなる利益も期待できないことが明らかである」場合に、この手法が用いられる。それ故《ゆえ》に本質的な交渉を避けようとしてあらゆる手段を用いる。

2つ目は、「力を用いた交渉」である。恫喝《どうかつ》を用いて「交渉相手の見解に耳を傾けずに自分の見解を押し付けること」を試みる。

3つ目は、「取り引きによる交渉」だ。これが「もっとも広く行われている双方が努力を傾注して合意に至る交渉」である。〉

不当要約

ここまでは筆者の見解が中立的にまとめられている。問題はこの先だ。

〈本書の著者によれば、交渉で「大きな成果」をあげるためには、交渉相手の弱点につけ込むことだ。アルコール、性的欲望、金銭欲、出世欲に巻き込むことだ。その際に、佐藤は外交でもインテリジェンス・サービス（諜報）で取られている手法を取っていると考えられる。〉

これは、法廷用語で言うところの不当要約だ。筆者は、ロシア（ソ連）や中国によるハニートラップ（女性を用いた工作）について書いたのである。これでは、筆者が汚い工作の提唱者であるという印象が醸《かも》し出される。

〈佐藤は、1997年から2002年の間の北方領土、すなわち南クリル諸島の問題解決に関する日本外務省の活動について述べる中で2つの戦線での戦闘が行われたと伝える。

西部戦線はモスクワにおいてで、「大統領府高官、国会議員、寡占《かせん》資本家に対して日本に北方4島を引き渡し、日露の戦略的パートナーシップを深化させることがロシアの国益に適《かな》う、中国を牽制《けんせい》し、中央アジアにおけるロシアの影響を確保できる云々《うんぬん》と説得するための」ロビー活動を行うことだ。

その際に佐藤とその同僚たちは、「日本に有利な形で北方領土問題を解決するためには、ロシア大統領の周辺に仲間をつくることが不可欠だ。もしそれがうまくいきそうもないならば、大統領の周辺から反日的政治家を排除すべく努力する」とした。

努力の結果、日本人は北方領土問題がロシアにおける「政争の具」とならないようにすることに成功したようだ。国会議員が領土問題を取り上げようとすると、「日本側はさまざまな手段を用いて、具体的には訪日招待、贈呈品、レセプションへの招待などによって、当該国会議員を日本の友人にしようと努力した」。〉

要するに当時の日本外務省が日本の国益のために普通に仕事をしていたということだ。当然、ロシア側も同様の手法で日本にロシアの友人を増やそうとしている。

外務官僚と親しく、内閣情報調査室のロシア研究会のメンバーである袴田茂樹《はかまだしげき》青山学院大学教授がロシア側の費用負担で、何度もバルダイ会議（大統領と有識者の懇談会）に招待されたのがその具体例だ。

純粋な人道支援は存在しない

ここでクジミンコフ研究員は、東部戦線について説明する。

〈東部戦線の状態について述べる。これは北方領土の住民との直接的な関係だ。住民に諸島が日本に返還された後の方が生活がよくなるという確信を抱かせるようにすることである。日本国籍を取得して、従来同様に居住し、働くこともできるし、残留することを望まない人に対しては、サハリンやロシア本土に移住するための一時金が支払われる。

日本側は、4島の住民の生活を日本の統制下に置こうとした。例えば、停電が起きていることを知った日本政府関係者は、人道的目的でディーゼル発電機の供与を提案した。しかし、日本が提案した発電機は、日本にしかできないメインテナンスを必要とした。その後、緊密な日本の参加が避けられなくなった。〉

外交の世界において、純粋な人道支援など存在しない。どの国も「人道」という名目で自国の権益を拡大している。もちろんロシア政府もそのことを理解した上で、色丹島、国後島、択捉島へのディーゼル発電機の供与を要求したのだ。要するに当時のロシア政府は、いずれ北方4島が日本に返還されることを覚悟していたので、日本政府が進めた北方4島の日本化戦略に「気づかないふり」をして、乗ったのである。

クジミンコフ研究員は、ナイーブなロシアの政治家や外交官を日本政府が騙《だま》したという印象をロシア世論に広めようとしている。しかし、ここで冷静に考えてみて欲しい。ロシア人は猜疑心《さいぎしん》が強い。特にロシアの政治家や外交官は、他人を騙すのが仕事である。筆者に騙されるようなヤワな連中ではない。クジミンコフ研究員の物語を額面通りに受け止めてはならない。

さて、ここから筆者の悪事をクジミンコフ研究員は具体的に追及する。〈インテリジェンス・サービスの手法を用いた佐藤のロビー活動のとんでもない例をあげよう。この場合、2つの戦線に同時にかかわっている。ロシアの国会議員（匿名《とくめい》）が、既に述べた4島住民に対する「人道支援」の実施に大きな声をあげて反対していた。佐藤は、この国会議員が日本への諸島返還にもっとも強く反対している「漁業ロビー」の利益を反映していることに気づいた。そこでこの国会議員を日本に招待した。その際、旅費は日本側が支出した。

日本での滞在3日目に国会議員は、あいまい宿を訪れようとしたが、問題がでてきた。身長が2メートル以上あり、体重が150キログラムを超えるその国会議員を誰も受け入れようとしなかったのだ。そんな時、外国人のお客を受け入れてくれる東京のその種の施設が問題を解決してくれた。帰国後、この国会議員は親日ロビーに乗り換えたようである。〉

北方領土返還にロシアで強く反対する勢力は「漁業ロビー」とGRU(ロシア軍参謀本部諜報総局)だ。この2つを裏返す作業なくして、北方領土返還は不可能だ。外交官時代、筆者は、ロシアの国会議員や新聞記者をいかがわしい場所に案内したことも、ロシア軍や国境警備庁の将校たちとウオトカの飲み比べをしたことも、何度もある。北方領土返還に向け環境を整備するという職業的良心に基づいて行ったことだ。これくらいのことをしないと、ロシアで日本の役に立つ人脈をつくることはできない。

明白な歪曲《わいきょく》

「独立新聞」を読み進めていこう。

〈首脳レベルの交渉

周知のロシアの論理に基づいて佐藤は「ある種の問題は、外務官僚のレベルや、外務大臣レベルでは解決できない。戦争の開始、平和の確立、領土の譲渡のような問題は国家首脳の政治決断によってしか解決されない」と指摘する。ロシアと日本の間の領土問題において、「日本側が要求を行っている。それ故に交渉過程において日本がロシアの論理を考慮して、まさに首相自身が問題解決に取り組み、交渉に参加しなくてはならない」。

この原則に従って、日本外務省のロシア・スクールは領土問題に関する交渉を首脳レベルで行おうとした。しかし、日本外務省内部での抵抗があった。例えば、1997年に日本外務省は北方領土問題を最終的に解決することに反対だった。問題は、米国を専門とする派閥であるアメリカ・スクールがきわめて顕著な影響力をもっていたことだ。惰性で冷戦政策を継続しているアメリカ・スクールも、露日関係の改善に反対していたわけではない。ただし、北方領土問題を解決しない形での改善だ。なぜなら（北方領土問題が解決し、日露の提携が進むと）米日関係に否定的影響があるかもしれないからだ。〉

確かにこの趣旨のことを筆者は、外務省総合外交政策局の河相《かわい》周夫《ちかお》総務課長（現内閣官房副長官補）から言われたことがある。

〈それにもかかわらず、ロシア・スクールは1997年にクラスノヤルスクで、ボリス・エリツィン大統領と橋本龍太郎《りゅうたろう》首相のネクタイなしの（非公式）会談を実現することに成功した。この会談でロシア大統領は2000年までに日本との平和条約を締結するために「全力を尽くす」という約束をした。この約束は日本の外交官に信じることができないようなユーフォリア（気分の高揚）と北方領土問題がすぐに解決するという感触をもたらした。その後、佐藤は、「北方領土を日本に円滑に引き渡す準備をする」ためのロシアの政治家との協力に向けたタスクフォースの長に任命された。〉

ここには明白な歪曲がある。筆者は、1998年に主任分析官に任命され、翌99年にロシアの情報収集と分析に関するインテリジェンス・チームの長に任命された。いずれも小渕恵三《おぶちけいぞう》首相の意向を反映したものだった。

しかし、〈「北方領土を日本に円滑に引き渡す準備をする」ためのロシアの政治家との協力に向けたタスクフォース〉の長に任命されたことはない。そもそもそのようなタスクフォースは存在しないのだから、長に任命されることはありえない。

ここでクジミンコフ研究員に質問がある。あなたはほんとうに拙著『交渉術』を読んだことがあるのか。『交渉術』を読んだ上で、その内容をまとめるならば、このような存在しないタスクフォースについて記すはずがない。

誰かがクジミンコフに注文?

この先は筆者の憶測だ。筆者の『交渉術』あるいは、佐藤優の対露工作についてまとめたロシア語の資料がどこかにある。ロシア外務省が作成したのかSVR(ロシア対外諜報庁《ちょうほうちょう》)あるいはFSB(ロシア連邦保安庁)がまとめたかはよくわからない。いずれにせよその資料に基づいて、クジミンコフ研究員は「独立新聞」への寄稿論文を書いたのではないのか。あるいは誰かがクジミンコフ研究員に「こういうラインで佐藤優の『交渉術』について論文を書け」という注文をしたのかもしれない。先に進もう。

〈しかし、周知のように(北方領土の日本への引き渡しは)起きなかった。状況が日本にとって有利にならなかったからだ。(1998年7月の)参議院選挙に敗北したのち、橋本首相は辞任し、エリツィンはロシアの経済危機に全面的に没頭しなくてはならなくなったことによる。

98年11月に小渕恵三新首相とエリツィンが会談した。日本側は、ロシア大統領が以前に川奈《かわな》の会談で橋本から受けた秘密提案に対する回答を行うと期待していた。しかし、ロシア側は川奈提案を受け入れないと明白な回答を行った。ただし、直截《ちょくせつ》に拒否することはしなかった。ロシア側の対案は、日本人の見方では、問題の最終的解決をもたらさないものだった。〉

ここにも歪曲がある。川奈提案の内容をその時点でロシアは拒否せずに、後に別のモスクワ提案を行ったのだ。2000年9月に公式訪日したプーチン大統領が森喜朗《よしろう》首相に川奈提案で示された日本側の柔軟性を評価しつつも「ロシア側の立場に合致するものではない」と拒否したのである。

その後、北方領土交渉は、平和条約締結後の歯舞群島、色丹島の引き渡しについて合意した1956年の日ソ共同宣言を発展させる方向で進められたのである。

〈佐藤は、エリツィン大統領と小渕首相の会談準備にあたって興味深い細かな仕草について振り付けた。小渕首相は、橋本前首相がエリツィン大統領と3回キスをしたことに関心を示した。小渕首相は佐藤にロシアのこの習慣について説明せよと命じた。佐藤は、この儀式でロシア人は信頼を強化しますと説明した。そこで小渕首相は手本を見せてみろと言った。「右頬にキスし、左頬にキスし、最後に唇にキスします」と佐藤はこの習慣について説明した。佐藤の説明を、それでも小渕首相はよく理解できないようだったので、佐藤は同席していたロシア・スクールの庇護者《ひごしゃ》かつ自民党の有力な政治家の鈴木宗男衆議院議員と実演して見せた。〉

この記述に歪曲はない。この出来事は、羽田からモスクワに向かう政府専用機最前部の小渕首相の空中執務室で起きた。それとともに筆者は、エリツィン大統領がどのような回答を行うかについて5通りのシミュレーションを行った。その内の1つが実際の会談で的中した。

クジミンコフ研究員は、日本側の努力を揶揄《やゆ》して、こう述べる。

〈その結果「小渕首相はエリツィン大統領と3回キスをすることができた。そして、それはすべて北方領土返還のためだった。男同士のキスも交渉術の一部である」と佐藤は記す。

最終的にロシアの習慣に関するみごとな知識もロシア・スクールの思惑を救わなかった。2001年に権力を掌握した小泉純一郎政権はロシア・スクールのモスクワに対する親近感を断ち切った。ロシア・スクールの代表者たちは解任され、そのうちの何人かは起訴された。佐藤は「会社（すなわち外務省）に対する背任」と会計上の規則違反を追及された。そして有期懲役刑が言い渡されたが、執行猶予《ゆうよ》がついた。〉

「ソッツザカース」

クジミンコフ研究員の論文は以上だ。

筆者が実質的に外務省を追われたのは、2002年5月のことだ。外交の世界で9年前の出来事は大昔に属する。しかも、クジミンコフ研究員が取り上げている出来事はいずれも1997～99年のエリツィン時代に関してのエピソードだけだ。拙著『交渉術』では、エリツィン時代の首脳交渉とともに、プーチン大統領と森喜朗首相、さらにプーチン大統領と鈴木宗男衆議院議員の間で展開された交渉についても記されている。しかし、それがあたかも存在しないがごとき扱いをクジミンコフ研究員はとっている。

ロシア語に「ソッツザカース」（соцзаказ）という言葉がある。直訳すると「社会の注文」という意味だが、時の政権の思惑を反映して書かれた記事や論評を意味する。筆者はクジミンコフ研究員のこの論文を「ソッツザカース」であると認識している。そこには、ロシアの政治家、官僚、知識人に向けた2つのメッセージがある。

第1に、日本の外交官で、ロシアとの関係を改善しようとしたロシア・スクールの連中は親露派でない。日本の国益を追求して、ロシアと接近しようとした狡猾《こうかつ》な奴《やつ》らだ。お人好《ひとよ》しのエリツィン大統領やロシアの国会議員は、あやうく佐藤優をはじめとするロシア・スクールに騙されそうになった。橋本龍太郎の失脚、ロシアの金融危機という偶然のおかげで、日本人に北方4島を奪われなかった。天佑《てんゆう》に感謝せよ！

第2に、ロシア・スクールは邪《よこしま》な動機であってもロシアとの関係改善を本気で考えていた。いまの日本外務省にはそういう輩《やから》すらいない。付き合っても無駄だ。

プーチンの虎《とら》の尾

クジミンコフ研究員の分析にはそれなりの説得力がある。しかし、重要な要素が欠けている。それは、プーチン首相も大統領時代に、エリツィン大統領以上に北方領土問題の解決に精力的で、リスクを負ったことだ。

クジミンコフ研究員に告ぐ。これ以上、この問題に踏み込むと、どこかでプーチン首相の虎の尾を踏むことになる。やりすぎたときの責任を組織がとってくれないことは、日本もロシアも一緒だ。

末筆になるが、ビクトル・ビャチェスラボビッチ・クジミンコフ氏の長寿と身辺の安全を衷心よりお祈り申し上げる。

「新潮45」2011年4月号掲載

池田大作・ゴルバチョフ会談の謎解《なぞと》き

秘密書簡を届けた男

ミハイル・ゴルバチョフ元ソ連大統領の訪日について、服部年伸《はっとりとしのぶ》・ゴルバチョフ財団日本代表から相談を受けたのは、2009年5月のことだった。日露関係では、何人かロビイストがいる。クレムリン（ロシア大統領府）や連邦院（上院）、国家院（下院）で情報収集活動をしていると、かならず服部氏の影とすれちがう。1992年9月のことだ。大使館幹部から呼び出され、「サムシングインターナショナルという会社を経営している服部年伸なる人物について調査しろ」という命令を受けたことがある。「加藤六月《むつき》衆議院議員（自民党）の秘密書簡をガイダル第1副首相とブルブリス国務長官に届け、外務省とは別の政治ルートをつくろうとしているので、叩《たた》き潰《つぶ》せ」というのが、大使館幹部から筆者が受けた指令だった。そこで、筆者は服部氏について調べた。クレムリンに実によく食い込んでいる。特にポルトラーニン副首相の信任が厚く、同副首相が統括するロシア連邦情報センタービルに服部氏は事務所を構えている。加藤六月書簡の写しも手に入れた。そこには、服部氏のサインがある添え状がつけられ、小沢一郎前自民党幹事長による政界再編の動きがあり、小沢氏を中心とする政治家と官僚が日露関係を推進する意向をもっているという内容が記されていた。

これは面倒なことになると思い、筆者はモスクワで服部氏の人脈つぶしを始めた。しかし、しばらくして、筆者は考えを変えた。それは服部氏に関する意外な真実を知ったからだ。ソ連時代末期、服部氏は民主改革派を支援するために何度もモスクワやサンクトペテルブルクにファックス機を持ち込んだ。当時、コピー機は印刷機扱いで、輸入が厳しく規制されていたが、ファックス機は電話扱いだったので規制が緩かった。ソ連ではファックス機が、官製メディアに対抗する有力な道具となった。持ち帰ることを条件にすれば、2〜3台のファックス機を持ち込むことが可能だった。しかし、服部氏の持ち込んだファックス機はなぜか毎回「盗難」にあった。そして、そのファックス機は、民主改革派の政治家の事務所に置かれ、フル回転していた。このような服部氏の活動は、当然、KGB（ソ連国家保安委員会＝秘密警察）の神経を逆撫《さかな》でした。ある日、某航空会社のモスクワ支店に立ち寄ったとき、喉《のど》がかわいていた服部氏は「水を1杯ください」と頼んだ。ロシア人の女子職員が冷蔵庫からコップに水を入れて、持ってきた。服部氏は、一気にその水を飲んだ。その瞬間、気を失った。意識が回復したのは、モスクワ市内の病院でだった。服部氏が飲んだのは、水ではなく濃硫酸だった。

偶然、事務所の冷蔵庫に濃硫酸入りのタンクが入っていて、それをミネラルウォーターと間違えたというのが、航空会社の説明だった。しかし、服部氏と親しくするロシア人たちは、KGBが服部氏に対して警告を与えたと受け止めた。そして、ここまでリスクを冒して、民主改革派を支援する日本人を同志として迎え入れることにした。ロシアの政治エリート1人と、徹底的に親しい関係を構築すると、そこからイモヅル式にネットワークが広がる。筆者には、服部氏にとって鍵《かぎ》となったロシアの政治エリートが誰であるか、突き止めることはできなかった。しかし、服部氏がポルトラーニン副首相、ガイダル第1副首相、ブルブリス国務長官のみならず、ジュガーノフ共産党党首、レベジ第14軍司令官（後に大統領候補となる。故人）など、政権中枢《ちゅうすう》に食い込んでいることを知った。筆者は、日本大使館のやるべきことは、民間人がつくった人脈をつぶすことではなく、それをうまく利用して、北方領土問題の解決につなげることと考えた。

95年のジュガーノフ共産党党首の訪日は、服部氏が根回しした。筆者は、服部氏に借りを作るのがいやだったので、外務省としてはジュガーノフの訪日を妨害もしないが、支援もしないという立場を取ることにした。そこに「佐藤君、そう固いことを言わずに、1回くらいジュガーノフや服部君とメシでも食いなさい。わしが一席設ける」という話が末次一郎安全保障問題研究会代表（故人）からあった。末次氏は、陸軍中野学校二俣《ふたまた》分校出身の元情報将校で、歴代内閣総理大臣に北方領土問題について指南している。プリマコフSVR（露対外諜報庁）長官の友人で、旧ソ連共産党中央委員会やKGBにつながる人脈に強い。いつのまにか服部氏は、末次氏にも食い込んでいたのである。

末次氏が、そこまで言うのなら、筆者としても我を張り通すことはできない。いやいや食事に同席した。そこで、服部氏は筆者に気配りをした。食事が始まる前に、服部氏は「恥ずかしい話ですが、ズボンが破れてしまいました。応急措置をするので席を外します」と言って、小一時間、席を外した。末次氏と筆者たちが、服部氏に聞かれることを意識することなくジュガーノフと意見交換できる環境をさりげなくつくったのだ。この席で、ジュガーノフが「誰か私の本を日本語に訳してくれないか」と水を向けたので、筆者が「私がやります」と引きうけた。もちろんそこには私の狡猾な計算があった。当時、96年の大統領選挙でジュガーノフがエリツィンを破り、当選する可能性が高いと見られていた。そこでジュガーノフの本の訳者となっておけば、筆者は外交官とは別の切り口で付き合うことができると考えたのである。ジュガーノフの博士論文を要約した『ロシアと現代世界——汎《はん》ユーラシア主義の戦略』（自由国民社、共訳）が96年に刊行された。ジュガーノフは大統領選挙に敗れたが、筆者との特別の関係はその後も続いた。

ジュガーノフ訪日をきっかけに筆者と服部氏は、徐々に関係を深めていった。筆者は服部氏と定期的に会い、クレムリン内部の動向について、率直な意見交換をするようになった。２００２年、鈴木宗男衆議院議員に対する疑惑の嵐《あらし》が吹き荒れ、その渦に巻き込まれた筆者も「鬼の特捜」（東京地方検察庁特別捜査部）に逮捕され512日間、東京拘置所で独房生活を送った。現役時代、筆者はロシアと関係をもつ多くの学者、ロビイストと付き合っていた。事件後、学者で筆者との関係を維持したのは和田春樹《はるき》東京大学名誉教授をはじめとする数人だけだった。ロビイストや商社員で、事件後あたかも何ごともなかったが如《ごと》く筆者と付き合ったのは服部氏だけだった。筆者は服部氏に、「外務省との関係もあるので、僕に気を遣わなくてもいいです」と何度も言った。服部氏は、「僕は僕の好きな人と付き合います。それから外務省にはいちばんいい情報を送っています。僕が誠実に仕事をしていることを外務省の人たちもわかっていると思います」と言って、筆者との関係を切らなかった。職業作家になってしばらく経《た》ったところで、服部氏のロシアにおける人脈の深さと情報の正確さについて「フジサンケイビジネスアイ」連載コラム「地球を斬《き》る」（第10回「『謀略は誠』の意味」06年3月23日号、第11回「インテリジェンス能力」同30日号）に書いた。すると外務省が服部氏との調査委託契約を打ち切った。外務官僚は、情報入手や高度な分析よりも組織のメンツを重視したのだ。服部氏に迷惑をかけてしまった。もっとも政権交代が起きたので、今後、状況が変わるかもしれない。特に外務副大臣の武正公一《たけまさこういち》氏と福山哲郎《てつろう》氏は、北方領土交渉とインテリジェンスに強い関心をもっているらしい。国際情報統括官組織にファイルされている服部氏が提供した情報を再度、チェックした上で、外務官僚のメンツなどというスケールの小さな話でなく、国益の観点から服部氏のロシア情報の取り扱いについて考えてみることを両副大臣にお勧めする。

〝腰を使った〟外務省

2009年5月に話をもどす。服部氏は、「佐藤さんの『自壊する帝国』(新潮文庫)や『甦《よみがえ》る怪物』(のちに『甦るロシア帝国』に改題。文春文庫)を読むとゴルバチョフに対して、かなり批判的と思うのですが、僕の印象は間違えていないですよね」と水を向けてきた。

「僕はエリツィン時代の目でゴルバチョフを見ているから、偏見があるのだと思う。客観的に見れば、東西冷戦を終結させたのも、ゴルバチョフだった。北方領土についても、1991年4月に海部俊樹《かいふとしき》総理との19時間の会談で、歯舞群島、色丹島、国後島、択捉島、つまり北方4島の名前を初めて明示し、さらに文書にしたのもゴルバチョフだ。北方4島とのビザ無し交流を決断したのもゴルバチョフだ。しかし、エリツィンがゴルバチョフのことを蛇蝎《だかつ》のごとく嫌っていたので僕たち外交官は、『ゴルバチョフという人間は存在しなかった』というような態度をとった。ただ、プーチン政権になって、ゴルバチョフとクレムリンの関係は変化したよね」

「確かにそうです。メドベージェフ大統領が就任してさらにゴルバチョフとの距離は近づいています。佐藤さん、1度、ゴルバチョフに会ってみませんか」

「ただね、僕はパスポート（旅券）を持っていないから、モスクワには行けないよ」と筆者は答えた。

刑事被告人や懲役刑が確定し、執行猶予《ゆうよ》中の者は、原則としてパスポートをとることができない。外務省に「特別のお願い」をすれば、1回限りで、渡航先と期間が限定される1次旅券が発行されることがある。筆者は、外務事務次官の決裁をとった仕事が背任に問われ、2年6月の懲役（執行猶予4年）が確定し、外交官の身分を失った。その外務省に対して、筆者から「特別のお願い」をする気にはならない。それに、日本人で5年もしくは10年有効の数次旅券ではなく、1次旅券をもっている人は、何か理由（ほとんどの場合、犯罪がらみ）がある。そこで、折角、1次旅券をとっても、訪問先で入国が認められない可能性がある。それだから、執行猶予があけるまでパスポートをとるつもりはない。

「いや、佐藤さんがモスクワに行くのではなく、ゴルバチョフが日本に来る機会をつくるので、そのときに会って欲しいのです。そして、佐藤さんが、疑問に思っていることを直接、ゴルバチョフに尋ねてみると面白いと思います」

「僕も、ゴルバチョフ絡《がら》みで謎解きをしたいと思うことがいくつもある。そういう機会があれば、喜んで乗る」

ゴルバチョフは、09年12月6〜14日、訪日した。その間、筆者は3回、ゴルバチョフと会って、率直な意見交換をした。

さて、12月7日、鳩山由紀夫《はとやまゆきお》総理、横路孝弘《よこみちたかひろ》衆議院議長とゴルバチョフが会見した。双方の会見に鈴木宗男衆議院議員が同席した。これには裏がある。

外務省は秘密裏に松野頼久《よりひさ》内閣官房副長官に対して「ロシアの現政権との関係を考え、ゴルバチョフを鳩山総理に会わせてはならない」という意見具申を行ったのだ。その話を鈴木宗男衆議院外務委員長が聞きつけた。正確に言うと、11月中旬、複数の筋から、「外務省がゴルバチョフ訪日を懸念《けねん》しているので、鳩山総理はゴルバチョフと会わない」という情報が入ってきたので、筆者が鈴木氏に連絡したのである。

「おかしいな。俺からも、(総理)官邸にアポをとってくれとお願いしてある。総理秘書官や官房長官が邪魔するはずはない。それにゴルバチョフ訪日まで、まだ3週間以上もあるのにこのタイミングで面会拒否というのは、ちょっと早すぎないか」

「確かにそう思います。誰かが腰を使っている(永田町用語で、日常言語に翻訳すると「裏で画策している」という意味)のでしょう。バイ菌をあぶり出しておいた方がいいです」

「わかった」

数日後に鈴木氏から電話があった。

「外務省が松野官房副長官に、『現政権（メドベージェフ政権）との関係に鑑《かんが》み、鳩山総理とゴルバチョフの会見は不適切』という情報を入れた」

「滅茶苦茶《めちゃくちゃ》ですね」

「そこで、俺は院内（国会議事堂内）で鳩山総理と直接会って、事情を説明し、アポを取りつけておいた。外務省の奴《やつ》らはふざけている」

「ほんとうにふざけていますね。こちらのやることを助けてくれと頼んでいるわけじゃありません。ただ邪魔するなということですが、多分、鈴木さんや私のことをなめてかかっているのでしょう」

「そういうことだろうな」

筆者と鈴木氏は、10月末、東京駅そばの鮨屋《すしや》でロシア外務省高官と懇談した。このときゴルバチョフ訪日について水を向けたら、その高官は「ゴルバチョフさんとメドベージェフ大統領、プーチン首相との関係は良好です。ていねいに対応してくださることが日露関係の今後の発展に貢献すると思います」と答えた。12月10日、3時間以上にわたる明治大学で行われた名誉博士学位贈呈式とシンポジウムに、駐日ロシア大使館のオベチコ臨時代理大使がずっと出席していた。ロシア政府とゴルバチョフの関係が悪ければ、大使館幹部が行事に参加することはない。

それにもかかわらず、外務省はなぜ鳩山・ゴルバチョフ会談を妨害したのだろうか。

可能性は2つある。第1は、鈴木氏、服部氏それに筆者が絡んでいる行事は、何であれ徹底的に妨害するという方針で対処した可能性だ。省益の観点からの政治判断ということだ。第2は、モスクワの日本大使館の情報収集能力が弱く、外務本省、特に裏情報を扱う国際情報統括官組織がぼんやりしているので、エリツィン時代の惰性で、未《いま》だにゴルバチョフとクレムリンの関係が悪いと信じ込んでいる可能性だ。エリツィンが大統領職を去って10年になるのに、このような頓珍漢《とんちんかん》な情勢分析をしているとするならば、北方領土交渉に関する正しい戦略を組み立てることはできない。

もっとも鳩山・ゴルバチョフ会談が確定した後、外務省の態度が変わった。明治大学で行われたシンポジウムでは福山哲郎外務副大臣もスピーチをした。もちろん外務官僚がスピーチ原稿の作成を手助けした。このような変わり身の早さが外務官僚として生き残るために必要となる能力だ。

「池田大作名誉会長」を利用

今回、筆者が行いたかった最大の謎解《なぞと》きは、1990年7月に行われた桜内義雄《よしお》衆議院議長とゴルバチョフ大統領の会見が大失敗した後、日本外務省が池田大作創価学会名誉会長に頼み込んで、翌91年4月のゴルバチョフ訪日が実現した事情だ。

90年7月25日のことだ。桜内議長とゴルバチョフの会談が始まってから15分もしないうちに桜内氏が、険しい顔をして戻ってきた。その様子は、当時の新聞記事にも反映されている。

〈期待感が空回り 驚き隠せぬ桜内議長 北方領土問題のゴ大統領発言

【モスクワ25日＝佐野記者】「あと5分ほどと言われたので、もうほどほどだと思って引きあげてきた」――25日、ゴルバチョフ大統領と会談したあと、桜内衆院議長は記者団にこう語り、自分の予想とは異なる展開になったことに驚きの表情も隠しきれないようだった。

ソ連側から、北方領土問題で柔軟な姿勢が伝えられたことはあっても、ゴルバチョフ大統領自身は、これまで、領土問題の主張を「日本固有の権利」と認めたことはあるが、今年4月にも「われわれに余った土地はない」と発言、基本的に従来のソ連の主張を踏み出るような姿勢は示していない。そこへ、単刀直入に桜内氏が領土問題に絞って迫り、ソ連側の好意で急きょ決まった会談は厳しい雰囲気になったようだ。

会談で大統領は、「あなたの歴史認識には同調できない」との厳しい口調で批判したり、顔を横にそむけながら「私が日本を訪問しても、この（北方領土）問題だけなのか。私が（日本に）行って関係が悪くなるのなら、行かない方がいいかもしれない」と言い切った。さらに、「あなたが会いたいというから会ったが、ほかに問題はないのか」と不快感をあらわにする場面も。

桜内議長にしてみると、大統領が東西の対立から協調という「新思考外交」を打ち出していただけに、北方領土問題について柔軟な姿勢を示してくれるかもしれないという期待が強かったようだ。桜内氏としては考えてもいなかった展開だけに、「私は何も交渉に来たわけではないから」「大統領はうっかりしたことは言えないと思っているのでしょう」と記者団への説明も湿りがちだった。〉（１９９０年７月26日付朝日新聞朝刊）

公式には、約15分の会談と言うことにしたが、実際は5分足らずで会談が決裂した。日ソの事務当局では、桜内氏の名字にひっかけ、「来年、桜の季節に日本に来てください」と誘い、ゴルバチョフ訪日を確定する予定になっていた。会談直前になって外務官僚は、桜内氏が友好ムードに押されて北方領土問題について何も言わないのではないかと懸念した。そこで、「領土についてもきちんと言ってください」とネジを巻いた。恐らくネジを巻きすぎたのであろう。会談の冒頭で、桜内氏は北方領土問題解決の必要性を強調した。それでゴルバチョフがキレ、「われわれはその諸島を南方領土と呼ぶことだってできる」と言って、会談は決裂してしまったのだ。

外務官僚は、頭を抱えた。そこで秘策を思いついた。桜内・ゴルバチョフ会談の2日後に池田大作創価学会名誉会長とゴルバチョフの会談が予定されていた。これにすべてを賭《か》けることにした。外務省幹部が池田氏に懇請し、訪日に関する言質《げんち》をとってもらうようにした。日本外交が、池田氏に完全に依存した瞬間だった。外務官僚の賭けは成功した。ゴルバチョフは、池田氏に訪日を約束したのである。当時の新聞報道を見てみよう。

〈ゴルバチョフ・ソ連大統領は27日午前10時半（日本時間午後3時半）から約1時間、クレムリン内で訪ソ中の池田大作創価学会名誉会長と会談した。大統領は、初の訪日の時期について、「できれば来年春に訪問したい」と初めて明言し、来日への強い意欲を示した。また「私は大幅に日本に向かって歩み寄る気持ちだ」とし、日ソ両国の関係改善に向けて柔軟に対応する用意があることを強調した。大統領の来日方針が改めて確認され、その時期も特定されたことにより、北方領土、経済協力、冷戦後のアジア・太平洋の安全保障問題など多くの難しい懸案を抱える日ソ外交は、両国にとって本格的な関係改善策の具体的な検討段階に入る。〉（1990年7月28日付朝日新聞朝刊）

ゴルバチョフと池田氏は波長が合ったようだ。ゴルバチョフは首脳会談で行うような踏み込んだ話を池田氏にしている。

〈会談後に記者会見した池田氏ら創価学会側によると、大統領は訪日問題について「絶対に実現させたい」と強調、その理由について「ソ連は全世界に対し幅広い対話をしている。そうした時に、日本との対話がないのは正常を欠いたものだ。極めて遺憾である。私は日本に向かって大幅に歩み寄る気持ちだ」と述べ、日本との関係改善に強い意欲を見せた。

来日時期について、池田氏が「上半期というのは6、7月ごろということか」と尋ねたのに対し、大統領は「私はできれば、春に訪れたい」と明言。池田氏がさらに「桜の咲くころか」と重ねてただしたのに対し、大統領はうなずきながら「私としてはそういう気持ちだ。春は私の象徴の季節だ」と述べ、大統領が書記長、大統領に就任した3月ごろを考えていることを示唆《しさ》した。また大統領は、「政治家だけでなく一般の人とも対話したい」と抱負を語ると同時に、池田氏が「広島訪問は」と尋ねると「広島にも行きたいと思っている」と述べた。〉（同右朝日新聞）

「創価学会に依存」の真実隠蔽《いんぺい》

池田・ゴルバチョフ会談がなければ、1991年4月のゴルバチョフ訪日はなく、北方4島の名前が外交文書に残ることも、ビザ無し訪問が実現することもなかった。外務省は、池田・ゴルバチョフ会談の真実を徹底的に隠蔽している。創価学会に日本外交が完全に依存したという事実を認めたくないからであろう。この話に触れることは、外務省でもタブー視されていた。筆者は、ゴルバチョフの前で、筆者が見た真実を話すことにした。12月8日、大阪市内のホテルで行われた「特定非営利活動法人ライフ・ボート・プロジェクト」主催の講演会で、筆者とゴルバチョフが講演を行うことになった。筆者の講演が先だ。そこで、「日本外務省がゴルバチョフ訪日に関して、隠していることとがある」と前置きして、外務省は自らの失敗を取り繕うために、池田氏にリスクを負わせ、その成果だけを外務官僚が吸い取ったという話をした。

筆者は講演を日本語で行ったが、通訳が耳許《みみもと》でその内容をただちにロシア語に訳した。演台から降りて舞台裏に行くと、筆者はゴルバチョフに握手を求められた。「君の言うとおりだ。どの国でも外務省はもっとも保守的な役所だ。外務省を押さえつける力がないと外交は前に進まない。俺の訪日のいきさつについて君が言ったことは真実だ」とゴルバチョフは言った。

外務省は狡猾《こうかつ》な組織だ。池田・ゴルバチョフ会談のときは創価学会を最大限に利用した。成果は外務省だけが吸い取る。そして、真実を歴史に残さない。筆者は、親しくしていた外務省のキャリア職員から「僕が人事課につとめていたとき、創価学会に所属すると見られる職員のリストを作成したことがあります」という告白を聞いたことがある。以前から外務省主流派は創価学会員を密《ひそ》かに監視対象にしているのだ。公明党が下野し、外務省と創価学会の関係にも変化が生じるのではないかと思う。外務官僚が自己保身の観点から、創価学会に関連する記録を恣意《しい》的に用いたり、あるいは湮滅《いんめつ》するのではないかと筆者は懸念している。

「新潮45」2010年2月号掲載

ウィキリークスが日本に仕掛けたインテリジェンス戦争

崩壊した「ゲームのルール」

情報は人につく。外交官時代、筆者はインテリジェンス業務やロビー活動に従事することが多かった。そこでさまざまな情報のプロたちと付き合った。一般論として、人間は、好きなこととできることが違う。確かにインテリジェンス業務で筆者はそれなりの業績をあげ、インテリジェンス・コミュニティーにおいても認知されていた。しかし、この仕事は決して好きになれなかった。

モスクワでクレムリン（大統領府）の要人や国会議員と無二の親友のような顔をして、親しく飯を食って酒を飲む。時には個人的相談にも乗る。しかし、頭はいつも冷静だ。相手からどのような情報を取ることができるかについていつも考えている。そして、ウオトカをしこたま飲んで、相手から情報を聞き出した後、大使館に戻る。深夜に公電（公務で用いる電報）を起案し、電信官に渡す。電信官はその公電に暗号をかけて外務本省に送る。こういう友情につけ込んで秘密情報を取る仕事は決して好きでなかった。

ただし、それが北方領土返還につながるのだと思い、一生懸命、仕事に励んだ。

1995年に東京の外務本省に戻った後は、国際情報局に勤務した。97年頃から日露関係が動き始めた。それにともない国際情報局でロシアを担当していた筆者もインテリジェンス分野で北方領土交渉の下支えをすることになった。その関係で、CIA（米中央情報局）、SIS（英秘密情報部、いわゆるMI6）、BND（独連邦情報庁）、SVR（露対外諜報庁《ちょうほうちょう》）、モサド（イスラエル諜報特務庁）、オーストラリアやニュージーランドの情報機関関係者と付き合った。最初、ロシアをめぐる情報収集だけを行っていたが、徐々に中央アジア、中東、北朝鮮、大量破壊兵器、国際テロリズムなど筆者の担当分野が拡大していった。

思わぬ国が意外な情報を持っている。例えば、オーストラリアやニュージーランドは、北朝鮮に関する優れた生情報をもっていた。両国は北朝鮮と外交関係をもっている。それだから外交官やインテリジェンス・オフィサー（両国の対外インテリジェンス機関は外務省傘下《さんか》にある）が北朝鮮を訪れて、視察や要人との意見交換によって取った貴重な情報がある。それとともに両国は、もともと英国の植民地で、今もコモンウェルス（英連邦）に属する。東京に勤務する英連邦諸国のインテリジェンス・オフィサーは、定期的に会合し、情報収集について分業を行っている。どうもオーストラリアとニュージーランドが北朝鮮情報を担当しているようだった。北朝鮮も、英国の外交官の動きには目を光らせているであろうが、オーストラリアやニュージーランドになるとどうしても監視の目が緩む。この隙《すき》を英連邦のインテリジェンス・チームは上手に突いていた。

ロシアに関してはイスラエルが重要情報をもっていた。1980年代末から100万人以上のユダヤ人がソ連からイスラエルに移住した。このロシア系イスラエル人には、エリツィン大統領と直接会うことが出来る人や当時、政界に強い影響力をもった寡占《か》資《せん》本家の友人が多かった。それで筆者は、イスラエルとの関係の強化に力を入れた。もっとも、そのために2000年4月に末次一郎安全保障問題研究会代表（故人、陸軍中野学校出身の社会活動家。北方領土返還運動に取り組む）、袴田茂樹青山学院大学教授、田中明彦《あきひこ》東京大学大学院教授らをイスラエルで行われたテルアビブ大学主催の国際学会「東と西の間のロシア」に派遣する際にその経費を外務省関連の国際機関「支援委員会」から支出したことが、背任罪に問われ、2002年5月14日に筆者は東京地方検察庁特別捜査部に逮捕された。川島裕《ゆたか》外務事務次官、東郷和彦欧亜局長、谷内《やち》正太郎《しょうたろう》条約局長らの決裁をとったのに、筆者だけが支援委員会協定に違反した支出をしたと刑事責任を追及されるのは、どうも納得がいかない。しかも決裁書原本が外務省から消えている（この事情については拙著『国家の罠《わな》　外務省のラスプーチンと呼ばれて』［新潮文庫］に詳しく書いたので、興味のある読者は目を通してほしい）。

とはいえ「事実を曲げてでも真実を追求する」というのがわが特捜検察の流儀だ。寝かした人の足がベッドからはみだしている場合、普通の人はベッドを替えることを考えるが、特捜検察は寝ている人の足を切ることにする。障害者団体向け割引郵便料金不正事件で主任検事が証拠のフロッピーディスクを改ざんした一件が表に出たので、こういう特捜検察の文化はいまや有名になってしまった。足を切られた方は痛くてたまらないが、社会正義のために必要な犠牲なのである。鈴木宗男衆議院議員を狙《ねら》った国策捜査だったので、鈴木氏とともに外務省のラスプーチンこと佐藤優主任分析官をまず逮捕し、そこから鈴木氏につなげる事件を作る必要が特捜検察にあったのだろう。

それとともに、田中眞紀子外相を追い出す過程で、外務省は組織の恥部を鈴木氏に握られてしまった。

その鈴木氏を検察が掃除してくれるというのだから、外務官僚は随喜の涙を流して検察庁に感謝した。そうそう、当時、鈴木宗男放逐の陣頭指揮を執った竹内行夫《ゆきお》外務事務次官は、現在、最高裁判所裁判官をつとめている。しかも竹内氏は司法試験に合格していない。こういう人を受け入れる最高裁判所の本質は、最高政治裁判所だと筆者は認識している。最高裁が上告を棄却し、鈴木宗男氏に懲役2年の実刑判決が言い渡されたことに何の不思議もない。

鈴木宗男事件で得をしたのは外務官僚で、損をしたのは現在、喜連川《きつれがわ》社会復帰促進センターという名の「民官刑務所」で服役している鈴木宗男氏である。もっとも検察庁も決して得をしていない。鈴木事件をきっかけに国策捜査という業界用語は市民権を得て、鈴木氏は衆議院選挙で2回当選した。政権交代後は衆議院外務委員長に就任し、与党の有力政治家として大きな影響力をもった。2010年12月2日、都内のホテルで鈴木宗男氏を「送り出す会」が行われたが、そこには森喜朗元首相、鳩山由紀夫前首相、福島瑞穂《みずほ》社民党党首、原口一博《かずひろ》前総務相などが出席し、激励の言葉を述べた。与野党双方の有力政治家が、特捜検察に逮捕され、最高裁が犯罪者であると認定した政治家を塀の中へ送り出す会に出席し、首相経験者が「頑張れ」というスピーチまでしたのだ。特捜検察によって摘発された政治家は、仮に選挙で当選しても、社会的復権はできず、影響力を行使できないというこれまでの「ゲームのルール」が崩れてしまった。

証拠改ざん事件では、実行犯の主任検事だけでなく、事件当時の上司だった大阪地方検察庁特捜部の大坪弘道《ひろみち》部長、佐賀元明《もとあき》副部長も逮捕され、筆者がこの原稿を書いている1月4日現在、大阪拘置所の暖房のないかび臭い独房に勾留《こうりゅう》されている(2011年1月29日に保釈)。筆者は大坪、佐賀両氏と文通をしている。手紙のやりとりをしていれば人柄がよくわかる。大坪、佐賀両氏は、無罪主張をしているが、それは罪から逃れるための言い訳ではないと筆者は認識している。犯人隠避という容疑は冤罪《えんざい》で、検察組織が自己保身のために大坪、佐賀両氏を「トカゲの尻尾《しっぽ》」にしようとしているのだ。ただし、この尻尾はなかなか切れない。そのうち傷口が膿《う》んで、トカゲ(検察庁)の本体が敗血症で苦しむのではないかと筆者は心配している。いずれにせよ、鈴木宗男氏を無理に摘発したので、そのツケが検察庁に回ってきたのだ。

「ムネオリークス」

筆者は、喜連川センターの鈴木氏に毎日1通手紙を送ると約束した。2011年1月4日現在で、鈴木氏が収容されて30日目（満期まであと480日）になるが、既に手紙を39通送った。約束を超過達成していることになる。鈴木氏の発信は厳しく制限されていて、今のところ月4通、しかも1回あたり便箋《びんせん》7枚以内という制限が課されている。

鈴木氏は新党大地代表なので、獄中からさまざまな指示を党に対して行わなくてはならない（戦前の非合法共産党のような雰囲気だ）。そちらの方に手紙の制限枠を使って欲しいので、筆者への返信はいらないと鈴木氏にあらかじめ伝えている。

ちなみに筆者が毎日、鈴木氏に手紙を書いているのは、外務省員としての「最後の仕事」をしているからだ。実は、逮捕される前に外務省幹部からこんなことを言われた。『国家の罠』から引用しておく。

〈「僕は佐藤君のことをほんとうにレスペクト（尊敬）している。こんなことになってしまってほんとうに済まない。世論の流れがこうなっているからどうしようもないんだ。嵐《あらし》が過ぎるのを待つしかない」

「わかっています。二〇〇〇年までに日露平和条約が締結できなかったのですから（引用者註＊平和条約を締結するためには北方領土の帰属について合意しなくてはならない。従って、平和条約締結と北方領土問題の解決は同じ意味である）、誰かが責任をとらないとならないのでしょう」

「そういうふうに納得しているのか」

「それしかないでしょう」

「そうなんだろうね。鈴木大臣については、外務省のためにあれだけ尽くしてくれた人なのだから、別の解決法もあったのではないかと思う……。恨んでいるだろうな」

「これも仕方のないことなのでしょう。僕や東郷さんや鈴木さんが潰《つぶ》れても田中（眞紀子外相）を追い出しただけでも国益ですよ。僕は鈴木さんのそばに最後までいようと思っているんですよ。外務省の幹部たちが次々と離れていく中で、鈴木さんは深く傷ついています。鈴木さんだって人間です。深く傷つくと何をするかわからない。鈴木さんは知りすぎている。墓までもっていってもらわないとならないことを知りすぎている。それを話すことになったら……」

「そのときはほんとうにおしまいだ。日本外交が滅茶苦茶《めちゃくちゃ》になる」

「僕が最後まで鈴木さんの側《そば》にいることで、その抑止にはなるでしょう」

「それは君にしかできないよ。是非それをしてほしい。しかし、僕たちはもう君を守ってあげることはできない」
「大丈夫です。そこは覚悟しています。これが僕の外交官としての最後の仕事と考えています」〉（佐藤優『国家の罠　外務省のラスプーチンと呼ばれて』新潮文庫、2007年、353～355頁《ページ》）
幸い、文筆で糊口《ここう》をしのいでいけるようになったので、外務省に守ってもらう必要がない。また、鈴木氏も政治家として返り咲いたのみならず社会的にも復権しているので、喜連川センターから娑婆《しゃば》に戻った後も（5年間の公民権停止があるので選挙には立候補できないが）マスメディアや新党大地を通じて政治活動を継続するであろう。それだから、鈴木氏が傷ついて自暴自棄になって、日本が不利になる外交機密を暴露することもない。
筆者が心配しているのは、別の問題だ。「新潮45」2011年1月号（本書第4章「特別対談　鈴木宗男VS.佐藤優」309～332頁参照）で明らかになったように鈴木氏のもとには大量の外交機密文書がある。その中には、1973年の田中・ブレジネフ会談、あるいは過去の日露秘密交渉に関する書類がある。10年11月1日、ロシアのメドベージェフ大統領が国後島を訪問した後、北方領土交渉の枠組みが大きく変化しようとしている。そのような状態で、外務官僚は自己保身のために過去の外交記録を湮滅するのではないかという危惧《きぐ》を鈴木氏は抱いている（日米密約関連文書が外務省から消えていることから類推するならば、日露関係においても同様のことが生じる危険は十分ある)。そこで、鈴木氏は、外務省幹部が運んできた重要文書を持っているということを、きちんと外務省に伝えておく必要があると考えた。

同時に鈴木氏は外務官僚と取り引きするつもりはない。目的は、日露関係の重要外交文書を外務官僚が湮滅《いんめつ》しないように牽制《けんせい》することだ。同時に日本の国益を毀損《きそん》するような事態を避けなくてはならないと鈴木氏は強く思っている。そこで11月に鈴木氏から筆者は、「どうしたらよいか」という相談を受けた。そのとき鈴木氏の事務所に保管されている秘（無期限）、極秘、極秘（限定配布）などの指定がなされた外務省の機密文書を見て、筆者は驚いた。田中・ブレジネフ会談のような、筆者が現役時代に外務省幹部から話に聞いたことはあるが見たことがない機密文書が、いくつもある。また、これらの機密文書とは別に鈴木氏に外務省内の不祥事やトラブルについて、現役外務官僚が実名で送ってきた手紙もある。「ムネオリークス」というウェブサイトでも立ち上げれば、日本外務省を揺さぶることが十分できる内容だ。しかし、鈴木氏にはそのようなことをする意思がない。ただし、外務官僚が重要文書を湮滅し、歴史の真実を隠そうとしていることを何とか牽制したいと考えている。鈴木氏なりに国益と情報開示のバランスを考え、決断した結果が「新潮45」２０１１年1月号の記事なのだ。外務省関係者から聞こえてくる話だと、牽制の効果は十分あったようだ。

ちなみに一部の外務官僚は、「鈴木宗男がもっている文書はあれで全部だろう」と言っているが、それは間違いだ。筆者が知る限りでも、段ボール箱2つの外務省機密文書が鈴木事務所に眠っている。仮に、同誌1月号に1頁目だけの写真が写っている田中・ブレジネフ会談の記録の全文が明らかになれば、全国紙1面のトップになる（ちなみに筆者はこの文書の写しをもっていないので、アプローチしても無駄である）。この種の文書がすべて表に出ることになると、日本外交に実害が出る。それだから、実害を与えないように鈴木氏に働きかける筆者の「最後の仕事」も終わらないのである。

日本政府への宣戦布告

繰り返すが、鈴木宗男氏が外務省の機密文書をもっていることを明らかにしたのは、外務官僚による文書湮滅を牽制するという目的からだ。ここが「ウィキリークス」（以下、WLと記す）と根本的に異なるところだ。なお、元日、WLが東京の米国大使館が作成した外交機密公電3本を初めて暴露した。2010年1月25日のマーク・ウォール駐日米国大使館公使と福山哲郎外務副大臣（当時、現内閣官房副長官）とのやりとりが面白い。ウォール公使が、「日本がアイスランドに対して（鯨の）捕獲枠を減らすようにして欲しい」と働きかけたのに対し、福山氏は「拙速な動きをすると与党民主党に内政問題をつくり出すことになる」と言って、断る。米国の言いなりにならない福山氏の対応は立派だ。それとともに、10年1月15日に特捜検察によって石川知裕《ともひろ》衆議院議員が逮捕され、小沢一郎氏をめぐる「政治とカネ」で頭を悩ませているときに、新たな問題をつくり出すのは勘弁してくれという民主党の本音が透けて見える。

東京発の公電暴露は、WLによる日本政府に対する「お年玉」(あるいは宣戦布告)である。捕鯨問題は、欧米諸国と日本を分断するための「弱い環《わ》」だ。WLはそこに目をつけてインテリジェンス戦争を仕掛けてきたのである。WLが入手した「東京発」の公電は5000件以上あるとされる。日本外交に通暁《つうぎょう》した専門家がWLがもつ機密公電を精査すれば、日本国家を震撼《しんかん》させるインテリジェンス工作が可能だ。その結果、政府と国民が分断されないようにするための方策を菅直人首相主導で真剣に考えるべきだ。

ところでWLを企業や官庁の内部告発と同類のものと考えると大きな間違いを犯す。ここで興味深いやりとりについて披露したい。冒頭述べたように情報は人につく。筆者は、もはや政府の秘密情報はもっていないし、インテリジェンス活動も行っていない。しかし、かつて情報の仕事で付き合っていた人々の一部とは、いまでも縁が切れていない。インテリジェンスは職人芸の世界なので、職人同士の奇妙な連帯意識がある。

この業界では、反射神経と集中力が重視されるので、50代になると引退するインテリジェンス・オフィサーが多い。引退した後はビジネスマンや学者になって、第2の人生を送っている。この人たちはインテリジェンスの文法に通暁しているので、意見交換をしていて面白い。

不満分子に気をつけろ！

２０１０年12月中旬に中東某国から友人が訪ねてきた。その国と鈴木氏は縁が深い。鈴木氏が収監されたというニュースを聞いて、様子を聞きに来たのである。筆者は鈴木氏をめぐる状況について説明した。その後、ＷＬへの米国国務省機密公電流出問題について意見交換をした。

佐藤「ＷＬの目的についてどう思うか。僕は、既存の国家システムを破壊しようとするアナーキズムだと見ている」

友人「まったく同意見だ。（ＷＬの創設者で編集長の）ジュリアン・アサンジ氏の主張を見れば一目瞭然《りょうぜん》だ。典型的なアナキストの主張だ」

佐藤「ただし、アサンジはアナキストと自称していない」

友人「（笑いながら）アナキストは、『俺は自由人だ。アナーキズムを含むどのような主義（イズム）も拒否する』と言うのが通例だ。ただし、ＷＬのインテリジェンス能力を過小評価しない方が良い」

佐藤「どれくらいの力があると見ているか」

友人「ヨーロッパの中堅国くらいの力はある」

佐藤「ということは、オランダやベルギーくらいのレベルということか」
友人「いい線だ。ただし、ヒュミント（人間によるインテリジェンス活動）能力はもっと高い」
佐藤「どういうことか」
友人「どの組織にも不満分子はいる。上司とのあつれき、人事処遇に対する不満、セックスに関する欲求不満、あるいは、人間が心の底に秘めている破壊衝動など、秘密情報にアクセスできる公務員が裏切り行為に及ぶ動機はたくさんある」
佐藤「WLはホモセクシュアルのネットワークを活用しているのではないか。汚いインテリジェンス工作の定石だ」
友人「わからない。ただし、ホモセクシュアルに限定しない方がよいだろう。もっとも役に立つのは、カネと見返りに情報を運んでくる奴《やつ》ではなく、自発的協力者だ。今回、WLは米国陸軍の上等兵をうまくつかまえた。この上等兵は、愛情かイデオロギー的共感か、動機はよくわからないが、WLに対して自発的に協力している。こういう自発的協力者が1人しかいないとは考えられない。WLには不満をもつ人間の魂をつかみ、自発的協力者に仕立てる優れたインテリジェンス能力がある。米国人はこの点がわかっていない」
佐藤「どうしてわからないのだろうか」

友人「米国のインテリジェンス文化によるものだ。米国はあまりに強すぎる。正しい情報がなくても、あるいは情勢分析に失敗しても、力を背景に米国の意志を他国に押し付けることができる。ヒュミント工作は、他人の気持ちになって考えることなしには出来ない。力に依存する癖がついている米国人は、こういうヒュミント工作が苦手だ。規則やパスワードで縛りをかければ情報は保全できると考えている。しかし、工作機関が米国の秘密情報にアクセスすることができる人間の気持ちをつかんでしまえば、どのような規則やパスワードでも突破することができる」

佐藤「米国と比較して、今回、英国は上手に立ち回っているのではないだろうか。アサンジ氏をあえて自国に受け容《い》れた。どんな猛獣でも自分の巣を汚すようなことはしない。アナキストであろうが共産主義者であろうが、自国に直接危害を加えるような行動をしない限り、そういう外国人を受け入れる伝統が英国にはある。19世紀に英国はマルクスを受け入れた。ロンドンに住んでいたマルクスは大英博物館（図書館）に通い『資本論』の執筆に専心し、英国内では革命を扇動しなかった」

友人「確かにそうだ。ただし、アサンジをはじめＷＬの連中は、国家が主体となるインテリジェンス・ゲームで適用されるルールを尊重しない。確かに、今のところＷＬから英国に致命的な打撃を与えるような情報は流れていない。ただここで鍵《かぎ》を握っているのはアサンジ氏でも英国政府でもない」

佐藤「君が言っていることの意味がよくわからない。そうなると誰が鍵を握っているのか」

友人「現時点では、ＷＬと提携している『ガーディアン』紙だ。ＷＬがいきなり自分のＨＰに機密公電を掲載しないのは、周到なインテリジェンス戦略をもっているからだ」

佐藤「要するに『ガーディアン』のような高級紙に掲載させることで、信用性を増そうとしているということか」

友人「違う。もっと根源的な問題だ。ＷＬは25万通も米国国務省の機密公電を入手してしまった。これだけ大量の機密文書から何が重要であるかを仕分ける能力がＷＬにはない。その仕分けの機能を、提携を持ちかけることによって、『ガーディアン』にやらせている。ドイツでは高級誌『シュピーゲル』、フランスでは高級紙『ル・モンド』がこの仕分け作業を行っている。この過程で、ＷＬは、どのようにして価値がある情報を選択するかについて学んでいる。既存のメディアは、ＷＬがこのようなインテリジェンス活動を行っていることについてあまりに無自覚だ。『ガーディアン』と提携することで、ＷＬは急速に情報に対する評価能力を身につけている。2〜3年経《た》つと、ＷＬは既存メディアの力を借りずに情報を精査できるようになる。こうなると英国を含むすべての国家に大きな打撃を与えることになる。日本関連のセンセーショナルな機密公電がＷＬから出てこないのはＷＬと提携する日本の高級紙がないからだ。提携相手は新聞でなくもいい。例えば、外務省ＯＢで、情報を精査することができる人がＷＬと提携すれば、日本や米国に本格的に打撃を与えるインテリジェンス工作が可能だ」

外務省に告ぐ。鈴木宗男氏や筆者はＷＬの本質を理解しているので、アナーキズムを助長するような行動はしない。他方、外務省で大使まで経験しながら、組織に対する恨みと反米感情に凝り固まった人を見つけることは難しくない。こういう人たちとＷＬが手を握ると日本の国益を著しく毀損する事態が生じる。人事当局におかれては、ＯＢ大使に不満分子を生みださないようにする細心の配慮をされたい。

「新潮45」２０１１年2月号掲載

第2章　民主党はなぜ官僚に敗れたのか？

政権交代で生き残りに蠢《うごめ》く外務官僚たち

「3カク精神」

外務官僚は、強力なサバイバル能力をもった生物だ。民主党への政権交代の可能性を視野に入れて、義理を欠き、人情を欠き、そのうえ平気で恥をかくという「3カク精神」を見事に発揮し、今回も生き残ろうとしている。それをこのまま看過してはならない。

2009年7月末、筆者は某外務省幹部と密会した。実は、起訴休職中も数名の外務省幹部とは連絡を絶やさず、省内の動静について正確な情報を得ることができている。今回のテーマは、民主党政権ができた後の日本外交についてだった。

——民主党政権の実現について外務省の人たちはどう考えているのでしょうか。

「不可避と思っているよ。2〜3カ月前まで『インド洋での自衛隊の給油支援に関して反対しているような民主党には外交の舞台への入場券がない』などと言っていた連中は、最近、静かにしているよ」

――民主党の国会議員に擦り寄る者はいるのですか。

「何人かいるようだ。大学時代のつてを頼ったりしている」

――僕のところにも垂秀夫《たるみひでお》中国・モンゴル課長が京都大学時代のコネクションを生かして民主党との関係を強化しようとしているという情報が入ってきています。もっとも垂課長は中国専門家としての能力が高いので、どのような政権交代があっても確実に生き残ることができるでしょう。

「確かに垂は生き残ると思う。むしろ、垂と同期のロシア課長の武藤（顕《あきら》）の方がたいへんじゃないのか」

――どうしてですか。武藤課長は、ロシア語もよくできて、人脈構築力もありますよ。僕は武藤課長と同期であるだけでなく、研修生時代とモスクワの日本大使館で机を並べて仕事をした経験があるので、武藤が外交官として優れていることは誰よりもよく知っています。それから人柄もいい。部下に対しても尊大な態度はとらないし、誰にも誠実に対応します。

「そうだけど、北方領土交渉は動かなかったじゃないか。日露関係は近年になく冷え込んでいる。政権交代が起きれば、麻生《あそう》の対北方領土外交の責任を外務省はとらされるよ。その責任を藪中《やぶなか》（三十二《みとじ》・外務事務次官）は武藤に被《かぶ》せるんじゃないかと思う」

――何か兆候がありますか。

「兆候はない。憶測だ」

――わかりました。ただ××さんの憶測はよく当たりますからね。藪中さんは、小沢一郎さんとの御縁が深かった人なので、僕が知るその辺の話も明らかにして、雑誌で少し牽制《けんせい》しておきましょう。

確かに現在、北方領土交渉は停滞している。それは麻生太郎総理が、「バナナの叩《たた》き売り」のような北方4島の面積2分割論（歯舞《はぼまい》群島、色丹《しこたん》島、国後《くなしり》島の3島と択捉《えとろふ》島の一部の返還が実現すればよいという主張）になびいた処理を武藤氏がせざるをえなくなったからだ。それだけでない。前任のロシア課長の松田邦紀氏（現・駐イスラエル大使館公使）は、外務省の歴史に残る豪傑だ。松田氏は、赤ちゃん言葉で「ボクちゃん、チャミチイ（淋《さび》しい）んです」などとしゃべり、おしめを替えてくれという幼児プレイをして、そのカネを鈴木宗男衆議院議員（新党大地代表）につけ回したり、機密費（報償費）で省内の愛人と飲食し、ワシントンの日本大使館に赴任する際にその愛人をいっしょに連れて行ったという前歴がある。

当然、ロシア課の士気はさがる。この士気を向上させるためにも武藤氏は相当エネルギーを注入した。確かに日本の対露外交はなっていない。ただし、武藤氏がロシア課長のポストに就いていなければ、もっとひどい状況に陥っていた。この点について、筆者も東郷和彦氏（元欧州局長）も鈴木宗男氏も同一認識だ。

筆者としては、民主党政権ができた後、武藤氏を政治任命で2階級特進させて、欧州局長に任命すればよいと考える。鈴木氏が外務副大臣、東郷氏が外務省顧問（もしくは参与）に就任し、武藤氏に働きやすい環境をつくれば、北方領土交渉は着実に前進する。

「小沢一郎詣《もう》で」

さて、藪中氏に関して、いままで話さなかったエピソードを記そう。1995年3月31日に筆者はロシアから帰国し、翌4月1日から外務本省の国際情報局分析第1課で勤務を始めた。筆者の記憶では、それから3カ月以内のことだ。藪中氏から、電話がかかってきた。「引き合わせたい人物がいるので、昼食に付き合ってほしい」という話だった。小洒落《こじゃれ》たフレンチ・レストランに案内され、自民党政務調査会の田村重信《しげのぶ》氏と会食をした。藪中氏に、「日本の外交、安全保障政策を遂行するうえで田村氏はきわめて重要な人物なので、ロシア情勢について踏み込んだ説明をしてくれ」と言われ、筆者は外交秘密に触れるぎりぎりまで深い話をした。銘柄は忘れてしまったが、それほど値段は高くないもののおいしい赤ワインを藪中氏が選んでくれた。帰りの黒塗り公用車の中で、藪中氏はチューインガムをかみながら「田村さんは小沢一郎さん（衆議院議員）のブレインだった。いっしょにいろいろ勉強したよ」と述べていたことが印象に残っている。91年の第1次湾岸戦争の頃から外務省内には、自衛隊の海外派兵を含め、より積極的な国際貢献を行うことが日本の国益に適《かな》うと考える「革新官僚」が増えてきた。これらの革新官僚は、小沢一郎氏が総理になれば、日本の外交、安全保障政策の転換が可能になると考え、「小沢詣で」を始めた。93年に小沢氏の『日本改造計画』(講談社)が上梓《じょうし》されたた。この本の資料集めや下原稿作りを小沢氏を尊敬する外務官僚のグループが行ったのではないかという噂《うわさ》が永田町(政界)と霞《かすみ》が関《せき》(官界)で流れた。

だが、94年6月に小沢氏が支えた羽田孜《はたつとむ》政権が崩壊し、自民党、社会党、さきがけによる村山富市《とみいち》(社会党党首)政権ができたことに外務官僚は強い衝撃を受けた。権力を維持するという1点で結集した「野合政権」の下では、まともな外交はできないと、筆者を含む外務官僚の多くは考えた。そして、小沢一郎氏に再び権力が移ることを望んだ。しかし、96年1月に村山氏が辞任し、自民党の橋本龍太郎政権が成立した後、自民党の外交、安全保障政策は小沢氏の構想と同じ方向を示すようになった。そのうち外務官僚は、「小沢一郎などという政治家は知らない」という顔をするようになった。

「3枚の名刺」

1997年秋のことだ。鈴木宗男氏から、藪中氏に関して面白い話を聞いた。鈴木氏に赤坂見附のステーキハウスに誘われ、ロシア情勢について説明していたときのことだ。7月に就任したばかりの丹波《たんば》（實《みのる》）外務審議官（現・日本エネルギー経済研究所顧問）についての話になった。丹波氏が朝日新聞にその年11月に行われたクラスノヤルスク日露首脳会談で極秘にされていた内容を漏らし、大騒動になった直後のことである。

――鈴木大臣（当時、鈴木氏は北海道・沖縄開発庁長官をつとめていた）から橋本総理にうまくとりなしてくださったので、丹波さんの首もなんとかつながりました。ほんとうにありがとうございます。いま丹波さんが処分されるとロシア・スクール（ロシア語を研修し、対露交渉に従事する外交官）の士気にかかわります。

「うん。橋本総理は大丈夫だけれど、問題は残っている」

――何でしょうか？

「野中（広務）幹事長代理だ。野中先生のところに、丹波が小沢一郎と親しいという話が入っている。確かに湾岸戦争のとき、丹波は小沢に近寄った。思想的にも近い。これが案外、今後のネックになるかもしれない。佐藤さん、藪中の名刺の話を聞いたことがあるか？」

――名刺ですか？　知りません。

「藪中が野中先生のところに異動のあいさつに行った。そうすると野中先生が『どちらさまですか？』と尋ねた。野中さんは藪中とは面識がある。藪中は、不思議だなあと思いつも名刺を切った。そうすると野中先生は、名刺を受け取り『君が小沢さんと親しい藪中さんか』と答えたそうだ」

――厳しい牽制ですね。

「いや、話はこれからだ。それから、藪中が野中先生のところに、了解を得るために説明に行った。すると野中先生がまた『どちらさまですか？』と尋ねたんだ。藪中は、名刺を切った。それを見て野中先生は、『あなたが有名な藪中さんか。何でも小沢さんの本を書いてあげたそうやな』と答えた」

――恐ろしい話ですね。

「しかも、これで話が終わったわけじゃないんだ。その次に藪中が説明に行ったときも、『どちらさまですか？』と尋ねたんだ」

――それで藪中さんはどう対応したんですか？

「名刺を切った。そうしたら、野中さんが『君が藪中さんか。小沢一郎さんと親しいそうやな』と答えて、藪中の説明を聞いた。その後は、野中先生も教育効果が十分あったと考えて、名刺は求めなくなった。3回も名刺を出すとは、藪中も胆力がある。あいつはしたたかだから、どのような状況でも生き残っていくよ」

鈴木氏の予測は正確だった。野中氏が藪中氏に心を許したわけではない。しかし、「どちらさまですか？」攻勢を3回かけられても、ひるまずに、役人として必要なことを説明する。こういう役人はテクノクラート（専門知識をもつ官僚）として、力をもつ政治家から認知され、信頼される。

藪中氏の「3枚の名刺」の話は、「永田町の怪談」として、関係者の間で広まった。

筆者はこの話を丹波氏に伝えた。丹波氏の声が裏返った。

「俺は小沢なんかと別に近くなんかない。小沢が俺の力を利用しただけだ。そこのところを宗さん（鈴木宗男氏）を通じて、野中先生にちゃんと伝わるようにしてくれよ。佐藤、頼むぞ」

筆者は丹波氏からの伝言を鈴木氏に正確に伝えた。そうすると、鈴木氏はこう言った。

「佐藤さん、丹波への注射は相当きいたようだぞ。早速、記者を通じて、野中先生との会食の機会を探っている。藪中にしても、丹波にしてもたいしたものだ。権力者にはいくらでも擦り寄る。もっともこっちに権力がなくなれば、こういった連中はすぐに裏切るだろうな」

鈴木氏の予言は正確だった。2002年1月に鈴木宗男事件の嵐《あらし》が吹き荒れた。この年の3月、外務本省から外交史料館に異動になり、秘密情報から隔離されたところにロシア・スクールの後輩が公電（外務省が公務で用いる電報）の写しを送ってきた。写しの横に「丹波は信用できません」と赤インクで添え書きがされていた。当時、駐露大使をつとめていた丹波氏がモスクワの日本人記者と行った懇談の記録だった。丹波氏は鈴木氏と筆者の関係について、「あの2人の関係はおかしい。ロシアに来るときもいつもいっしょで、私は折りに触れて佐藤に注意をしていた」という内容だった。冗談ではない。丹波氏から筆者は「宗さんは君を信頼しているからよろしく頼むよ」とさまざまな無理難題を言われたことはあるが、鈴木氏と近すぎると注意されたことなど1度もない。この電報を見た瞬間、筆者はスターリン時代の「告発者は告発されない」という格言を思い出した。丹波氏は鈴木氏にもっとも擦り寄った外務官僚のひとりだ。それだから鈴木バッシングが始まると積極的に石を投げる側に回ったのだ。

藪中氏は賢明で、鈴木氏や筆者に関して、否定的なことは何も言わなかった。ただし、最近になって鈴木氏の動静に関して藪中氏も過敏になっているという情報が入ってきた。以下は藪中氏と会食した人物から筆者が直接聞いた話だ。この人物が、「どうも鈴木宗男さんが民主党との取り引きで、外務副大臣になることを本気で考えているようですよ。人事に手を突っ込むようだ」と水を向けると、藪中氏は箸《はし》を置いて、「ほんとうですか。悪い冗談は言わないでください。そんなことになったら外務省は破滅します」と答えたという。

冗談かどうかは、本誌が出てから1カ月もすれば明らかになるだろう。鈴木氏が外務副大臣になれば、筆者もときどき副大臣室に遊びに行くことにする。鈴木氏や霞《かすみ》クラブ（外務省担当の記者クラブ）の新聞記者たちと外務省8階の食堂「グリーンハウス」で久しぶりに昼食をとろうと思っている。そのついでに、検察庁にさまざまな供述をした元上司や同僚に、きちんと「お礼」のあいさつをしようと思う。それから、鈴木氏と記者たちに、外務省が存在しないことにしている「闇《やみ》文書」の隠し場所について、現場を示しながらレクチャーしようと考えている。その結果については、「新潮45」で詳細に報告したいと考えている。

7月21日付で外務省の山野内勘二《かんじ》北米第1課長が内閣官房副長官補付の内閣官房参事官に異動した。〈山野内氏は、民主党の鳩山由紀夫代表が細川内閣の官房副長官時に秘書官を務めていた。官邸関係者によると、今回の人事は外務省の主導で行われたもので、同省が「鳩山由紀夫首相」の誕生を見越して行ったとの見方が強まっている。〉（7月21日付産経新聞電子版）と山野内氏が外務省の民主党系官僚との見方を示している。この読みは正しい。ただし、もっと重要な民主党系の外務官僚がいる。マスメディアはほとんど注目していないが、民主党への切り札になる外務官僚は、地球規模課題審議官組織の宮川眞喜雄《まきお》審議官だ。宮川氏は小沢一郎氏が内閣官房副長官をつとめていたときの秘書官だった。小沢氏の信頼は絶大だった。もっとも、そのことが外務省では災いした。１９９３年のことだ。宮川氏は欧亜局ロシア課の首席事務官をつとめていた。宮川氏は英語研修組で、ロシア・スクールと波長が合わなかったことも一要因だったが、それに加えて政治問題があった。宮川氏の上司である小町恭士《こまちきょうじ》ロシア課長（田中眞紀子外相の下で官房長をつとめることになる）が「清和会（当時の三塚派）一本」というきわめて政治的な外務官僚だった。宮川氏には、小沢氏に近い「ジョン万次郎の会」の案内がファックスされてくる。これを小町課長に示して「宮川さんから小沢事務所に情報が流れているんじゃないでしょうか」と御注進する事務官がいた。首席事務官のすぐ下には総務班長がいる。通常、総務班長は首席事務官を補佐するが、当時この職にあった上月豊久《こうづきとよひさ》氏（現・駐ロシア大使館公使）は「要領の上月」、「茶坊主《ちゃぼうず》」と言われる、政治学は95点だが人間学は20点というような外務官僚だ。ロシア・スクールの小町氏に阿《おもね》って、徹底的な宮川いじめを行っていた。首席事務官として知らなくてはならない情報を、上月氏は宮川氏に上げないのである。もっとも陰性の上月氏は部下から蛇蝎《だかつ》のように嫌われていた。筆者は上月氏の直属の部下だった2人から「チャンスがあったら上月を殺してやりたい。何かいい方法がないだろうか」と真剣に相談されたことがある。当時、筆者は「上月は人間学は20点だけど、官僚としては有能だから、国益と思ってしばらく我慢しろ。何とか職場環境が改善するように努力する」と言ってなだめた（そして裏から手を回してそれなりの措置をとった）。今になって思うと、上月氏を守る必要はなかった。深く反省している。

話をもとに戻す。93年春のことと記憶している。大使館の盗聴防止装置がついた電話に宮川氏から電話がかかってきた。「来週、モスクワに出張するので、一晩サシで話をしたい」ということだった。「赤の広場」横のホテル「メトロポール」地下のレストラン「ロブスター」で2人でウオトカを2本飲んだ。宮川氏は強い酒をいくら飲んでも乱れない。話も理路整然としている。そのとき宮川氏はこう言っていた。

「確かに僕は小沢一郎先生を尊敬している。僕は外務省に言われて小沢先生との外務省のプライベート・チャンネルを果たしている。役人としておかしなことは何もしていない。小町課長は一見優しそうに見えるが、実に陰性の人物だ。佐藤さんも気を許したらいけない。佐藤さんの情報の世話になっていながら『聞いたままで分析がない』と酷評している。情報に余計な分析を加えないのは当たり前のことだ」

――上月さんについてはどう見ていますか。

「小狡《こずる》い。小町課長に追従しているが、本心は別だろう。ただ、ああいう小狡い奴《やつ》が外務省ではそこそこ出世する。ただし、佐藤さん、日本の政治も近く大きく変わるよ。外務省ももっと実力本位の世界になる。僕が課長年次になるころには、佐藤さんにももっと活躍してもらいたい」

――僕に野心はないですよ。こうしてクレムリンや議会を歩いて、情報をとっているのが面白いです。

「その情報を国益のためにもっと有効に使うようにしないと。とにかく、日本の政治はこれから大きく変わる。役人もこれまでのキャリア制度に安住してはいられない。もっと厳しく実力が問われる時代になるよ」

今になって振り返ると小沢氏が自民党を飛び出し、新党を結成して政権を奪取する計画を宮川氏は知っていたのだと思う。93年8月に細川護熙《もりひろ》政権が成立した。外務省幹部は宮川氏を最大限に活用した。しかし、自社さの野合政権が成立すると小沢氏に近い宮川氏は疎《うと》んじられた。宮川氏は、不平不満をこぼさずに働いた。しかし、腹には一物もっているはずだ。

東国原《ひがしこくばる》〝外相〟なら変わる

8月30日の衆議院議員選挙で政権交代が実現することを筆者は望んでいる。そして、この機会に外務官僚の姑息《こそく》な生き残り戦術を徹底的に叩《たた》き潰《つぶ》し、日本外交の背骨をピシッと通さなくてはならない。民主党と協力関係にある鈴木宗男氏と田中眞紀子氏が歴史的和解をして、ともに外務省に副大臣として乗りこむ。そして、2人で外務省の報償費（機密費）問題、密約文書の湮滅《いんめつ》疑惑を徹底的に解明する。米軍による核持ち込みを日本政府が認めたという密約を明かした村田良平《りょうへい》元外務事務次官を外務省顧問に据えて、外務省が国民に真実を明らかにするように指導する。この体制を作れば、外務省に対する国民の信頼を回復することができる。ただし、組織はトップが重要だ。誰がよいだろうか？　ここは派閥力学でなく、外務官僚のサボタージュを打破することができる規格外の政治家を登用すべきだ。筆者は、宮崎県知事の東国原英夫《ひでお》氏ならば、その役を十分にこなすことができると思う。筆者は徹底的に権力に固執し、所与の条件で、できるだけ多くの権力を掌握しようとする政治家を信頼する。政治とは権力を獲得するゲームだ。福田康夫《やすお》前総理のように、簡単に宰相の座を投げ出す政治家は国民にとって不幸をもたらす。権力に固執してやりたいことがないからだ。東国原知事はこう述べている。

〈どこかの雑誌が私を酷評して「東国原が日本を代表してサミットに参加するなど、想像もしたくない」と書いていた。首相の仕事の本義は、今やセレモニー化したサミットに出席して、役人の書いた文書を読み、酒に酩酊《めいてい》することではなかろう。一番大切なことは、国民一人ひとりの声を聞き、応《こた》えることにある。この人のために何が出来るのか。国家の首長が考え、やらねばならぬことの一義はそこにこそある。〉（東国原英夫「独占手記　国政に突きつけた果たし状『我が闘争』」「新潮45」２００９年８月号）

ここには素朴だが、国民のために真面目《まじめ》に何かをしたいという政治家の真摯《しんし》な思いが込められている。東国原氏ならば、ひ弱な外務官僚の陰険な仕打ちに、倍返しで対抗することができる。結局、東国原氏は自民党からの衆議院選挙出馬を断ったのだから、民主党政権が同氏を外相に据えることに政治的障害はないはずだ。東国原英夫・田中眞紀子・鈴木宗男の枢軸《すうじく》が形成されれば、外務省は確実に変わる。

「新潮45」２００９年９月号掲載

小鳩《こばと》政権崩壊の真実

異変

筆者が異変について知ったのは、2010年5月27日（木）夜のことだった。筆者は毎週木曜日の夜は、四谷の大学書林国際語学アカデミー（DILA）でチェコ語を勉強している。先生について語学を習うと脳の普段使っているのとは別の部分が刺激される、それだから、チェコ語と、同じくこの語学学校で勉強している琉球語《りゅうきゅう》（沖縄方言）の授業については、どの日程よりも優先している。

授業が終わり、携帯電話のマナーモードを解除した。鈴木宗男衆議院外務委員長（新党大地代表）から、「佐藤さん、お手すきのときに電話をください」という留守録が入っていた。鈴木氏と筆者は、「鬼の特捜」（東京地方検察庁特別捜査部）に逮捕され、「小菅《こすげ》ヒルズ」（東京拘置所）の独房で同時期に生活した経験があるので、特別の関係にある。ほぼ毎日、電話で連絡をとっているが、筆者が外務官僚だったころと2人の関係は明らかに変化している。人間的な信頼関係は、格段に深まった。

筆者は、外交官時代、情報収集やロビー活動に従事していたので、社交的と勘違いされているが、実は人見知りが激しい。パーティーや宴会は苦手で、家で本を読んだり、猫たちと遊んでいるのが好きだ。鈴木氏は、へその緒がついたときからの政治家で、「人生出会い」を文字通り座右の銘にしている。人間は、差異がある方が互いに惹《ひ》かれあうものだ。外交官時代の筆者は、「鈴木宗男の懐《ふところ》に飛び込め。そしていざというときに、君が構築した人間関係を用いて外務省のために鈴木を使え」という外務事務次官、外務審議官、官房長の命令に従って、鈴木氏と付き合っていたに過ぎない。鈴木氏とほんとうの友人になったのは、「小菅ヒルズ」を卒業した後のことだ。

鈴木氏は筆者が内向的な性格で、かつ、執筆活動をしているときは、外界との連絡をとりたがらないことを知っている。それだから、コールバックせよとの留守録は、ほんとうに重要な用事があるときしか残さない。「何だろう」と思って筆者は鈴木氏の携帯電話に電話をかけた。鈴木氏はすぐに電話にでた。「佐藤さん、異変だ」と鈴木氏は述べた。声が緊張している。

佐藤「いったいどうしたんですか」

鈴木「小沢さん（小沢一郎民主党幹事長）と、4時半頃にあった。いつもと様子が違うんだ」

筆者は息を飲んで鈴木氏の話を聞いた。

鈴木「明日、普天間《ふてんま》問題に関する日米合意が発表され、閣議了解もなされる。それについて、外務省も防衛省もまったく説明に来ないと小沢さんは怒っていた」

佐藤「エッ、与党の幹事長に根回しをしていないんですか。いくらなんでも外務官僚がそこまでぼんやりしているとは思えません。わざとやっているのでしょうか」

鈴木「いや、役人たちにも同情すべきところはある。岡田（克也《かつや》外務）大臣が政治主導といって、（民主）党との連絡は、大臣、副大臣で行うから、役人は党幹部と接触するなという方針をとっているので、役人が萎縮《いしゅく》している面もある」

佐藤「しかし、それならば、藪中三十二外務事務次官が岡田大臣に、小沢幹事長に説明した方がいいと進言すべきじゃないですか」

鈴木「岡田大臣に嫌がられるようなことを役人は進言なんかしないよ」

佐藤「でも（首相）官邸は、小沢さんに説明しているのでしょう」

鈴木「それがまったく説明していない。『（平野博文《ひろふみ》）官房長官はなっていない』と小沢さんはぼろくそに言っていた」

佐藤「でも、小沢幹事長の平野官房長官に対する不満は、前からのことじゃなかったですか。あのとき、私の前でも不満を述べていたでしょう」

小沢氏が公明党を抱き込む？

ここで、読者に「あのとき」のことについて説明しておきたい。2月25日夜、筆者は鈴木氏と小沢氏の会食に同席した。その場では、検察の動き、北方領土問題、普天間問題について、情勢分析と意見交換を行った。米海兵隊普天間飛行場の移設問題について、小沢幹事長は「この問題は難しい。5月末までには解決できない。沖縄の民意に反する決定はとれない」と当時、外務官僚が画策していた自民党政権時代の日米合意を踏襲し、名護《なご》市辺野古《へのこ》移設案への回帰を実現することに疑問を呈していた。さらに、平野官房長官から普天間問題に関する報告が小沢幹事長に対してなされていないことについても不満を述べていた。

鈴木「確かに平野官房長官に対する不満ならばいつものことだ。これまで、小沢さんは官房長官に対する批判をいろいろしても、最後に『鈴木さん、それでもいっしょに鳩山総理を支えていこう』という言葉があるが、（今日は）それがまったくないんだ」

政治家には独特のコミュニケーション体系がある。いつも言うことを言わないというのも重要なメッセージだ。

佐藤「どう解釈すればよいのでしょうか」

鈴木「鳩山総理に降りてもらうことを考えているのだと思う。俺はそう受けとめた」

佐藤「………」

鈴木「今夜、確か今ごろ、鳩山総理と小沢幹事長が会っているはずだ。ここで日米合意と明朝の閣議了解について話し合う。今晩から政局になる予感がする」

鈴木氏は「予感」と言っているが、長年の経験から、鳩山総理と小沢幹事長の関係が決裂したと見ている。小沢幹事長が本気で勝負をかければ、鳩山氏を総理の座から引き下ろすことはできる。問題はその後だ。小沢政権を誕生させ、突破口を開くのだろうか。そうなると世論の逆風を浴びる。

しかし、その場合、小沢氏としては中央突破、つまり参議院選挙で大敗しても、衆議院解散はせずに公明党を抱き込んで、権力基盤を強化することを試みるだろう。この流れができるためには、導火線が必要になる。

何が導火線になるか。福島瑞穂社民党党首だ。福島氏は閣僚（消費者及び食品安全・少子化対策及び男女共同参画担当大臣）なので、明日の閣議了解への署名を求められる。普天間飛行場を沖縄県内に移設する方針に賛成を示せば、社民党は支持基盤を失う。沖縄が地元の2人の社民党国会議員は、社民党を離脱し、党組織は壊滅的打撃を与えられる。一方で、政権を離脱すれば社民党は「鳩山内閣は嘘《うそ》つき政権だ」と徹底的に政権を攻撃する。民主党が大打撃を受ける。

佐藤「鳩山総理は、明日、福島大臣を罷免《ひめん》するでしょうか」

鈴木「罷免以外のシナリオはない」

佐藤「それで、民主党は参議院選挙を戦えるのでしょうか」

鈴木「戦う方法を考えていると思う。恐らく二段構えだろう」
佐藤「二段構えというと」
鈴木「閣外協力となっても連立には残らせる働きかけをする。万一、連立を去っても、選挙協力は維持する。選挙協力がなくなれば、ほんとうのドンパチになる。そうなると民主党も打撃を受けるが、それ以上に社民党は壊滅的打撃を受ける。社民党もそのことを十分計算していると思うよ」

社民党にポピュリズムの臭《にお》い

結局、鈴木氏の予測があたった。社民党は連立を離脱するが、選挙協力は続けるという選択をした。社民党は、沖縄のためだけに閣議了解の署名を拒否し、連立から離脱するという決断をしたのではない。もし、社民党が沖縄の負担軽減を真剣に考えているならば、福島氏や辻元清美《つじもときよみ》国土交通副大臣（衆議院議員）らの社民党所属の国会議員が、普天間の移設先を探すために、死ぬ気で努力したはずだからだ。しかし、その形跡は認められない。社民党は、テニアンやグアムへの国外移設について、現地調査もしたし、真剣に模索したと言うかもしれない。それならば、岡田克也外務大臣を徹底的に揺さぶって、その方向で米国と交渉させる努力を社民党は党として全力をあげてすべきだった。さらに社民党は、沖縄に対する東京の政治エリート（政治家、官僚）による差別の問題に言及しない。選挙で沖縄差別の解消を訴えると、有権者に「あなたたちも差別に荷担しているのでは」という印象をもたれることを恐れているからであろう。社民党は普天間飛行場の国外移設を主張しているが、その結果、沖縄県以外への移設の可能性について模索する必要がなくなる。これは、沖縄県以外の都道府県の人々の反発を買わずに、かつ沖縄からは人気を得ることができる便利なスローガンだ。社民党の国外移設という公約にはポピュリズムの臭いがする。もちろん沖縄でこのことは見抜かれている。

普天間問題をめぐって沖縄で展開されているのは、反米闘争や反基地闘争ではない。沖縄は、時代錯誤の左翼的な反戦のスローガンを掲げているように見えるが、その行間の意味を読みとることが重要だ。反米闘争ならば「アメリカ人は出て行け！」、反基地闘争ならば「基地はいらない」となり、数字が問題にされることはない。沖縄は、日本の陸上面積の0・6％を占めるに過ぎない沖縄県に在日米軍基地の74％が所在するという不平等な状態を東京の政治エリートが放置していることに対して異議を申し立てている。不平等な状況が放置されているというのは、そこに差別意識があるからと沖縄は受けとめている。4月25日の沖縄県民大会で仲井眞《なかいま》弘多《ひろかず》知事は、「終戦からかれこれ70年、日本復帰をしてから40年たちました。戦争の痕跡《こんせき》はほとんどなくなりました。しかしながら、米軍基地、基地だけは厳然と、ほとんど変わることなく目の前に座っているわけでございます。／ですからこれは、日本全国でみれば明らかに不公平、差別に近い印象すら持ちます」（4月25日付 asahi.com）と述べた。自民・公明の推薦で当選し、辺野古沖合への移設を受け入れると表明していた保守系の仲井眞知事ですら沖縄に対する「不公平」と「差別」を強調している。社民党はこのような「沖縄の心」をわかっている。しかし、沖縄差別を参議院選挙のスローガンにとりあげない。それだから、筆者は、社民党が沖縄の立場を代弁して筋を通したと主張しているのは、福島氏が罷免され、連立を離脱した方が参議院選挙で少しでも得票を上乗せできるという計算をした上でのことだと見ている。社民党は、沖縄のためでなく、自分のために目的合理的に行動しているだけのことだ。別に筆者は社民党を非難しているのではない。組織基盤が脆弱《ぜいじゃく》な小政党がこのようなポピュリズムに訴えるのは、政治の文法に照らしてごく普通の現象だ。もっとも、鳩山政権が続いていれば、「民主党は裏切り者だ」という批判で、左翼、リベラル層と沖縄の票を社民党が取り込むことに成功したであろうが、菅直人政権が誕生したことにより、左翼、リベラル票は民主党に取り込まれる。

「琉球処分」

さらに普天間問題についても、菅首相は6月4日の首相選出後の初会見で、〈基本的には日米間の合意を踏まえ、沖縄の負担軽減を重視して、しっかりと腰を据えて取り組んでいきたい。これから新しい体制を作る中でも考えなければならないし、皆さんの知恵を借りることが必要だ。数日前から私は「琉球処分」という本を読んでいる。まだあまり進んでいないが、沖縄の歴史も私なりに理解を深めていこうと思っているところだ。〉(6月5日付読売新聞朝刊)と述べた。

ここで言う「琉球処分」が、「沖縄差別」を理解する場合のキーワードだ。琉球処分は、左翼用語ではない。日本政府によって使われた用語だ。琉球王国の解体を担当した松田道之《みちゆき》処分官が『琉球処分』と題する全3巻の報告書を作成している。菅首相が言及した〈「琉球処分」という本〉は、沖縄初の芥川《あくたがわ》賞作家・大城立裕《おおしろたつひろ》氏の名著『小説琉球処分』(講談社、1968年)であると筆者は推定している。沖縄に対する構造的差別の基点が琉球処分にあると沖縄の人々は考えている。金城正篤《きんじょうせいとく》氏(琉球大学名誉教授)は、琉球処分について、〈明治政府のもとで沖縄が日本国家の中に強行的に組み込まれる一連の政治過程をいう。〉(金城正篤『琉球処分論』沖縄タイムス社、1978年、3頁《ページ》)と定義する。具体的には、1872年の琉球藩設置から、1880年に分島問題が収束する8年間のことだ。1871年、暴風で台湾に漂着した宮古島の船員らが現地民に殺害された事件で、日本政府は「自国民保護」という名目で1874年に台湾に出兵して武力で処理する。しかし、政府が本気で沖縄の人々を守ろうとしたとは思えない。なぜなら、1880年に日本政府は中国にこんな提案をしたからだ。〈琉球諸島を二分し、台湾に近い八重山・宮古の両先島を清国《しんこく》へ割譲し、その代償として日本が中国内地での欧米なみ通商権を獲得しようというものであった。日本が提案し、しかもその実現に熱心であった「分島・改約」案は、日清間で合意に達したが、清国側の調印拒否にあって、流産したものの、もしもそれが実現していたら、日本人の中国内地での通商権と引きかえに、宮古・八重山両島の土地・人民は、清国政府の管轄《かんかつ》に移されていたはずである。〉（前掲書7頁）。

宮古島の「自国民保護」を理由に出兵した日本政府が、宮古島以南の領土と人間を中国に渡そうとしたのである。日本人である沖縄の同胞を守るという日本政府の主張が欺《ぎ》瞞《まん》であったことがわかる。東京の政治エリートが考える「日本全体の利益」のために、沖縄を「捨て石」とすることは、琉球処分、沖縄戦、サンフランシスコ平和条約で繰り返されてきた。その歴史に普天間問題という「平成の琉球処分」が加わろうとしているというのが、沖縄の認識だ。

菅首相が「琉球処分」を基点に沖縄について考えるという姿勢を明確に打ち出すならば、民主党政権に対する沖縄の感情は好転する。普天間問題は表層にすぎない。沖縄の人々は、東京の政治エリートに沖縄を理解しようとする誠意を求めているのだ。前述のように、菅首相は6月4日の記者会見で「琉球処分」をとり挙げて、〈沖縄の歴史も私なりに理解を深めていこうと思っているところだ〉という巧みなシグナルを出した。このシグナルが沖縄の有識者、マスメディアの感情を緩和する上でもたらす効果に東京の政治エリートとマスメディアは気づいていない。
いずれにせよ菅政権の成立により、沖縄でも民主党から社民党に大量の票が流れる可能性は少なくなったと思う。

「平成の悪党」

話を政局に戻す。政局は鈴木氏が予測した方向でほぼ進んだ。小沢氏に近い複数の国会議員から連絡が入ってきた。事態が相当緊迫していることが伝わってきたが、新聞報道を見る限り、鳩山政権が崩壊するという危機感は窺《うかが》えない。そこで筆者の現状認識について、公《おおやけ》にしておくことにした。こういうときはネット媒体が役に立つ。筆者は5月31日、ライブドアニュースの連載コラムに「小沢一郎が『平成の悪党』になる日」という論考を掲載した。その核となる部分は以下の通りだ。
〈近日中に民主党の小沢一郎幹事長が「平成の悪党」になるような予感がする。ここで筆者が言う「悪党」とは、犯罪者という意味でない。南北朝時代の南朝の忠臣・楠木正成《くすのきまさしげ》が「悪党」と呼ばれたことを念頭に置いている。手元にある『岩波古語辞典』(1974年版)で「悪党」を引くと、〈中世、荘園《しょうえん》領主や幕府の権力支配に反抗する地頭・名主などにひきいられた集団。〉(13頁)と説明されている。「悪党」とは、既成権力に対抗する強い武士の集団のことだ。

南北朝時代、日本国家は南朝と北朝の2つに分裂した。足利尊氏《あしかがたかうじ》によって代表される武士（軍事官僚）による北朝が、京都に偽《にせ》王朝を置いていた。これに対して後醍醐《ごだいご》天皇によって開始された建武《けんむ》の中興（国家の建て直し）を断固支持する集団は、奈良の吉野《よしの》に南朝（吉野朝）を置いた。武士では新田義貞《にったよしさだ》が、後醍醐天皇側について戦ったが、足利尊氏によって打ち負かされた。そこで、悪党の楠木正成が登場し、大暴れする。（中略）

現下の日本には、目に見えない2つの国家が存在する。1つは、昨2009年8月30日の衆議院議員選挙（総選挙）で、国民の多数派によって支持された民主党連立政権の長によって国民を代表する国家が存在する。もう1つは、官僚によって代表される国家だ。

内閣総理大臣の職に就いている鳩山由紀夫という1人の人間に、国民の代表という要素と官僚の長という要素が「区別されつつも分離されずに」混在している。官僚と国民の利害相反が起きるときに、総理のアイデンティティー（自己同一性）の危機が生じる。

官僚は、国民を無知蒙昧《もうまい》な有象無象と考えている。有象無象によって選ばれた国会議員は無知蒙昧のエキスのようなものと官僚は見下している。そして、国家公務員試験や司法試験に合格した偏差値秀才型のエリートが国家を支配すべきだと自惚《うぬぼ》れている。自民党政権時代は、「名目的権力は国会議員、実質的権力は官僚」という実質的な棲《す》み分けができていたのを、民主党連立政権は本気になって破壊し、政治主導を実現しようとしていると官僚は深刻な危機意識を抱いている。この危機意識は、実際は官僚が権力を大幅に削減されることに対する異議申し立てに過ぎないのであるが、官僚の主観的世界では「このような輩《やから》が国家を支配するようになると日本が崩壊する」という「国家の危機」という集合的無意識になっている。

官僚は、現在、2つの戦線を開いている。第1戦線は、検察庁による小沢一郎潰《つぶ》しだ。第2戦線は外務官僚と防衛官僚による普天間問題の強行着陸だ。特に外務官僚は、「アメリカの圧力」を巧みに演出しつつ、自民党政権時代に官僚が定めた辺野古案が最良であることを鳩山総理が認めないならば、政権を潰すという勝負を賭《か》けた。鳩山総理は、現状の力のバランスでは、官僚勢力に譲歩するしかないと判断し、辺野古案に回帰した。鳩山総理の認識では、これは暫定《ざんてい》的回答で、段階的に沖縄の負担を軽減し、将来的な沖縄県外もしくは日本国外への模索を実現しようとしているのであろう。しかし、この状況を官僚は「国家の主導権を官僚に取り戻した象徴的事案」と受けとめている。

しかし、この象徴的事案は、官僚勢力に対する敗北になり、民主党連立政権が政治生命を喪失する地獄への道を整える危険をはらんでいる。筆者は、小沢幹事長がそのような認識をもっているのではないかと推定している。〉

官僚による静かなクーデター

この論考は5月31日の午前10時にネット上に掲載された。その後、新聞記者や国会議員からの電話がいくつもかかってきた。5月31日夕、鳩山首相、小沢幹事長、そして輿《こし》石東《いしあずま》民主党参議院会長が会談した。後の朝日新聞の検証によると、ここでは以下の話が行われたようだ。

〈国会内の一室。輿石氏と、少し遅れてやって来た小沢氏が顔をそろえた。2人は首相に参院選に向けた党の苦境を訴えた。社民党の連立政権離脱で、参院の委員会によっては過半数確保ができなくなった。選挙協力が危うくなれば、そうでなくても苦戦が必至の参院選は、ますます厳しくなる。首相は事実上の退陣要求と受け止めた。

一通り話が終わると、首相は切り出した。

「首相を辞めようと思います」

突然の辞意表明だけに、小沢、輿石両氏は「首相は本気なのか」と不信感を持った。とりあえず約5分で会談を打ち切り、翌日も協議することだけを約束し、様子をみることにした。

ただ、首相は「むだに辞めるわけにはいかない」と、思い定めていた。〉（6月3日付朝日新聞朝刊）

もちろん筆者は、この3者会談で何が話し合われたかという情報はもちあわせていなかった。31日夜遅く、電話で話したときに鈴木氏は筆者に「今日は、鳩山の判定勝ちだ」と述べた。

佐藤「どうなるのでしょうか」

鈴木「わからん。鳩山総理が胆力を出して、小沢さんに『あんたもいっしょに辞めてもらう』とカードを切ってくるかもしれない。そのとき小沢さんがどう対応するかだ」

佐藤「幹事長を辞任するのでしょうか」

鈴木「小沢さんはあっさりしたところがある。鳩山総理は官僚に包囲されてしまった。小沢さんはそれを断ち切ろうとしている」

佐藤「私の言葉で現状を整理してみます。小沢幹事長からすると、鳩山総理は、国民に対して向けるべき友愛を、官僚に対して向けてしまった。官僚は、現在、2つの戦線を開いています。第1戦線は、検察庁による小沢一郎潰しです。第2戦線が外務官僚と防衛官僚による普天間問題の強行着陸です。5月に入って外務官僚は、『アメリカの圧力』を巧みに演出しつつ、自民党政権時代に官僚が定めた辺野古案が最良であることを鳩山総理が認めないならば、政権を潰すという勝負を賭けました。鳩山総理は、現状の力のバランスでは、官僚勢力に譲歩するしかないと判断し、レトリックはともかく、辺野古案に回帰しました。鳩山総理の認識では、これは暫定的回答で、段階的に沖縄の負担を軽減し、将来的な沖縄県外もしくは日本国外への模索を実現しようとしているのでしょう。しかし、この状況を官僚は、国家の主導権を官僚に取り戻した象徴的事案と受けとめています。小沢幹事長は、この象徴的意味を十分に理解しています。普天間を突破口に、官僚による静かなクーデターが始まったのです。このままだと民主党連立政権が政治生命を喪失し、主導権を官僚に握られる危険がある。鳩山総理にとっては、戦術的妥協に過ぎない今回の普天間問題の処理方法を、小沢幹事長は戦略的瑕疵《かし》と見て、このままでは権力が官僚に奪取されると危機感を強めているのです。このような現状認識の相違が鳩山総理と小沢幹事長の間をかつてないほど緊張させているのです」

鈴木「わかりやすい。俺も同じ見方をしている」

「官僚支配打破」の政治家の宿業《しゅくごう》

6月2日、鳩山総理は辞意を表明し、小沢氏も幹事長職を退く意向を表明した。これは、官僚の静かなクーデターがとりあえず成功したことを意味する。しかし、そのことは国民の目から隠されている。菅直人氏が内閣総理大臣に就任し、水面下での闘争はますます激化している。官僚たちは、菅直人氏が合理性を重視する構築主義者なので、うまく操ることができると考えている。「政治とカネ」や「党と政府の二重構造」という問題を打ち出すことによって、小沢一郎の息の根を止めることが官僚たちの最優先課題だ。その後、小沢一郎の下でつくられた民主党という「権力の器」を官僚階級が奪取する。その役割を進んで引きうける官僚的体質の民主党国会議員は山ほどいる。しばらくの間、小沢一郎氏は静かにして、「悪党」を組織化することに精力を集中した方がいい。
いまは決戦のときではない。いまここで戦っても、現代の北朝＝霞が関官僚の術策にはまるだけである。参院選における民主党の大敗を阻止し、秋以降の政局で、民主党が官僚階級と戦うことのできるすべての勢力を結集し、社会の力を強めていくことが必要と思う。「平成の悪党」が大暴れし、傲慢《ごうまん》な官僚たちによる国家支配を打ち破ることを試みることが重要だ。今後、天下が大いに乱れる。その過程で、南朝の忠臣・楠木正成のように小沢一郎氏が討ち死にするかもしれない。それでも戦うのが政治家の宿業なのだ。

「新潮45」２０１０年7月号掲載

なぜ日本はかくも弱くなったのか

「国のために死ね」と命じる権利

２０１１年3月11日14時46分を境にして日本は別の国になった。太平洋戦争敗北後の日本は、合理主義、生命至上主義、個人主義を原則とする平和国家になった。日米安全保障条約で米国の「核の傘」に守られているので、戦争については心配せずに、経済活動に専心すればよいというのが日本人の常識になった。もっとも１９８９年11月の「ベルリンの壁」崩壊、同12月のマルタにおけるゴルバチョフ・ソ連最高会議議長兼党書記長とブッシュ米国大統領の冷戦終結宣言後、国際関係の構造が変化し始めた。１９９１年の湾岸戦争で、日本は国際貢献を求められたが、結局、自衛隊をイラクに派遣することはできなかった。その頃から、日本も「普通の国」になるべきだという声が日本の政治家、官僚、有識者から唱えられるようになった。当時、「普通の国」を主張する代表的政治家が小沢一郎自民党幹事長だった。その理論武装をしたのが外務官僚である。外務省は、小沢一郎担当のキャリア官僚を密《ひそ》かに任命し、秘密指定を解除しない外交秘密文書をせっせと運んだ。小沢氏が政治力をつけ、日本が1日も早く「普通の国」になることを望んでいた外務官僚は多かった。もっとも小沢氏が野党に回ってから、外務官僚は自民党有力者に日本を「普通の国」に変貌《へんぼう》させる同盟者を見いだした。

ここでいう「普通の国」を思想的に整理すると、国民が無限責任を負う覚悟を持つ国家ということだ。無限責任とは、命よりも職務遂行を重視することだ。生命至上主義と個人主義を基礎とする戦後の日本社会では、国家はいかなる状況においても官僚を含む国民に対して「日本国家のために死ね」「国民同胞のために命を捧《ささ》げよ」という命令をすることができない。平時はそれでも問題はない。しかし、国家は国民の生命財産を守る使命を持っている。戦争や大災害に直面したときに、国家は一部の国民に対して、「国のため、国民のために死ね」と命令しなくてはならない。国家は主権を持つ。主権とは究極的に国家が国民に「死ね」と命じる権利なのである。国家という単語に「国民の死」という意味が、最初から含まれているのだ。

ところで、国家は本性として他の国家と戦争をする存在なのである。もちろんスイスやトルクメニスタンのような戦争への関与を一切拒否する永世中立国もある。しかし、永世中立が可能になるのは、地政学的均衡地域にある中小国だけだ。大国は戦争を避けることはできない。日本は大国である。従って、その本性として戦争を迂回《うかい》することはできないのである。しかも、日本は米国の同盟国である。同盟とは、平たく言えば、米国の戦争であるということだ。日米安保条約が、日本からの米国への軍事協力に制約を設けている片務的条約であるということは、事柄の本質に影響しない。間接的な形で朝鮮戦争、ベトナム戦争、第1次湾岸戦争、アフガニスタンでの対テロ戦争、第2次湾岸戦争に日本も参戦しているのである。ただし、第1次湾岸戦争後、徐々に関与の度合いが強まっている。外交官は職業柄、国際基準で物事を考えざるを得ない。外務省に入って10年もすると現実の国際政治が力の論理で動いていることを痛いほど経験するので、青年外交官は「力の論理」の信奉者になる。それと同時に日本国家のために命を捧げるという気構えをもつようになる。もっともいざ修羅場になると、普段は勇ましい人間が急に臆病《おくびょう》になり、逃げ出すことがある。逆に、いつもは頼りないように思えている人が指導力を発揮したりする。東日本大震災後、枝野《えだの》幸男《ゆきお》内閣官房長官が頼もしくなったのも、もともとこの人が修羅場に強かったからである。明治天皇は、御製（和歌）で、

しきしまの　大和心の　をゝしさは
ことある時ぞ　あらはれにける

と詠《よ》まれた。「日本人の勇気は、日本国家に一大事が起きたときに現れる」という意味だ。国家の危機に触発されて、枝野氏の「大和心の雄々しさ」が姿を現したのである。

筆者自身、人生の修羅場を何度か経験した。そう言うと、「２００２年に鈴木宗男事

件で東京地方検察庁特別捜査部に逮捕された経験ですね」と尋ねる読者がいると思うが、そうではない。512日間の独房生活は、読書と思索にとってよい機会だった。食事もおいしかったし、何よりも命の危険がない。筆者にとっての修羅場は、外交官としてモスクワに勤務していたときの2度の経験だ。1度目は1991年8月のソ連共産党守旧派によるクーデターで、2度目は93年10月のモスクワ騒擾《そうじょう》事件だ。特にモスクワ騒擾事件の方が命の危険を感じた。エリツィン大統領・政府と議会の対立が騒擾に発展し、最終的に大統領側がホワイトハウス（議会建物）に戦車で砲弾を撃ち込むことで事態を収拾した。筆者は、エリツィン大統領側近と議会幹部の双方に親しい友人をもっていたので、あの時の内情をよく知っている。表面上はエリツィン大統領が強力な指導力を発揮して議会側を押さえ込んだように見えるが、実態はまったく異なっていた。エリツィンはクレムリンの執務室で腰を抜かしてしまい、全く機能しなくなってしまった。FSK（連邦防諜庁《ぼうちょうちょう》、FSB［連邦保安庁］の前身。秘密警察）長官、内務大臣、国防大臣もうろたえるだけで、国家の中枢《ちゅうすう》が一時期麻痺《まひ》してしまった。このとき大統領側近はブルブリスに助けを求めた。ブルブリスは、ロシアにおいて初代で最後の国務長官をつとめた政治家だ（現在は連邦院［上院］議員）。エリツィンの側近で、ソ連崩壊のシナリオを描いた。ブルブリスが聡明《そうめい》であることは誰もが認めたが、人望はなかった。「俺が教えた通りにやれ」というのがブルブリスの口癖で、哲学用語をちりばめた難しい議論で相手を煙《けむ》に巻く。極端な能力主義者で、無能とみなした者に対してはゴミのような扱いをする。裏切り行為を絶対に許さない。「人間関係の見直しはない」というのもブルブリスの口癖だった。ブルブリスは議会からの憎しみを一身に浴びたので、エリツィンは1992年11月に国務長官職を廃止するという形で、ブルブリスを権力の中心から排除した。もっとも大統領令で「戦略センター」というブルブリスを所長とするシンクタンクが設けられ、そこには大統領とのホットラインや大統領府、FSK、SVR（対外諜報庁）、軍の最高幹部とつながる特別電話も敷かれていた。公職は外れたが、ブルブリスは国家意思形成に深く関与していた。

どういう理由かよくわからないが、筆者はブルブリスに可愛《かわい》がられた。戦略センターの特別通行証を発給され、大統領府や議会に自由に出入りできるようになった。1993年8月末から9月初めに行われたブルブリスの訪日に筆者も同行した。そのときブルブリスは「ロシアの課題はスターリン主義から訣別《けつべつ》することだ。スターリンによって奪取された北方4島を日本に返還することがロシアの国益に適《かな》う」という立場をはっきり述べた。その後、ロシアで北方領土の日本返還を主張する有力政治家になった。モスクワ騒擾事件のときもクレムリンに陣取ったブルブリス・チームとは30分に1回、連絡をとった。深夜にブルブリス本人から電話がかかってきて、事態についての説明を受けた。筆者が極秘公電（外務省が公務で用いる電報）で東京の外務本省にその内容を報告し、それが米国をはじめとする西側諸国に伝わることをブルブリスは計算していたのである。その結果、モスクワ騒擾事件についてエリツィン側の情報は、日本がどの国よりも早くかつ深く正確に知ることができた。ブルブリスが大統領令や指令を起案して、それをエリツィンに署名させた。大統領の国民向けテレビ演説もブルブリスが弟子のガイダル第1副首相と相談して仕上げ、エリツィンに読ませた。ブルブリス・チームがエリツィンは強い指導者であるという演出をしたのである。

「大将は動いてはならない」

話を東日本大震災に戻す。地震と津波によって発生した東京電力福島第1原子力発電所の事故に対する政府の対応を見て、危機管理ができていないという域を通り越し、国家権力の中枢が麻痺する危険があると筆者は感じた。そして、菅直人首相とアクセスのある複数の民主党の閣僚経験者、さらに首相官邸の様子がわかる政治家、新聞記者、ロビイストと緊密に連絡を取るようにした。その結果、1993年10月のクレムリンほど極端ではないが、国家権力の中心が崩れかけているという危機意識を筆者は持つに至った。

ブルブリスが86年4月のチェルノブイリ原発事故と91年8月のソ連共産党守旧派のクーデター事件は構造的によく似ていると言っていた。「マサル、わかるか。共産党中央委員会というソ連国家の中心が壊れた。そして、ソ連型共産主義体制という放射性物質に汚染された瓦礫《がれき》を片付けながら、新しいロシア国家をわれわれは建設していかなくてはならない」というブルブリスの甲高い声が頭の中によみがえってきた。

筆者は菅直人氏の政治路線にまったく共感をもっていない。菅政権については、成立当初から批判的論陣を張っていた。しかし、それを抑制することにした（本稿においてもその抑制が働いている）。東日本大震災後、特に福島第1原発の冷却システムが安定的に稼働《かどう》するまでは、いつでも日本国家の成立基盤に深刻な影響を与える国家非常事態であると認識しているからだ。原発事故に関するニュースが減り、4月1日から、菅首相、枝野官房長官などの主要閣僚が防災服を脱いだので、国民の皮膚感覚としては危機が去ったかの如《ごと》く見える。しかし、客観的に見れば危機はいささかも減少していない。時間の経過とともに地震、原発事故の経済に与えた影響が顕在化してくるので、事態はむしろ若干悪化しつつあると見た方がいい。こういうときには、官民挙げて総力戦体制をとることが不可欠だ。具体的には菅直人首相に権力を集中することだ。ここで重要なのは菅直人という固有名詞ではない。民主的な手続きを経た日本の最高政治指導者である内閣総理大臣という役職が意味を持つ。国民、企業、宗教団体、労働組合などが首相を自発的に支持、協力し、日本の国家体制を強化することが焦眉《しょうび》の課題だ。こういう自発的支持、協力が言葉の本来の意味での翼賛だ。翼賛について『広辞苑《こうじえん》』（岩波書店）

を引くと〈力をそえて（天子などを）たすけること〉と解説されている。太平洋戦争中の大政翼賛会や翼賛選挙が持つ負の意味に引きずられてはならない。日本を構成するすべての個人と団体が自発的に日本国家のために（それは危機的状況において菅直人首相に人格的に体現されている）、具体的に何かすることが重要なのである。

菅首相が命がけで日本を危機から脱出させようとしていることは間違いない。しかし、それがから回りしている。特に原発事故で菅氏の基礎体力の弱さが露呈した。戦場で「大将が動いてはならない」というのは大原則だ。危機管理の初動で首相は官邸にどっしり座り、全体像を把握し、大きな方針を示さなくてはならない。東日本大震災の翌3月12日午前に菅首相は福島第1原発を現地視察した。これは国家指導者として絶対にやってはいけないことだった。しかし、それが菅氏には分からない。3月29日の参議院予算委員会で、菅首相はこの現地視察が正しいと強調した。朝日新聞はこう報じた。

〈震災翌日の原発視察、首相「初動対応の遅れない」

菅直人首相は29日午前の参院予算委員会で、震災翌日にヘリコプターで福島第一原発などを視察したことが東京電力の初動の遅れを招くことはなかったとの認識を示した。

東日本大震災後、首相が国会で答弁するのは初めて。首相は、自民党の礒崎陽輔《いそざきようすけ》氏の質問に対して「重大な事故だという認識を持っていたので、現場の状況把握は極めて重要だと考えた。私が視察に行ったことによって（対応が）遅延したという指摘はまったくあたっていない」と述べた。当初から格納容器からの排気（ベント）を行うよう東電に伝えていたとも主張した。

首相は「その後の経緯を考えると、現地に行って責任者に直接話を聞いたことが、対応を立てるうえで極めて有効だったと今でも思っている」と説明。視察の理由については「間接的なことも多くて、つかみきれないという状況もあった」とも述べた。

班目春樹《まだらめはるき》原子力安全委員長が28日、首相が視察の際に「原子力について少し勉強したい」と述べていた、と証言したことについては、首相は「そういう言葉を発した記憶は必ずしもない。状況を把握したいという意味で発言したことは当然あった」と説明した。

また、首相は福島第一原発の現状について「予断を許さない状況が続いている」との認識を示した。〉（3月29日付 asahi.com）

菅首相は東京工業大学を卒業した理科系人間だ。しかし原子力工学の専門家ではない。専門知識をもたない人が現場を見ても、問題解決の指針は得られないのである。「間接的なことも多くて、つかみきれないという状況もあった」ということは、菅氏が部下があげてくる報告を信用していないという意味だ。信用されていないと思うと官僚は真面目《まじめ》に仕事をしない。さらに、福島第1原発の現状について「予断を許さない状況が続いている」と述べたことは、「何があってもおかしくない危機的状況」ということである。そういうときには首相は司令塔から動いてはならないのである。なぜ、官庁や大企業のまともな中堅管理職を経験した人ならば誰でもわかるようなことを菅氏が理解できないのであろうか。その謎《なぞ》を解く鍵《かぎ》が菅氏の履歴にある。菅氏は特許事務所に勤務した後、市民運動家になり国会議員になった。大きな組織で働いたことがないので、どうすれば組織が動くかという内在的論理が皮膚感覚としてわからないのだ。危機に直面したときに、書類と携帯電話を持って走り回り、現場視察にこだわることがどれだけ危険であるかという認識がないのだ。

もっとも官庁や大企業で働いた経験がない政治家でも、組織をきちんと動かすことができる人もいる。そういう人は本を読んだり、専門家の話を聞くことによって、さらに政治家として官僚を動かす経験を通じて、統帥《とうすい》について勉強しているはずなのだが、菅氏にはそれがない。しかも、菅氏は東日本大震災後、内閣官房参与を新たに任命し、親衛隊を作っている。菅氏と直接アクセスを持つ政治家が筆者に「内閣官房参与は自分が菅さんにどうやったら気に入られるかを考えて、自分が正しいということだけを強調し、問題解決の障害になっています。官僚が『菅さんにはついていけない』という気持ちを強めている。あの茶坊主《ちゃぼうず》集団を排除しないと菅さんはますます裸の王様になっていく」と伝えてきた。筆者が親しくする内閣官房参与は、「地震後、菅さんのガードが堅くなり、全然アクセスができない。私も佐藤さんと同じ問題意識をもっているのだけれど、菅さんに直接伝えられない。菅さんとアクセスを維持している人を通じて何とかしようとしている」と語った。さらに菅氏に会って「横から官僚を追及する首相補佐官や内閣官房参与をつけるのではなく、ヒエラルキー（位階秩序）を固め、指揮命令のラインを一元化せよ」と直言した有識者もいる。これに対して菅首相からは、「きちんとやっているのに外部からはそんな風に見えるのかな」という反応があったという。恐ろしいことに、菅首相は「基本的にうまくいっている」と思っているのだ。

菅氏に是非読んでもらいたい本がある。旧大日本帝国陸軍の統帥綱領と統帥参考だ。

〈統帥綱領（一九二八年刊）は、日本陸軍の将官および参謀のために、国軍統帥の大綱を説いたもので、わが作戦遂行のための指導書である。従ってこれを読めば、日本軍の戦法や作戦計画が察知されるので、軍事機密として、特定の将校にだけ、厳重な規則のもとで、臨機閲覧を許された、文字どおり門外不出の書であった。／統帥参考書（一九三二年刊）は陸軍大学校において、統帥綱領を講義するために使った兵学書で、統帥綱領に準ずる軍事極秘書であ（る）〉（大橋武夫解説『統帥綱領』建帛社《けんぱくしゃ》、１９７２年、まえがき）。統帥綱領は敗戦時に完全に焼却された。もっとも高級将校の教育は暗記が中心だったので、統帥綱領を暗記している旧陸軍将校の社交クラブ「偕行社《かいこうしゃ》」の人々が１９６２年に復元した。統帥参考は焼却されず陸軍大学校図書室に残部があった。菅氏に是非読んでほしいのが統帥綱領の第10、11項だ。

〈一〇、高級指揮官は常にその態度に留意し、ことに難局にあたりては、泰然動かず、沈着機に処するを要す。この際内に自ら信ずるところあれば、森厳なる威容おのずから外に溢《あふ》れて、部下の嘱望を繋持《けいじ》し、その志気を振作し、もって成功の基《もとい》を固くするを得べし。

一一、高級指揮官は予《あらかじ》めよく部下の識能および性格を鑑別して、適材を適所に配置し、たとい能力秀《ひい》でざる者といえども、必ずこれに任所を得しめ、もってその全能力を発揮せしむること肝要なり。賞罰はもとより厳明なるを要すといえども、みだりに部下の過誤を責めず、適時これに樹功の機会を与え、もってその潑剌《はつらつ》たる意気を振起せしむるを要す。〉（前掲書359頁《ページ》）

危機管理において、大将は動いてはならず、また部下がたとえ基準に達していなくてもむやみに怒鳴ってはいけないのである。心地よいことばかりを言う茶坊主で周囲を固めるのではなく、能力本位で官僚の適材適所の人事を行なわなくてはならない。菅首相の福島第1原発視察、東電本社への怒鳴り込み、政府関係者による東京消防庁職員への「速やかにやらなければ処分する」という恫喝《どうかつ》は、統帥の基本に反する異常行動だ。福島第1原発事故については、原発に関する専門知識をもつ人でなくては解決できない。電力は国家そのものだ。東電だけでなく、10電力すべてを一時、国家管理下に置き、専門的、技術的観点から東電が必要とする人材や機材をすべて福島第1原発に集中できる態勢を整えなくてはならない。この大枠を作ることが政治主導だ。菅首相が、東電幹部を脅しても、現地を訪れて「死ぬ気でがんばれ」と言っても事態は好転しない。この単純な事実を菅氏に理解させるように、すべての心ある人が努力を傾注しなくてはならない。

福島第１原発事故の処理にあたる菅首相、海江田《かいえだ》万里《ばんり》経済産業相、東電幹部、原子力安全・保安院の官僚の姿を見ていると「なぜ、日本はかくも弱くなってしまったのか」とため息が出てくる。この人たちはいずれも偏差値秀才で日本のエリートだ。ロシアやドイツでは「魚は頭から腐る」という俚諺《りげん》がある。国家が崩壊するときは、まずエリートが弱体化するという意味だ。もっともエリートが抱えるのと同じひよわさを、筆者を含む多くの日本人がもっている。政治家や官僚を批判するだけでは事態は改善しない。われわれ一人一人が強くなるための試練として東日本大震災を受け止め、３・11後の日本を立て直す国家戦略を構築しなくてはならない。

国益のため、命がけで行動せよ

真理は具体的なので、外務官僚の実名をあげて、要望を記す。外務官僚は、国際社会で日本が孤立しつつある実情を菅氏に伝えるべく全力を尽くすべきだ。特に外務官僚のトップである佐々江《ささえ》賢一郎《けんいちろう》事務次官におかれては、あなたの不作為が日本国家を滅亡に追い込む危険があるということをよく自覚して欲しい。あなたは首席事務官時代から他の外務官僚とは異なる「腹の据わった男」と政治部の記者たちから高く評価されていたではないか。胆力を取り戻せ。筆者の見立てでは、東日本大震災後、日本に対して同情的だった国際世論が、急速に悪化している。その理由は、2つある。

第1は、福島第1原発事故を日本が封じ込めることができないことに対する国際社会の不安と苛立《いらだ》ちだ。なぜ外務官僚は菅首相に「原発事故で迷惑をかけて済みませんという国際社会向けの特別声明を行うべきです」と進言しないのか。また、福島第1原発から高濃度汚染水が海に流出していることが国際法違反に問われる可能性についてのシミュレーションを長嶺安政《ながみねやすまさ》国際法局長はきちんと行っているのか。現状を放置したままだと日本は国際社会で「原子力戦犯国」にされてしまう。それから、福島第1原発の処理をすべて米国に丸投げして、日本の国家主権を放棄するようなことをしてはならない。

これも是非頼む。

第2は、国際社会の支援に対して、日本政府が目に見える形で謝意を表明していないことに対して、諸外国は「日本はいったい何を考えているのだ」と思っている。本稿でも強調したように、危機の状況において日本国家は菅直人首相に人格化されている。菅首相が国際社会に向けてわかりやすい形で謝意を表明することが重要だ。佐々江事務次官のイニシアティブで、日本を支援したすべての国の主要紙に菅首相名で感謝の気持ちを伝える意見広告を掲載するようにしてほしい。少ない費用で効果は絶大だ。

それから、1999年から2001年にかけて、鈴木宗男衆議院議員の強い働きかけによってチェルノブイリで被曝《ひばく》した子供たちを日本外務省が受け入れたことがある。筆者の手許《てもと》に01年8月10日付の外務省によるプレスリリースがあるので紹介する。

〈チェルノブイリ原発事故被災地域の子供達の療養のための来日について
1．1986年のチェルノブイリ原発事故の影響で健康不安を抱えるロシア人の子供達計41名は、療養のため引率者6名と共に、8月14日（火）から29日（水）まで来日する。これは、わが国政府が受け入れることとしたものである。
2．うち21名は、チェルノブイリ原発に近接しているロシア連邦内のトゥーラ州、ブリャンスク州およびカルーガ州在住の子供達、20名は、チェルノブイリ原発解体作業に従事し現在シベリアのクラスノヤルスク地方に在住する作業員の子供達である。
3．この子供達は、北海道大学医学部付属病院（放射線科）において各種の検査を受ける他、北海道各地にて療養し、また、地元中学生等との交流も行う予定である。
4．この療養事業は、平成11年8月に第1回が実施され、今回が3回目となる。
なお、チェルノブイリ関連の協力策に関しては、従来よりわが国政府は、支援委員会を通じ、放射線医療分野の専門家の派遣招聘《しょうへい》、被災者支援を行っている民間団体（NGO）への協力を中心に積極的に実施してきている。〉

外務省欧州局ロシア支援室にはチェルノブイリで被曝した人々に関するデータがある。

北海道大学病院にもこれらのデータがある筈《はず》だ。それを集約する必要がある。チェルノブイリによる被害の多くが、事故後の食品摂取によって生じた。ロシア、ウクライナ、ベラルーシに集積されているこれらのデータを収集して、日本の国益のために生かして欲しい。当時の鈴木氏と外務省の緊密な関係を隠すために外務官僚が関連の書類を廃棄してしまった可能性が排除されない。チェルノブイリの被災者支援を行っていた外務省関連の国際機関「支援委員会」も宗男パージのなかで廃止されてしまった。重要書類がもはや残っていないかもしれない。もっとも外務省欧州局の上月豊久参事官は、チェルノブイリで被曝した子供たちを支援する事業を開始したときモスクワの日本大使館参事官をつとめ、この事業に深く関与していた。また岡野正敬ロシア課長は、これらの子供たちを受け入れる事業にロシア課首席事務官として関与している。上月氏、岡野氏が記憶を整理して資料を探し出してほしい。東京の外務本省では関連文書が湮滅《いんめつ》されていても、モスクワの日本大使館には写しが残っているかもしれない。ロシアを担当する外務官僚は、鈴木氏が関与した事業を全否定するという小児病的態度を克服し、東日本大震災後の日本の国益のために本気で努力してほしい。チェルノブイリの被曝が健康に与えた影響に関する情報を集めることはロシア・スクール（外務省でロシア語を研修し、日露外交に従事する外交官）にしかできない。

外務省に告ぐ。諸君の行動原理は、「1に国益、2に国益、3、4がなくて5に国益」

だ。国家存亡のこのときに、文字通り命がけで取り組んで欲しい。もっとも筆者は、いざという時に現れる外務官僚の職業的良心を信頼している。「状況が人を作る」ともいう。職業外交官のトップは外務事務次官だ。鈴木宗男事件のような外務省を巻き込んだ大事件があると人事の巡り合わせがおかしくなって、本来トップになるはずでなかった人が事務次官になることもあるが、筆者が知る佐々江賢一郎事務次官、藪中三十二前事務次官、谷内正太郎元事務次官、さらにその少し前の川島裕《ゆたか》元事務次官は、いずれも能力も人格も優れ、国家のために命を捧《ささ》げる気構えのある国際的に通用するエリートだ。がんばれ外務省！

「新潮45」2011年5月号掲載

第3章　「外務省」という病

童貞外交官の罪と罰

青山さん

外交官を含む国家公務員になるためには、筆記試験と面接試験がある。しかし、実際には筆記試験の成績が合否を判定する基準のほとんどを占める。面接試験でよほど奇怪な言動をするとか、あるいは何を尋ねてもまったく答えないというような社交性が極度に欠ける人物以外は、筆記試験の成績がよければ合格になる。

面接試験で、面接官の挑発的な言動、例えば、「君は大学時代にサークル活動をしていなかったようだけど、一日中、机に向かっていないと公務員試験に合格できないのかい。それとも社交性に欠けているのかな」などと言われ、「あんた何を言うんだ。俺はあんたなんかよりもずっと頭がいいし、それにサークルをやっているバカなどと付き合えるか」などとキレた答えをしたぐらいならば、(他の省庁の場合、どうなっているかわからないが)外務省の場合、筆記試験の成績がよければ合格になる。もちろん、そういう人物はあとでトラブルを起こす可能性があるが、逆にそれくらい元気のある者の方が、相手国との激しい交渉を行うことができるからだ。ここでは筆者自身が経験したトラブルの例を披露する。

筆者は1985年4月に外務省に入省した。新入省員は研修生と呼ばれ、1年間、見習いをしながら仕事を覚えるという建前になっている。しかし、教育的指導よりも戦力として雑用に研修生をこき使うというのが外務省の文化だ。

筆者は、前半、欧亜局ソ連課（現・欧州局ロシア課）で勤務し、後半は情報調査局情報課（現・国際情報統括官組織、機構再編のため該当する課は現在存在しない）の研修生をつとめた。情報課にとても面白い先輩がいた。まだ20代後半のフランス語を研修した専門職（ノンキャリア）の外交官だ。東京のキリスト教系名門私立大学を卒業したので、青山さんという仮名にしておく。いつもフランス語の新聞「ル・モンド」を端から端まで読んでいる。国際情勢に関する知識も豊富なのだが、1カ月にA4判2～3枚のレポートを2通作るだけで、あとは一切、仕事をしない。そして、午後5時45分になると、すぐに退庁する。

外務省では、30代までは、終電もしくは深夜タクシーで帰るのが常識だ。それに、国会当番が定期的に回ってくるが、青山さんは、「もし、国会質問が出たら、僕のアパートに電話をしてくれ」と言って、消えてしまう。当時、携帯電話はなかったが、情報課には課員用のポケットベルがあった。「青山さん、ポケットベルをもってください」とお願いしても、「いや、アパートで必ず連絡がつくから」と言って絶対にポケットベルをもたない。

国会待機はだいたい午後11時くらいに解除になるが、青山さんは国会当番が当ると午後10時過ぎに「うちの課には質問は出ていないよね」と確認の電話をかけてくる。情報課は、インテリジェンスを扱ういわば裏外交を担当するセクションなので、国会質問が出ることは滅多にない。青山さんは飲み屋から電話をかけてくるようで、騒々しい雰囲気だ。あるとき筆者が「どこで飲んでいるんですか」と尋ねると、青山さんは、「虎《とら》ノ門《もん》だよ。ここだったら国会質問が出ても、役所まで歩いて5分でもどることができる」と答えた。万一、国会質問が出ても、職場放棄をしたという非難を受けないで済むように行動しているのだ。

ソ連課や中国課と比べれば、情報課は忙しくないのだが、それでも外国から代表団がやってくるときは、その受け入れ準備で、深夜まで仕事がある。青山さんは、そういう仕事でも、「私は自発的残業はしません。もし残業させたいなら明示的に職務命令を出しなさいよ。首席!」などと言って凄《すご》む。首席とは、外務省で課長代理をつとめる首席事務官の略だ。他の省庁では筆頭課長補佐に該当する。首席もたじたじとなって青山さんに命令を出すことができない。

当時の課長は、明治の元老大久保利通《おおくぼとしみち》の末裔《まつえい》で、名字も大久保だった。海外生活が長く、ハーバード大学卒業で、英語が抜群に上手だった。

情報大臣をつとめるアラブの王族を長とする代表団の受け入れ準備で忙しくしているとき、夕刻、首席が「青山さん、今日は仕事を手伝ってくださいよ」とお願いしていた。青山さんは、「首席、勘弁してくださいよ」と言って、ロッカーからトレンチコートを取り出して、部屋を出ようとしたところで、珍しく大久保課長が少し大きな声で言った。

「青山君、今日は勘弁なりません。みんなと一緒に仕事をしてください。これは職務命令です」と言った。

青山さんは、口答えをせずに、席について黙々と仕事をした。仕事は午後の11時過ぎに終わった。課長、首席はすでに帰り、青山さんと研修生の筆者だけが残った。青山さんから、「佐藤君、時間があったら、飲みに行こう」と誘われた。青山さんが課員と飲みに行くことは珍しい。筆者は青山さんのことは苦手だったが、好奇心からついて行くことにした。

「大使をぶん殴った」

青山さんに連れられていったのは、六本木の洒落《しゃれ》たレストランだった。洋風の作りだが、でてくるのは中華料理だ。ただし、酒はフランスワインが中心だ。

「佐藤君、働き過ぎだぞ。そんな調子でやっていても身体《からだ》を壊すだけだ。組織との付き合いはほどほどにしておいた方がいい」

「いや、僕なんか全然戦力になっていませんよ。皆さんの足手まといにならないように一生懸命努力しているだけです」

「俺も研修生のときは、希望に燃えて佐藤君みたく一生懸命仕事をしていたよ。しかし、フランスで研修を終え、（アフリカの）M国の大使館に勤務した。そこで、ありとあらゆる雑用をさせられたよ」

そう言って、青山さんは、大使を筆頭に大使館員の不正蓄財、東京の外務本省に仕事をしていることを装《よそお》う情報ねつ造、さらに大使館内でのセックス絡《がら》みのトラブルの話をした。そして、最後に秘密を告白した。

「俺がM国の大使館から半年で帰国させられた理由を知っているか」

「わかりません。体調を崩したのですか」

「そうじゃない。酔った勢いもあったのだが、レセプション（宴会）で大使をぶん殴った」

「………」

「本来ならば組織が処分を食わせるところだが、俺が知っていることをいろいろ喋《しゃべ》るとまずいということで、処分はせずに帰朝させることにした。俺にまともな仕事は与えられない。外務省で今後飼い殺しにされるだけさ。佐藤君、外務省は人を使うだけ使って平気で切り捨てるところだぞ。俺たちは消耗品だ」

「それは専門職（ノンキャリア）だから、消耗品ということなのでしょうか」

「ノンキャリア（外務省専門職員試験合格者）は全員消耗品だ。キャリア（国家公務員採用I種試験［旧外務公務員上級職採用試験］合格者）でも本省局長、主要国大使になる者以外は、全員消耗品だ。誰もそのことに気づかず、あるいは気づいても現実を見ようとせずに、ただただ走り続ける。バカバカしい。俺は必要最小限の仕事だけをする。どうせこの組織で将来がないことはわかっているからだ」

その日、筆者は青山さんとそのレストランでワインを2本飲んで、それから別の店でウイスキーを大量に飲んだ。酔った勢いで、青山さんはこう尋ねた。

「佐藤君、君は童貞か」

「そうじゃないですよ。大学1回生のときにきちんと卒業しています」

「それはよかった。フランス・スクール（フランス語を研修した外交官）の場合、女性スキャンダルは特に問題にならないが、ロシア・スクールの場合は致命傷になる。ロシアのお姉ちゃんと懇《ねんご》ろになっても、絶対、外務省にはバレないようにすることだ。童貞で外務省に入って、つまらない女にひっかかってトラブルになる例がよくある」

その後、青山さんとは2〜3回、飲みに行ったが、このときのような踏み込んだ話をしたことはなかった。

「星飛雄馬《ほしひゅうま》」型の童貞外交官

1986年6月、筆者は英国陸軍語学学校でロシア語を勉強するためにロンドンの日本大使館に赴任することを命じられた。大久保課長が、一席設けてくれた。見かけによらず、大久保氏は酒が強く、2人で日本酒をそうとう飲んだ。大久保氏は、「いろいろつらいこともあったが、半年間、一生懸命仕事をしてくれてありがとう」と言った後、「青山君のことをどう思うか」と聞かれた。筆者は、適当にはぐらかして、明確な意見を言わなかった。

「実は、青山君はM国で大使を殴った。大使にも問題があったことは確かだ。青山君はフランス語がよくできる。そこで人事課から『チャンスを与えたいので、預かってくれ』と頼まれたのだが、青山君は心を開いてくれなかった。近く情報部門からは離れてもらうことになる」と大久保氏は淋《さび》しそうに言った。

モスクワに勤務してから2〜3年経《た》った頃、かつて情報課で机を並べた同僚から「青山さんが外務省を辞めた。どこか民間企業につとめたということだが、詳しいことは知らない」という情報が入ってきた。

ちょうどその頃、キャリアの童貞外交官が大騒動を引き起こしたので、筆者は「童貞で外務省に入って、つまらない女にひっかかってトラブルになる例がよくある」という青山さんの話を思い出した。

これは東京大学を卒業したロシア語のキャリア外交官の物語だ。高校も男子校だったので、自然と女性と知り合う機会がなかった。キャラクターでいうと劇画「巨人の星」の星飛雄馬のような感じで、ひじょうに生真面目《きまじめ》で、思い込んだら試練の道を一直線に進むというところがある。もっともその思い込みは、いつも自分にとってちょっとだけ都合がいい物語になっている。悪く言えば、自己中心的でバランス感覚に欠けるということなのだが、本人は主観的に日本国家をとても愛している。ときどき瞳《ひとみ》に炎が燃え、激しい調子で議論を仕掛けてくる。ここでは星2等書記官と呼ぶことにする。

外務省の方針が、星書記官が考える国益と対立する場合には、意見書を書いて外務省大幹部に配ったりする。モスクワに出張した際に意見書を手渡されたある大幹部は、星氏には「君のような若い人が意見を言うことは大いに結構だ」などと言っておきながら、星氏の直属の上司である政務担当公使には「星は挙動が不審だ。マスコミに余計なことを話したりしないようによく監視しておけ」と伝える。しかし、大幹部がそのようなダブルスタンダード（二重基準）をとっているとは夢にも思っていない星書記官は、大幹部から評価されたと勘違いし、毎日、机に向かって日本外交の戦略案を書いていた。

「買付場」でロシア娘と懇ろに!?

モスクワの日本大使館に平均的ロシア人よりもロシア語が上手な1等書記官がいた。1等書記官は、星氏が女性絡みのトラブルを起こすと心配していた。「佐藤、星は童貞だ。学生時代に女と付き合っていないから、女に対するねじれた関心がある。ソープにでも誰かが連れて行って筆下ろしをすればいいのだけれど、星の性格からすると商売女は嫌だとかいって、いつまでも童貞を守る。そのうちとんでもない女に引っかかる」と1等書記官は言った。そして、1等書記官の懸念《けねん》が的中した。

ある日、星氏は、車を運転していて交通事故にあった。その場所が、筆者の家から近いモスクワ川にかかる橋の途中だった。肩、手足の骨を折る全治半年の重傷だった。モスクワの病院に数週間入院して、移動できるようになってから東京に一時帰国し、手術を受けた。事故は未明に起きた。仕事帰りでもない。しかし、事故の原因について、大使館は深く詰めなかった。

半年経って、星氏が東京から戻ってきた。それからしばらくして、筆者は星氏から告白を聞いた。「実は結婚しようと思っているんです」と言う。筆者は「それはよかったですね」と答えた。外務省で星氏は筆者の先輩になるが、星氏は筆者に対しては常にていねい語を使い、「佐藤さん」と呼びかける。

「佐藤さん、実は相手はロシア人なんです」

「エエッ」と筆者は絶句した。正確にはロシア人ではなく、星氏の婚約者はヨーロッパ系の少数民族出身だった。当時、外務省員で旧ソ連人と結婚した事例は皆無だった。これでは星氏がスクールからはずされてしまう。

「いったいどこでその娘と知り合ったのですか」と筆者は尋ねた。

「コスモス・ホテルです」

モスクワ北部にある「コスモス・ホテル」は、その種の女性が出没するので有名な場所だ。特に地下1階のディスコ「ソラリス」は、女性の「買付場」として有名だ。そこで契約し、外で待っているタクシーに乗りこんで、女性のアパートに「遠征」するのである。コスモス・ホテルで国会議員や新聞記者の「遠征」をお手伝いするというのもノンキャリア外交官の重要なお仕事である。

「星さん、『ソラリス』で知り合ったんですか」

「違いますよ。娼婦《しょうふ》じゃありません」

話を詳しく聞くと、星氏の婚約者ソーニャ(仮名)は、沿バルトの某国出身で、義務教育を修了し、モスクワの商店で勤務しているということだった。星氏は、ソーニャの境遇に深く同情し、それが愛に変わったようだ。

星氏は筆者にソーニャと1度会って欲しいという。筆者は了承し、「ザラトイ・ドラゴン（金龍）」という中華レストランで一緒に食事をとることにした。星氏とソーニャのカップルがやってきた。星氏がとろけてしまっているのに対して、ソーニャは冷静だ。「星から、日本に来いと言われているんだけれど、日本食が口にあうかどうか不安だ。日本人は虫や蛇を食べるんじゃないかと心配だ」などと言っている。星氏は、日本人は虫や蛇は食べないと説得しているが、ソーニャは、「黒パンをスハーリ（パンを天日で乾かした乾パン）にしてもっていく」と言う。どうも日本には、短期間しかいるつもりはないようだ。

当時、モスクワでは、外国人と結婚して、生活を安定させようとする女性が結構いた。ソーニャもそのような1人のように筆者には見えた。日本の外交官と結婚するのなら、日本語や日本文化に関心があっていいのだが、ソーニャにはそれがまったくない。それに英語もまったくできないし、勉強しようという気持ちも感じられない。ビールとコニャックをかなり飲んだところで、ソーニャがアネクドート（小話）を披露すると言った。「屈強な男が、女性に襲いかかった。女性が『助けて（パマギー）！』と叫んだの。そうしたら屈強な男が、『ねえちゃん。他の男の手助けはいらないぜ。ねえちゃんのオマンコはおいら1人で満足させられるぜ』と答えたの。どお、面白いでしょう」

筆者は凍りついた。これは、マフィアの世界の小話だ。星氏はとんでもないおねえさんに引っかかってしまった。

秘密警察にマークされ……

星氏は、ソーニャと会うために外交官ナンバーの車に乗ると、秘密警察に嗅《か》ぎつけられるのでまずいと思い、途中、地下鉄、バス、タクシーなどを乗り継いで彼女のアパートを訪れていた。しかし、秘密警察は、ソーニャと星氏ができていることはとっくにつかんでいる。むしろ、ソーニャのところを訪ねるというのが偽装で、途中で誰かロシア人の情報提供者と会っているのではないかという疑惑を秘密警察は強め、星氏を徹底的にマークしたという話を筆者はあるロシア人から聞いた。もっとも星氏が秘密警察に徹底的にマークされていたから、逆に交通事故のときもロシア側はすぐに応急措置をとり、病院に運び込んでくれたのだと筆者は推定している。

しばらくして、星氏に帰朝命令がでた。2人は入籍し、日本で暮らした。それから1年も経たない年末、星氏から突然電話がかかってきた。モスクワに来ているという。しかし、外務本省から、星氏が出張するという電報は来ていない。とにかく会って欲しいという。

筆者のアパートに来てもらい事情を聞いた。東京でソーニャが買い物ばかりしていて、日本語も勉強しようとしないし、外交官夫人になろうという努力もしない。そこで叱《しか》ったら、ソーニャはふくれて口をきかない。そんなことが続いたので、あるとき星氏はカーッとしてソーニャにビンタをした。そうしたら、ソーニャは「モスクワに帰る」と言って飛び出したというのだ。

「星さん、出張電報がとどいていませんが、一般旅券で来たんですか」

「いや、外交旅券で来ています」

「出張手続きはどうやってとったの」

「外交旅券が手許《てもと》にあるから、自分でモスクワ出張の書類を作った」

「ビザ（査証）はどうしたんですか」

「口上書（外交文書）を書いて、ロシア大使館でビザをとった」

筆者はその話を聞いて、背筋が寒くなった。痴話げんかの処理を出張を偽装して行うのはヤバイ。もちろん本省はこの偽装出張について知らない。出張旅費は出ていないが、これは公文書偽造、同行使に該当する。刑事犯罪だ。しかし、星氏の瞳は炎が燃えている。その炎の瞳で筆者を見つめながら、「佐藤さん、とにかくソーニャを探し出して会わせてくれ。手伝ってくれ」と星氏はいう。

「星さん、この恋愛は最初から成立していないよ。ソーニャは星さんのことを愛していない。ソーニャの目当ては生活の安定だよ。星さん、女はソーニャが初めてだったんだろう」

「そんなことはどうでもいいじゃないですか」

「初めての女とはうまくいかない。授業料と思って割り切ってしまった方がいいですよ。ソーニャが消えて離婚できなくなるとたいへんですよ。離婚届のサインだけはとっておいてもいいと思う」

「離婚するつもりはありません。僕が説得すればソーニャは日本に帰ってくると思う。だから、とにかくソーニャと会えるように手を貸して欲しい」

「わかりました。できるだけのことをしてみましょう。ソーニャにはカネを渡していますか」

「カネはそんなに渡していないけれど、ソーニャ名義のクレジット・カードはもっています」

筆者は少し考えた。ソーニャがモスクワに帰ってくるというのは、恐らく、男がいる。もっとも星氏が暴力を振るわず、ソーニャの自由を拘束しないならば、ときどきセックスをするだけで生活が保障されるのは悪いことではないという考えなのだろう。それならば、ソーニャが星氏との面会に応じる合理性がある。

筆者は、ソーニャの家に電話し、電話口にでたソーニャの友人という女性と話し、

「とにかく星氏と会った方がいいと思うよ。ソーニャが誰かと結婚しようと思っても重婚になると面倒だよ。それに会わないと星さんはクレジット・カードを無効にするよ。キャッシングも買い物もできなくなるよ」と言った。

セックスも経験とバランスを

同時に、筆者は政務担当公使に事態を報告した。公使は、「白人の女を殴ったら終わりだ」とぼやいた。筆者が「一応、何があったかについて紙（書類）にしましょうか」というと、公使は少し考えてから、「いや、紙にすると一人歩きする。口頭報告でよい」と言った。

この政務担当公使は、エリート外交官なので、面倒なことからは逃げている。もっと親身になってくれる幹部はいないかと考えた。1人いた。総括担当公使で、彼がモスクワ国立大学に留学した時期に、ロシア娘との友好交流にハッスルしすぎたため、その翌年からしばらく日本外務省の研修生はモスクワ大学留学を拒否されたことがある。離婚歴もあるが、懲《こ》りず、モスクワのナイト・ライフを堪能《たんのう》している。

この総括担当公使に電話をして事情を話した。この公使はくだけるとオネエ言葉で話す。「まあ、佐藤ちゃん、困ったわね。星君は童貞だから、変なねえちゃんにひっかかっちゃったのよ。学生時代や研修生時代にちゃんと遊んでおかないとね。あとでこまったことになるのよ。まあ、僕がきちんと説得しておくから」と総括担当公使は言った。総括担当公使は、星氏に明け方まで、自身の女性遍歴などもまじえつつ、情理ある説得を試みたようだ。

結局、星氏とソーニャの会見は成立した。3カ月くらいの猶予《ゆうよ》期間を設けて、それまでに日本にソーニャが戻らなければ離婚するという合意を2人はした。結局、ソーニャは日本には戻らずに2人は離婚した。星氏はソーニャ名義のクレジット・カードを無効にした。

その後、星氏は日本人のキャリアウーマンと結婚したが、それからしばらくして離婚したと言うことだ。星飛雄馬のような星氏の性格は変わらず、2002年の鈴木宗男疑惑のときは瞳に炎を燃やして、星氏が鈴木氏と筆者の関係を弾劾《だんがい》していたという話を某新聞社幹部から聞いた。

男と女の関係をどう構築するかは人間関係の基本だ。人間関係をきちんと構築できない者に難しい外交交渉を遂行することはできない。若いうちに童貞（あるいは処女）を卒業し、セックスについても一定の経験とバランス感覚をもった人間が外交官になった方が日本の国益に貢献すると筆者は思うのだが、読者のみなさんはどうお考えになるだろうか？

「新潮45」2008年11月号掲載

外交特権を濫用《らんよう》した蓄財の天才たち

支持率2%!?

サンクトペテルブルクの日本総領事館員による密輸事件が発覚したのは、1996年2月のことだった。

その頃、筆者は霞が関の外務省中央庁舎5階にある国際情報局分析第1課で、その年6月に行われるロシア大統領選挙の情勢分析のため、情報収集に腐心していた。物事に凝りやすい職人的性格を反映して、週2〜3回は仮眠室に泊まり込み、超過勤務時間は月200時間を超えていた。

エリツィン大統領の人気は最低で、新聞で報じられる世論調査の結果では、支持率は10%を割り込んでいた。対抗候補はジュガーノフ共産党議長だった。ロシアに再び共産党政権ができるのではないかという分析を主要国の外務省やインテリジェンス機関は行っていた。

これに対して、筆者は別の見方をしていた。ロシア人には欧米や日本の基準では測れない独自の論理がある。これはモスクワを訪れて政治エリートと直接話をしなくてはわからない。モスクワの日本大使館では、渡邊幸治《わたなべこうじ》大使、東郷和彦公使たちが筆者の出張を歓迎してくれる。そこで筆者は、政治経済事情調査の出張以外にも、赤十字の人道支援物資の引き渡しや原子力サミットの準備など、さまざまな口実をつけてモスクワに行くようにした。

筆者は、クレムリン（大統領府）、政府の高級官僚や国家院（下院）の有力政治家と話をするうちにエリツィン大統領が再選されるという感触を強めた。特にボルコフ大統領府副長官とのやりとりが興味深かった。

「エリツィンの支持率が10％を切っているが、大丈夫か。民主主義国の常識では、支持率が1桁《けた》になったら、下野するのが常識だ」

「佐藤さんは、新聞に発表された数字を信じているのか」

「……」

「ほんとうの支持率はもっと低い。大統領府で行った世論調査で、エリツィンの支持率は2％だ」

「2％だって!?」

「そうだ。2％だ。反支持は50％を超えている。ジュガーノフの支持率は30％に迫っている」

「それじゃ、エリツィン再選は絶望的だ」

「そうでもない。逆に支持率がこれくらい下がらないと、国民に危機意識がつたわらない」

「どういうことだ」

ボルコフは以下の説明をした。——エリツィンの支持率が2％になったことで、ジュガーノフ共産党議長が大統領になるという危機意識を改革派の政治エリート、寡占《かせん》資本家（オリガルヒヤ）、FSB（連邦保安庁＝秘密警察）関係者すべてがもつようになった。現在はエリツィンから離れている改革派系政治家も、かつて共産党員をおもいっきり虐《いじ》めた。FSBも共産党に政治弾圧を加えた。寡占資本家は、共産主義時代の旧国有財産を私物化して肥え太っているので、共産党政権が成立して財産が没収されることを恐れた。場合によっては、人民の財産を横領したとの口実で投獄されるかもしれない。「共産主義へ回帰すると財産を没収されたり、逮捕されるという危機意識をもった政治エリートや経済エリートが、自発的にエリツィン再選を助けにくるようになる」とボルコフは自信をもって答えた。

「共産主義か自由民主主義かという体制選択論で勝負するのか」と筆者はたずねた。

「そうだ。ただもう少しマスコミ関係者と有識者に危機意識をもたせなくてはならない。マスコミが騒げば、有識者はそれに合わせた行動をとるので、基本はマスコミ対策につきる」

ボルコフの予測は正しかった。エリツィン陣営がテレビや新聞でスターリン時代の人権抑圧、言論弾圧、報道管制について繰り返し報じることで、有識者のほとんどが共産主義体制への回帰に恐れを抱き、エリツィンを支持した。もちろん寡占資本家はもとよりエリツィンの元側近たちも手弁当で選挙を手伝った。そして、エリツィンは再選を果たした。

骨董品《こっとうひん》を密輸!?

日本総領事館員の密輸事件も大統領選挙キャンペーンとからんでいると筆者は見ている。

この年の2月中旬のことだ。モスクワの大使館で勤務している後輩から電話がかかってきた。

「大使館の様子がおかしいんです。サンクトペテルブルクの総領事館で秘密警察と何かトラブルがあったようです」

「ロシアのおねえちゃん絡《がら》みか」

「いいえ。女性スキャンダルではないようです。禁制品の持ち出しでトラブルを起こしたようです。何でも身柄を拘束されて、一部物品を押収《おうしゅう》されたようです」

外交官と領事は、特権をもっている。アメリカやヨーロッパでは、外交特権に較《くら》べて領事特権の幅は狭い。外交官も領事も、たとえ現行犯であっても身柄を拘束されることはない。これに対して、外交官夫人は不可侵権をもつが、領事夫人はもたない。具体例に則して言うならば、外交官夫人が万引きをしても逮捕されることはない。これに対して、領事夫人が万引きをすれば現行犯で逮捕される。免税特権にしても、外交官に較べて領事の享有《きょうゆう》できる特権は少ない。

ただし、ロシアの場合、日ソ（露）領事条約で、領事にも外交官と対等の権限を認めている。従って、サンクトペテルブルクの領事の荷物がロシアの官憲によって開封されることはない。それから、いかなる理由があろうとも、領事が拘束されることはない。

本来ならば、日本政府が厳重抗議しなくてはならない事案だが、モスクワの大使館の動きが鈍い。何か裏事情があると筆者は思った。

数日経《た》って、この事件が表に出た。１９９６年2月16日付朝日新聞夕刊が時事を引用してこう報じた。

〈在ロシア日本総領事館員、禁制品持ち出し図る

【モスクワ15日＝時事】十五日付のロシア紙セボードニャは、在サンクトペテルブルク日本総領事館員が十一日、申告を偽り、国外持ち出し禁止の芸術作品、骨とう品約三千万ルーブル（約六十五万円）相当を自動車でフィンランドに運ぼうとしてロシア税関に

見つかり、一時拘束され、品物を没収されたと報じた。在モスクワ日本大使館は、没収された事実は確認したが、拘束は受けていないと説明している。タス通信によると、没収されたのは十八世紀のブロンズ製インクつぼや十九世紀の中国製花瓶など。〉

外務省の反応は早かった。露紙報道があった翌日には、調査結果を発表している。大多数の新聞が、外務省の発表を無視したが、2月16日付毎日新聞夕刊の中部版に痕跡《こんせき》が残っている。

〈総領事館員の拘束で、外務省が調査結果——ロシア・サンクトペテルブルク

外務省は十六日午前、ロシアのサンクトペテルブルク駐在日本総領事館員が骨とう品を国外に持ち出そうとして拘束された、と報道された問題についての調査結果を発表した。

それによると、館員が持ち出そうとしたのは銅製ランプ台や陶器の置物など四点。身柄は拘束されておらず、ランプ台などは「国外に持ち出していい品かどうか調べる」ため税関で差し押さえられた。この館員の説明では、四点はサンクトペテルブルク市内と、数年前にフランクフルトで購入したもの。購入金額は数千―数万円で、骨とう品との認識はなかったという。

またフィンランドに持ち出そうとした理由については「来月定年退職になり帰国するが、引っ越し業者にまかせず、国際宅配便を利用しようと思った」と話しているとい

う。〉

この事件は、小さな扱いで、たいした騒動にはならなかった。しかし、筆者の情報屋としてのアンテナが働いた。まず、この事件は、「セボードニャ（ロシア語で〝今日〟の意味）」（筆者註＊2001年にプーチン政権と対立し、廃刊）と「独立テレビ」だけで報道された。この2つの媒体は、寡占資本家のウラジーミル・グシンスキー（筆者註＊2000年6月13日に横領容疑で逮捕され、保釈中にスペインに亡命）によって運営されている。グシンスキーは、ユダヤ系で全ロシア・ユダヤ人協会の会長だ。エリツィン大統領再選に向けて政治資金を流している1人であるが、コルジャコフ前大統領警護局長とは犬猿の仲だった。グシンスキーは正規軍やFSBから有能な職員を引き抜き、私設のインテリジェンス機関を設けていた。グシンスキーの警備保障会社はカラシニコフ自動小銃で武装した「ガードマン」や、装甲車、武装ヘリコプターをもっていた。国家の中に国家を作ろうとする動きだ。筆者は、アレクサンドル・スモレンスキー「SBS・アグロバンク（首都圏・農業銀行）」会長と親しくしていた。スモレンスキーの趣味は象の置物や絵の収集だ。筆者が上野動物園で購入した象のキーホルダーをもっていくと、スモレンスキーは「お前は気《き》が利いているな」と言って、紅茶を飲みながら政局動向を教えてくれるのだが、「グシンスキーはやり過ぎだ。いつか政権とぶつかる。俺もユダヤ人だ。あいつのやり過ぎで、ユダヤ人全体に禍《わざわい》が及ぶと困る」といつも言っていた。結局、グシンスキーのやり過ぎに対して、大統領に就任したプーチンが2000年6月に鉄槌《てっつい》を加え、それが寡占資本家を政治権力中枢《ちゅうすう》からはずす動きにつながる。

「腐敗の共同体」

話を1996年2月にもどす。日本総領事館員の密輸報道にグシンスキー系メディアだけが関与しているのは奇妙だと思い、筆者はモスクワに飛んで調査をした。大使館の同僚が録画した「独立テレビ」のニュースを見た。総領事館員から押収した骨董品が机の上に山ほど並べられている。まるで古物商の倉庫のようだ。

こういうときに役に立つ政治家が1人いた。ブルブリス国家院議員（元国務長官、現・連邦院議員）の腹心で、裏仕事を専門にしている男だ。ものすごく腕のいい弁護士で、モスクワ国立大学の教授もつとめているが、人懐《ひとなつ》こいところと、狡猾《こうかつ》、陰険、かつ残酷なところが同居している。国家院議員でもあるが、社交の席にはほとんどでてこないという不思議な人物だ。筆者とは波長があった。「人懐こいところと、狡猾、陰険、かつ残酷なところが同居している」という性格が筆者と共通しているからであろう。

本件について、この弁護士に調べてもらった。依頼をしてから2日後に返事があった。「グシンスキーと国境警備庁、税関がグルになって、日本政府を挑発している。この日本総領事館員は、領事特権を用いて大量の骨董品を国外に持ち出そうとしている。もっともこれが発覚したのは、事前にこの領事の行動を観察し、電話を盗聴していたからだ」

「しかし、日ソ領事条約で、領事の不可侵権は外交官同様に強く保護されている」

「もちろんロシア側はそのことをわかっている。しかし、それは日本の領事が違法行為をしてもいいということではない。日本の領事が、特権を隠れ蓑《みの》に密輸を行っている。外国人によるロシアの富の収奪を防ぐために毅然《きぜん》たる措置をとるというのは、秩序と規律の強化を求める有権者の期待に応《こた》えることになる」

「要は、大統領選挙をにらんだ挑発ということか」

「そうだ」

筆者は大使館に戻ってから、政務担当公使に弁護士から聞いた話をした。京都大学3回生のときに外交官試験に合格したこの公使は、気性が荒いところがあるが、頭は抜群に切れる。上司には直言するが、部下のことはリスクを負っても守るという外務省のキャリア官僚としてはめずらしく人間性がいい。残念ながら2002年の鈴木宗男パージに巻き込まれ、東郷和彦オランダ大使とともに外務省を追われてしまった。

「佐藤君、僕もそんなところじゃないかと思った。この件には踏み込まない方が得策だ」

「この領事は、相当のことをやっているのでしょうか」

「本職は、外交官ではなく、骨董品屋と見た方がいい。ここのところ中東諸国ばかりに在勤し、絨毯《じゅうたん》や壺《つぼ》を買い集めていた。東京に貸倉庫を借りて、そこに山ほど骨董品をため込んでいる。収集と売却を行っている。外交特権を利用した蓄財の天才だ」

外交官の荷物は、税関チェックを免除されている。この領事の場合は、高校卒相当の初級職員（現国家公務員Ⅲ種職員）だ。会計、電信、庶務を担当するⅢ種職員の世界は、キャリア外交官やノンキャリアの専門職外交官が立ち入ることのできない閉ざされた世界を作っている。50歳になると本省の庶務班長や在外公館の会計班長、管理（総務）班長などの実質的管理職に就くが、部下のⅢ種職員を顎《あご》でこきつかうだけで、実質的な仕事がない。在外公館では、外交特権を最大限に活用して、骨董品、宝石、絨毯などの収集、販売で一儲《ひともう》けするⅢ種職員は結構多い。特にソ連時代は、モスクワの日本大使館の秘密組織「ルーブル委員会」で作った闇《やみ》ルーブルで、国外持ち出しが禁止されたイコン（聖画像）、陶磁器、貴金属などを買い付け、一儲けしたⅢ種職員が何人もいた。外務省で、大使や公使などの幹部職員が甘い汁を吸うことができるのは、下積みの職員にも、在外手当という税金もかからず精算の必要もない手当（本俸以上になることもある）と外交特権を濫用《らんよう》した蓄財の機会があるからだ。「腐敗の共同体」なので、筆者を含め、誰もがスネに傷を負っているのだ。

筆者は、公使に、「領事が一時拘束されたのはほんとうでしょうか。それならば深刻な国際法違反です」と尋ねた。

「わからない。しかし、ここは『拘束されていない』とした方が、都合がよいのではないか。幸い、領事本人も『拘束されていない』と言っている」

「われわれは、同僚は常に真実を語っているという原則で行動するということですね」

「そうだ」

「〝美術品や骨董品をロシアから持ち出す日本人は、今度は領土（北方4島）を盗もうとしている〟というキャンペーンを張ろうとしていると思うのですが、私の深読みでしょうか」

「佐藤君、僕もそのことを心配しているんだ。多分、敵はその方向で世論誘導を考えている」

この公使の的確な判断で、日本側がロシア側の挑発に乗ることはなく、大統領選挙で北方領土問題をはじめとする日本絡みの案件がネガティブなカードとして使われることはなかった。

末次一郎氏を見舞ったトラブル

筆者自身も、1度だけだが、国境警備庁、税関と深刻なトラブルを抱えたことがある。筆者の記憶では、1994年、シェレメチェボ第2空港の出発用VIPルームでのことだ。その日、筆者は末次一郎安全保障問題研究会代表（故人）に同行し、空港に行った。末次一郎氏は陸軍中野学校出身で、巣鴨《すがも》プリズンに収容されていた戦犯の支援活動、青年運動の再建、沖縄復帰運動に献身した社会活動家で、沖縄返還後には北方領土返還運動に積極的に取り組んでいた。末次氏はKGB（旧ソ連国家保安委員会）と関係の深いソ連科学アカデミーの学者を通じて、さまざまな人脈をつくった。

出発用VIPルームは、2階が荷物の受け付け口と税関、3階がバー、個室、国境警備庁の窓口という作りになっている。税関手続きを終えて、3階の個室で休んでいると、国境警備庁の少佐がやってきて、「ハイジャック検査のために末次一郎氏と秘書の荷物をレントゲンに通して欲しい」と言った。末次氏と秘書は、一般旅券だ。外交特権をもっていないのでロシアの法令を遵守《じゅんしゅ》する義務がある。しかし、SVR（露対外諜報庁《ちょうほうちょう》）との関係が深いIMEMO（ロシア科学アカデミー世界経済国際関係研究所）の招待で訪露する末次氏の携帯手荷物のレントゲン検査を要求されたことは過去になかった。筆者は、「今回はどうしたのだろう。内規が変わり、ハイジャック検査が厳しくなったのかな」と思い、「係官が『荷物をレントゲンにかけてください』と言っています」と伝えた。

末次氏と秘書は、ボストンバッグを1つずつ、それと末次氏は、みかん箱の半分くらいの段ボール箱をもっていた。箱はナイロンのヒモで縛られていた。ボストンバッグは無事に検査を終えた。段ボール箱が検査機の真ん中に入ったところで、検査官が機械をとめた。そして、国境警備庁の少佐に声をかけた。2人でなにか話している。

少佐は筆者に向かって、「箱を開けてください。中に輸出禁止品が入っている疑いがあります」と言った。

「税関検査は、既に2階で済ませています。これはハイジャック検査でしょう。税関検査について云々《うんぬん》することは筋違いです」と筆者は答えた。

少佐は、「ちょっと待ってください。虚偽申告の疑いがあります。いま2階から、末次氏の提出した税関申告書をとってきます」と言い、部下に何か指示した。2階から、税関の責任者がやってきて、末次氏と秘書の税関申告書の「国外に持ち出す美術品、骨董品《こっとうひん》」という項目に「NONE（なし）」と記載されているところを指さし、「虚偽申告の疑いがあります」と言った。

あと40分で飛行機が出発する。ここで争うと飛行機に乗り遅れる可能性がある。「どうしますか」と末次氏に尋ねた。末次氏は、「何かかんちがいじゃろう。荷物を開けたらいい」と言った。

段ボール箱をあけると、30センチメートルくらいの見事な金色の燭台《しょくだい》がでてきた。相当の年代物だ。今回、末次氏はニコライ・イノゼムツェフ元IMEMO所長の未亡人邸を訪問した。筆者も同行した。イノゼムツェフは、ブレジネフに信頼されていたKGB

に近い学者だ。そこで、末次氏はイノゼムツェフ夫人からこの燭台をもらったのである。

筆者は、すぐに事情を話した。しかし、少佐は聞く耳をもたず、「これから事情聴取を行い、調書を作成する」と言った。筆者は、「末次一郎先生はＩＭＥＭＯの賓客だろう。無礼なことをするな」と抗議した。

少佐は、「賓客ならばロシアの法令を守るのは当然だろう。なぜ虚偽申告をしたのだ。それについて調書にまとめる必要がある」と言った。ロシア人は、目付きが変わることがある。このときの少佐も、さっきまでの優しいまなざしではなく、敵を見る目に変わっている。「面倒なことになった」と筆者は思った。

いいアイディアが閃《ひらめ》いた。出発用ＶＩＰルームの国境警備庁責任者の大佐と筆者は顔見知りだった。そこで少佐に、「大佐とちょっと折り入って話したいことがある」と言った。大佐がでてきたので、筆者は、末次氏には虚偽申告をするつもりなどなかったので、ここは穏便に済ましてくれと言った。そして、「末次氏は日本政府にとってたいせつな人です。このような侮辱的な扱いをするとロシアが損をします。今回は大目に見てやってください」とお願いした。大佐は、「考えてみよう」という雰囲気だったので、筆者はさらに追い打ちをかけた。「国境警備庁と税関を大統領府で担当するボルコフ副長官は私の友だちです。この番号に電話したいんです。つないでもらえますか」と言って、メモ用紙に電話番号を書いて渡した。大統領府副長官はいくつか電話をもっている。

そのうち一般にはあまり知られていないボルコフ本人がとる特別の電話番号をメモした。大佐は番号を見ただけで、筆者がボルコフ副長官に直訴して問題を政治化しようとしていることに気づいた。

「わかりました。佐藤さんは大使館員なのですから、この燭台を没収せずに、渡しますので、文化省から正式の許可をとってください」と大佐は言った。違法行為が行われたという認識をもっていないので、末次氏に対する調書も作成されなかった。

筆者は末次氏に、「ちょっと大使館の方でお預かりして、あとで（東京の）事務所にお届けします」と言った。末次氏も納得してくれた。

大使館に帰り、文化省に人脈をもつ科学アカデミー・スラブ研究所の学者に燭台を見せて「許可をとるためにはどういう手続きをとったらいいか」と尋ねた。学者は、「文化省に見せたら、貴重な美術品なので海外持ち出しは認められない」と答えた。

結局、この燭台はどうなったのであろうか。無事、末次氏の東京の事務所にとどけられた。しかし、その手法についてはまだ言えない。もちろん筆者はこの燭台の持ち出しに深く関与している。

いまになって考えると、ソ連、ロシアの法令に違反する行為はずいぶん行った。ソ連時代、レストランのウエイターやタクシー運転手、交通警官に賄賂《わいろ》代わりに渡すエロカレンダーを持ち込んだり、スウェーデンからは公用で使う金の運び屋を何度もやった。

しかし、それらはすべて公務に関係する違法行為だった。

外交官は任国の法令を守らなくてはならないという国際法の原則は、まさに破るために存在するようなものだ。外交官が、特権を蓄財のために用いようと思えば相当のことができる。犯罪への誘惑が実に多い職業なのだ。そして、犯罪への道を防ぐのは、最終的に個人のモラルに依《よ》るところが大きいのである。

「新潮45」2008年12月号掲載

自殺者、幽霊、伏魔殿

ゴロデツキー夫妻からの忠告

2003年10月8日、512泊513日の独房暮らしを終え、筆者は「小菅《こすげ》ヒルズ」(東京拘置所)B棟8階第32房から保釈になり、娑婆《しゃば》に出てきた。この日に保釈になるように弁護士に頼んだのには理由がある。まず、この日が母の誕生日だからだ。出所祝いと母の誕生会をあわせて行おうと思ったからだ。

それからもう1つ理由がある。保釈になる2日前、テルアビブ大学のガブリエル・ゴロデツキー教授が証言台に立って、筆者の無実を証言してくれた。ゴロデツキー先生にお礼を言うとともに、テルアビブの友人たちからのメッセージを聴く必要があったからだ。証人席と被告人席の間は2メートルくらいであるが、ゴロデツキー先生が着席するときに「佐藤さん、イスラエルの友人たちがいろいろ心配している」と小声で言った。「友人たち」とはイスラエルの情報屋のことだ。連中のこの事件に関する評価を聞いておかなくてはならない。筆者は「2、3日中に外に出るから直接会って話そう」と言った。ほんとうは被告人と証人がこのような意思疎通《そつう》を行うことは規則違反であるが、英語で小声のやりとりだったので、看守も特に問題を感じなかったようである。

ゴロデツキー先生は、イスラエル政府、軍の幹部と良好な人脈をもっている。そもそも筆者がゴロデツキー先生と面識を得たのも、イスラエル政府高官を通じてだった。イスラエルは人口700万人の小国だ。そのうちユダヤ人は530万人である。ユダヤ人のうち約100万人が1980年代末より、旧ソ連諸国から移民した「新移民」だ。新移民は、もちろんロシア語を流暢《りゅうちょう》に話す。クレムリン（ロシア大統領府）やオリガルヒヤ（寡占《かせん》資本家）など、ロシア国家の意思形成に関与する人々と良好な人脈をもっている新移民も多い。筆者たち、情報屋は、北方領土交渉にイスラエルがもつロシア情報と人脈を活用することを考えた。日本外務省は、2000年4月、テルアビブ大学で行われた国際学会「東と西の間のロシア」に袴田茂樹青山学院大学教授、田中明彦東京大学大学院教授、末次一郎安全保障問題研究会代表（陸軍中野学校出身の社会活動家で、北方領土返還運動で活躍）等を派遣した。この際の経費を、外務省関連の国際機関「(ロシア）支援委員会」から支出したことが、2002年の鈴木宗男バッシングの過程で問題にされて、筆者は背任容疑で逮捕されたのである。

この事件では、ゴロデツキー先生と筆者の関係を強化することが、犯罪の動機とされた。そしてゴロデツキー先生も共犯であるという構成で事件が作られている。そのような状況で、共犯者として逮捕される危険を感じていたが、ゴロデッキー先生は腹を括《くく》って証言することを決めた。そして、２００３年10月６日、東京地方裁判所の証人席でこう述べた。

「テルアビブ国際学会について、佐藤被告人は被告人やゴロデッキー教授、すなわち私の利益のために働いたのではありません。日本政府の利益のために働いていました」

残念ながら、裁判所はゴロデッキー先生の証言を採用しなかった。しかし、法廷で真実が語られ、記録が残ったことで筆者は満足している。

さて、筆者は予定通り、10月８日に保釈になった。10日の昼過ぎにゴロデッキー先生夫妻と会うことにした。帝国ホテルのロビーで待ち合わせた。１年半も独房暮らしをしていると、脚の筋肉がほとんど落ちてしまって、長時間歩行することができない。帝国ホテルは有楽町駅から徒歩５分だが、この日はタクシーを使った。最初、奥様には席を外してもらい、ゴロデッキー先生から、イスラエル政府関係者やロシア要人からの伝言を聞いた。さいわい、筆者が付き合っていたロシアとイスラエルの政治エリートは、筆者が政治事件に巻き込まれたと事態を正確に理解していた。また、さまざまな立場の人々が、リスクを冒しながら筆者を支援していることを知った。インテリジェンスの世界では、「友だち」という言葉は何よりも重いということを再認識した。

夜は、ゴロデッキー夫妻を囲んで韓国焼肉屋で宴会をする予定だが、２時間くらい余裕がある。ゴロデッキー先生は本好きなので、洋書が整っている八重洲《やえす》ブックセンターに行くことにした。8階の洋書売り場で、先生は何冊か日本関連書籍を買った。夫人が日本のアルバムを何回か手にとって、最終的に棚に戻した。多分、値段が相当高いので購入を諦《あきら》めたのであろう。

八重洲ブックセンターの中2階にはコーヒーとケーキのおいしい喫茶店がある。筆者がゴロデッキー夫妻をそこに案内し、「ちょっと失礼します」と言って、席をはずした。洋書売り場に行って、さっき夫人が棚に戻したアルバムを買ってプレゼントしようと思ったからだ。売り場が混んでいて、アルバムを買って喫茶店に戻るのに15分くらいかかった。筆者の顔を見ると、ゴロデッキー夫妻が安心した表情をした。そして、贈呈用に包んだアルバムを渡すと、夫妻は涙を浮かべて、「よかった」と言った。筆者は意外感をもって尋ねた。

「何がよかったんですか」

「いや、佐藤さんが自殺したんじゃないかと心配したんだ」

筆者は笑いながら答えた。「僕はキリスト教徒だから自殺なんてしませんよ」

そうするとゴロデッキー夫人が、「キリスト教徒でも自殺する人はたくさんいる」と言った。ゴロデッキー先生は、「私を含むイスラエルで佐藤さんと親しくしていた人々の共通の懸念《けねん》だ」と前置きして、こう述べた。

「あれほど日本政府のために一生懸命働いていた佐藤さんが、政治事件に巻き込まれて逮捕された。個人的に佐藤さんを支援する外務省の人たちは何人もいたが、外務省組織は佐藤さんを切り捨てた。私たちは佐藤さんが義憤にかられて自殺するのではないかと心配していた。実はいまも心配している」

「僕は恥知らずだから自殺なんかしませんよ。これからどうなるかわからないけれど、これも天の巡り合わせと思い、これからはひっそりと、好きな本でも読みながら生活しようと思っている」

「日本で活躍する場がなければ、イスラエルに移住すればいい。大学かシンクタンクで仕事はみつかる。イスラエルでしばらく教鞭《きょうべん》をとってから、ロシアやヨーロッパに移住してもいいだろう。そして、日本の政治情勢が変わるのを待てばよい」

「いや、外国の大学で仕事をする気持ちにはならない。それに日本がこれからどうなるのか、じっくり観察したい。どんな渦に巻き込まれても、日本は僕の祖国だ。そこから脱出しようとは思わない」

「わかったけれど、亡命する気になればいつでも相談してほしい。とにかく、どんなに思いつめても自殺だけはしないでくれ」

ゴロデツキー先生の話を聞きながら、筆者は「もし先生が法廷での証言を拒否したら、僕が自殺すると思って、先生はわざわざ客員研究員をつとめているミュンヘンからやってきてくれたのだ」と思い、とても申し訳なく思った。

異常に多い自殺者

霞が関では、一昔前まで、「自殺の大蔵」と言われた。大蔵（財務）官僚は、エリート中のエリートとして、強いプレッシャーを受けるので、自殺することが多いということだ。しかし、よく考えてみると、外務省も自殺者が結構多い。

筆者が直接面識をもつ外務官僚でも、自殺者が3名、自殺未遂が1名いる。周囲のサラリーパーソンに聞いてみても、「これは異常に多い」という。

まず、自殺未遂について。筆者がモスクワの日本大使館で勤務し始めた直後、ソ連時代末期のことだ。大使館には医師と看護師がいる。看護師のところに若いキャリア外交官から、「もうダメです。これから死にます」といって電話がかかってきた。看護師は、若い大使館員をつれて、合い鍵《かぎ》をもってこのキャリア外交官のアパートに行った。手首をかなり深く切り、湯船につけた青年がぐったりしていた。ためらい傷がいくつもあり、風呂場《ふろば》のあちこちに血糊《ちのり》がつき、湯船の湯はトマトジュースのようだったという。すぐにソ連の病院に運び込み、応急措置をとったので、一命をとりとめた。

原因は女性問題だった。生命に危険がなくなった時点で、大使館はこの青年外交官を東京の外務本省に異動した。大使館は厳重な箝口令《かんこうれい》を敷いたが、情報は別のところから漏れた。KGB（ソ連国家保安委員会）からだ。モスクワで勤務する日本の通信社、新聞社の記者にKGB関係者が、この若手外交官に関する情報を収集して歩いた。モスクワで、女性関係問題で自殺未遂事件（この事例の場合、発見が遅れていれば死んでいた可能性も高い）を引き起こした人物については、KGBが徹底的に履歴を調査する。それは、将来、このような人物が再びモスクワで勤務した場合に、つけ込むことができる弱味をさがすためだ。従って、米国、英国、ドイツなどの主要国ならば、このような事故を起こした者は、2度とロシア関係の業務にはつけない。しかし、性善説に立つ、心優しき日本外務省の場合、自殺未遂の前歴をもつ人物でも再チャレンジが認められる。この青年外交官も中堅幹部として、その後、日本大使館に勤務した。KGBの後継組織であるFSB（ロシア連邦保安庁）が過去に傷をもつ人物がモスクワで勤務することを歓迎したのは当然のことだ。ロシアという国は、ぎりぎりのところになると、個人的弱味につけ込んで外交官を脅す。筆者ならば、過去に事故を起こした人物をモスクワに勤務させるようなことは絶対にしない。それは本人にとって不幸な状況が生まれる可能性があるからという理由だけでなく、秘密警察に弱味を握られた外交官がいると、日本の国益が毀損《きそん》されるからだ。

ロシア、中国、イランのような国では、日本人外交官が現地の異性と関係をもったり、大使館内の職員や在留邦人と不倫関係におちいると、秘密警察がそれを口実に協力者になることを迫ってくる事例がある。

2004年5月6日、中国上海《シャンハイ》市の日本総領事館で、電信官が自殺した。電信官とは、暗号の組み立てと解読に従事する外交機密を直接取り扱う職員だ。カラオケ屋に出入りしているうちに知り合ったホステスから、中国の秘密警察関係者を紹介された。秘密警察の協力要請に耐えきれなくなって、自死を選択したのである。

この事件は、自殺が起きてから1年7カ月後に週刊誌の報道によって露見した。その直後から、筆者は精力的にあちこちの媒体で、この事件に関する外務省の対応を批判する記事を書いた。実は、この電信官はモスクワに勤務していたことがある。筆者がとってきた情報を、深夜や未明であっても、暗号電報に組み立て、東京の外務本省に報告してくれた。真面目《まじめ》な青年だった。中国の秘密警察に脅されても、総領事館あるいは外務省内に誰か1人でも相談できる同僚か上司がいれば、この悲劇を避けることができた。上海総領事館の執務室で、午前4時に、この青年はどのような気持ちで首に縄をかけたのであろうか。

まず第1に中国の国家機関が、日本の総領事館員を脅すこと自体が国際法違反だ。それに対して、外務省は中国政府に毅然《きぜん》たる抗議をしていない。また、電信官の自殺を外務省が総理官邸に報告していないという驚くべき事実も判明した。外務省の不作為体質が典型的に現れた事件である。従って、この機会に真相究明をしておかないと同様の悲劇が今後、繰り返されると筆者は危惧《きぐ》した。この事件が起きたときの外務省事務方の最高責任者は竹内行夫事務次官だった。日本の国権が侵害されたことに対して中国に毅然たる抗議をしなかった、総理官邸に対して情報隠しをしたという2点だけで、引責辞職に値すると思う。もっとも、竹内行夫氏は、引責辞職ではなく、外務省を円満退職し、08年10月には最高裁判所裁判官に任官した。次の総選挙の際に最高裁判所の裁判官の国民審査も実施されるので、筆者は竹内氏にバツ（×、不信任）をつける国民運動を展開したいと思っている。

排水溝から幽霊の手が……

筆者は、研修生時代に情報調査局（その後の国際情報局、現・国際情報統括官組織）情報課に勤務し、モスクワの大使館に勤務した後、国際情報局分析第1課に勤務した。ここで働いた同僚が2名自殺した。

外務省にはいくつか玄関がある。職員がもっともよく出入りするのは、前庭に面した東口だ。1993年春の某日午後8時頃、東口玄関の横で「ドスン」という音が聞こえた。30代前半の青年が倒れていた。救急車で病院に運ばれたが、間もなく死亡した。東口玄関の真上、8階の窓が約60センチメートルほど開いていたので、そこから飛び降りたのだと見られている。情報処理を専門とする職員で、情報課の研修生時代に筆者も何

リア職員が、外務省の真向かいにある農林水産省のビルから飛び降り自殺した。筆者は面識がないが、その1年後の夏に外務省のキャ回か話をしたことがある。また、

外務省では、自殺した人たちの幽霊が、ときどき廊下を歩いているという噂《うわさ》が流れた。もっとディープな話では、外務省地下1階にあるシャワールームの排水溝から、幽霊の手が出てきて、引きずりこまれるというのだ。外務省には仮眠室がある。筆者が現役の頃は、北口の庭にプレハブの仮眠室が建てられ、個室にシングルベッドが置かれていた。もっともほんとうに仕事が忙しく、未明の4時くらいに仮眠室を使おうとしても満杯だ。一杯やっていて終電を逃した連中や、麻雀《マージャン》大会の後に泊まっている者がいる。さらにひどいのはラブホテルがわりに仮眠室を用いてアヘアヘやっている奴《やつ》らもいる（筆者も3回遭遇したことがある）。しかし、外務省はセックスについては実に寛容な組織なので、この程度のことで告げ口をする者は当時はいなかった（現在は、この仮眠室は撤去され、省内にうつり、カーテンで仕切られたベッドがほとんどなので、アヘアヘはなくなったという話を後輩から聞いた）。仮眠室を用いた後、湯船はないが8畳間くらいの大きなシャワールームで汗を流すとすっきりする。筆者も愛用していた。

このシャワールームの湯を沸かしているボイラー室で、キャリア職員が自殺した。筆者がモスクワからもどってきた翌1996年夏のことだ。自殺する1週間前、国際情報局長室で行われた会議で、この職員は局長から、作成した資料が基準に達していないと

面罵《めんば》された。もっとも外務省で部下を面罵する幹部はよくいるので、それ自体はそれほど珍しいことではない。ただ、その後のこの職員の態度が尋常ではなかった。椅子《いす》の背もたれを抱きかかえて、局長に背を向けるのだ。目もうつろで、何を考えているのかよくわからない。その2、3日後、廊下ですれ違ったこの職員と話をしたが、口から少しアルコールの臭《にお》いがする。筆者が「部屋で飲んでいるんですか」とたずねると「そうです。一緒にやりませんか」と声をかけられたが、「急ぎの仕事があるので」と断った。

自殺する前日、廊下ですれ違い、会釈《えしゃく》をしたが、普通の感じだった。その日の朝早く、上司から電話がかかってきた。「××君が自殺した。新聞記者などの取材には対応しないように」という話だった。いつもより早く役所に行くと、重苦しい雰囲気だった。

局長は、この日から海外出張の予定だったが、成田空港からあわててもどってきた。上司が憤慨した口ぶりで、「局長は、戻ってくるなり『遺書はありませんか』と探し回っていたよ」

「どういうことでしょうか」と筆者が尋ねた。

「自分について何か書かれていないか心配なんだよ。思い当たる節があるんだろう。官房長室に籠《こ》もりきりででてこない」

結局、国際情報局長、官房長、人事課長がよく擦り合わせ、情報管制を敷いたので、新聞で小さく扱われただけで、週刊誌が後追いをすることもなかった。既に述べた通り、このキャリア職員はボイラー室のパイプにネクタイを結んで縊死《いし》した。それからしばらくして、この職員の幽霊が廊下を歩いていたとか、シャワールームの排水溝から人の呻《うめ》き声がするという噂が流れだした。そして、排水溝から幽霊の手が出てくるという話に膨んだ。

筆者は、そんな話は迷信だと相手にしなかったが、ある日、朝の6時過ぎまで仕事をしていた。まだまだ仕事があるので、目を覚ますつもりでシャワーを浴びていると、排水溝から「グー、グー」という獣の呻き声のような音が聞こえる。恐《こわ》くなって、身体《からだ》を半分洗っただけだが、シャワールームから飛び出した。普段は完全に閉まっている隣のボイラー室の扉が半開きになっている。筆者は、その扉を開いて、同僚が自殺したパイプの下で、「君はインテリジェンス業務には向いていなかった。辛《つら》かっただろうな。安らかに眠ってくれ」と手を合わせた。

外務省に〝住む〟男

その後も、この職員がいた課に「夜中に幽霊が出る」という噂が流れた。そういえば、筆者が深夜に仕事をしていると、誰もいないはずなのに、隣の部屋でがさがさと音がすることがある。もっとも隣の課には、コンピュータ関連の機械がたくさんあったので、タイマーがかかってこれらの機械が動いているのだろうと筆者は理解していた。

しかし、ある月曜日に筆者は上司からこう言われた。

「この土曜日に、総務課と文書課がうちの局の文書検査をした」

文書検査とは、1年から2年に1回のペースで、総務課と文書課(現・情報通信課)が、極秘や秘の指定がなされた書類が机の上に散乱していないか、机にきちんと施錠《せじょう》がなされているかについて行う検査だ。深夜か休日に行われることが多い。秘密書類が放置されていると没収され、状況によっては始末書を書かされる。結構、面倒な検査だ。

上司はこう続けた。

「そうしたら、出たんだよ。隣の課から」

「何が出たんですか」

「机の下からヌヌーと人が立ち上がってきたんだ。検査官の2人は、噂の幽霊が出たと喉《のど》から心臓が飛び出すほどびっくりしたということだ」

「いったいどういうことですか」

「山田さん(仮名)だよ、山田さんが、寝袋に入って、課に住んでいるんだ」

山田さんは、英語を研修したノンキャリアの外交官だ。還暦少し前で、某国の臨時代理大使をつとめたこともある。

ちょっと変わった人なので、緊急事態が起きたときにオペレーションルームとなる部屋の鍵を管理する以外に仕事はない。それでも年収は1000万近くになるだろう。外務省には実質的には仕事がなく、定年待ちで高給を得ているノンキャリア職員が結構いる。

国際情報局の幹部が山田さんから聞き取り調査をした。外務省の終業時刻は午後5時45分だ。それからしばらくして山田さんは、一旦《いったん》、職場を去る。日比谷公園で時間をつぶしたり、コインランドリーで洗濯をする。飲み屋で遅くまで飲むこともある。そして、午前1時か2時に合い鍵を使って密《ひそ》かに自分の課に戻ってくる。そして、ロッカーから寝袋を取り出して、くるまって横になる。寝付きがよくないときは、缶ビールを飲みながら、テレビやビデオを見る。ただし、音が外に漏れないようにヘッドフォンを用いる。

筆者が夜中に仕事をしたときに感じた人の気配は、山田さんが密かに戻ってきたからだったのだ。がさがさという音は、ヘッドフォンからテレビの音が漏れているからだったのだ。

朝8時くらいに山田さんは起床し、寝袋をたたんで自分のロッカーに入れる。そして、北口守衛室に行って課の鍵を正式に借りる。それから、北庁舎8階の食堂グリーンハウスに行って、コーヒー、トースト、ゆで玉子、サラダのモーニングサービスを食べながら1日の計画を立てる。今日はどの週刊誌や小説を読むかという読書計画だ。始業時間の9時半には、課の机にすわる。どうせ仕事はなにもない。とりあえず新聞を読む。11

時頃には、中央庁舎8階の国際会議場の横にあるソファで昼寝をはじめる。国際会議はめったにないので、この周辺には人が寄りつかない。従って、昼寝をしていても露見しないのである。そして、午後3時頃に課の机に戻ってきて、なにもせずに5時45分の終業まですわっている。

こういう毎日を繰り返しているのだという。山田さんには、一戸建ての持ち家もあるし、妻子もいる。しかし、家に帰るのは月に1回か2回だ。「仕事が忙しいので、職場に泊まり込む」というと家族も特に疑念を抱かないのだという。前に述べたシャワールームがあるので、家に帰らなくても、身体が臭くなることもない。

上司は筆者に、「あれは帰宅拒否だ。出社拒否という症候群があるが、山田さんの場合、職場にいるよりも家にいる方が苦痛なんだ。それだからこういう生活スタイルになっている。僕たちも将来、帰宅拒否症候群にならないように気をつけないと。この会社（外務省）の3分の1は変人だ」と言った。その話を聞いて、1カ月の超勤時間が250〜300時間になっている筆者も近い将来、帰宅拒否症候群になるのではないかと少し心配になった。

筆者は田中眞紀子氏が外務大臣についたことによって日本の国益はだいぶ損ねられたと考える。ただし、田中氏には天才的な洞察力があった。田中氏は外務省を「伏魔殿のようなところだ」と形容したが、いま述べた自殺者、自殺未遂者、帰宅拒否者の顔を思い浮かべると、確かに外務省は何か魔物に取り憑《つ》かれているのだと思う。

「新潮45」2009年1月号掲載

セクハラ、パワハラ

美人参事官

ロシアでは、年末は12月31日まで仕事をする。ただし、仕事は午前中だけで、午後1時からは「シャンパンスコエ」(スパークリング・ワイン)をあけて、キャビア、イクラ、サラミソーセージ、チョウザメの薫製《くんせい》などをのせたオープンサンドイッチをつまみにして、慰労会をする。男性陣はこれに加えてウオトカやコニャックを飲むこともある。そして、「あたらしい年とともに、あたらしい幸せがありますように！ С Новым《ス・ノービム・》 годом《ゴードム》! С Новым счастьем《ス・ノービム・スチャスチエム》!」といって、家路を急ぐ。

筆者がモスクワの日本大使館につとめていた時期に、ロシア政府の要職、副首相の補佐官をつとめていた女性の法務担当参事官がいた。これが抜群の美人なのである。バツイチで、娘と2人で住んでいた。当時、この美人法務担当参事官は、30代後半だったが、どう見ても20代に見える。娘は15歳だったが、誰も親子ではなく姉妹と思う。

1993年の大晦日《おおみそか》のことだった。大使館の政務班で仕事をしていると、この美人参事官から電話がかかってきた。少し沈んだ声で、「聞いて欲しい話があるの。よかったら、これからお茶を飲まないか」と言う。筆者は、「よろこんで。これから迎えに行きます」と答えた。

モスクワの日本大使館は、年末は東京の外務本省と同じく12月28日から1月3日までが休みだ。しかし、ロシアは、前述のように31日まで仕事をしているし、新年は1月2日から官庁は仕事をはじめる。また、12月31日の深夜、新年に日付が変わろうとするときにエリツィン大統領が国民に向けたテレビ演説を行う。この演説は事前に収録されている。夕刻くらいに、イタルタス国営通信社から、業界用語で言う「エンバーゴ」、すなわち「演説が終わってから、報道解禁」という縛りがかけられた演説原稿が配信される。5分くらいのものなので、全文翻訳し、公電（外務省の公用で使用する電報）で東京の外務本省に報告する。そして、演説の内容を分析した公電を送る。分析をするにあたっては、クレムリン（大統領府）や政府の高官の意見を聞いて、参考にする。

とくにこの年のエリツィン大統領の大晦日演説は注目されていた。それだから筆者は昼前に大使館にでてきて、書類を整理しながら、今後、ロシア内政がどういう方向に進んでいくかについて考えていた。同年秋にエリツィン大統領と議会の対立が極点に達した。9月21日にエリツィン大統領は「段階的憲法改革に関する大統領令第1400号」を公布し、現行憲法を停止し、最高会議（国会）の機能を停止した。そして、12月に新議会選挙と新憲法採択の国民投票を行うことにした。超法規的措置なので、最高会議側は徹底的に反発した。そして、モスクワ川沿いのホワイトハウス（最高会議建物）に大統領の措置に反対するハズブラートフ最高会議議長、ルツコイ副大統領らが籠城《ろうじょう》した。10月3日、膠着《こうちゃく》状態に陥っていた両派の対立は、武力衝突に至った。最高会議側の猟銃と火焔瓶《かえんびん》で武装した集団が、大統領側の武装警官による包囲網を突破した。大統領側の武装警官は自動小銃を構えていたが、実弾は支給されていなかった。そのため猟銃と火焔瓶によって、包囲網を崩されてしまったのである。ホワイトハウスを解放して興奮状態に陥った武装集団は、モスクワ市北部のオスタンキノ・テレビ塔の横にあるテレビ局を占拠することにした。3日夜からテレビ放送が止まった。

エリツィン大統領側は、モスクワ市の中心部にある古いテレビアンテナを使って、緊急放送を行った。モスクワに非常事態が宣言され、夜間外出禁止令が敷かれた。翌4日、エリツィン大統領側は、戦車でホワイトハウスに砲弾を撃ち込んだ。ホワイトハウスは炎に包まれ、上半分が煤《すす》で真っ黒になった。5日未明にハズブラートフ最高会議議長、ルツコイ副大統領らは逮捕された。

事態をこのまま放置していたら全国規模の内乱に発展する可能性が大きかった。エリツィン大統領がとった強硬措置を国民はやむをえないと是認した。しかし、同じ国民同士が、しかも1991年8月のソ連共産党守旧派によるクーデター騒動のときは、ともにソ連軍の戦車の前に立ちはだかり、ソ連崩壊を推し進めた民主改革派の内ゲバがこのような事態を招いたことで、国民は政治離れを起こした。

1993年12月12日に新議会選挙と新憲法の国民投票が行われた。国家院（下院）では、「日本が北方領土を要求するならば、原爆を落としてやる」などという放言をしたウラジーミル・ジリノフスキーが党首をつとめるロシア自由民主党が第一党になった。ロシア政局の見通しが難しくなってきた。美人参事官は、当時、副首相の補佐官をつとめていた。日本の中央官庁の局長クラスのポストだ。彼女は、ブルブリス国家院議員（元国務長官）、イリューシン大統領首席補佐官たちと親しくしていた。彼女もエリツィン革命を支えた1人である。それだから、この美人参事官から得るクレムリンやロシア政府に関する情報は、筆者が情勢を判断する上でとても役に立った。

イチモツ大統領顧問

ソ連崩壊後、ロシア政府は旧ソ連中央委員会があったスターラヤ・プローシャジ（旧《ふる》い広場）に移転した。筆者は、ロシア製の愛車ラーダに乗って、美人参事官をピックアップしにスターラヤ・プローシャジに向かった。ここは一般車両の通行が禁止されている。外交官の車も事前登録しなくてはならない建前になっていたが、筆者の場合、ほぼ1日おきに政府高官の誰かに会いに行くので、駐車場の管理官とも親しくなり、顔パスで出入りできるようになった。玄関の前で、心持ち淋《さび》しそうな顔をして美人参事官が立っている。筆者は車をそばに寄せた。

美人参事官は、「まだ昼食は済ませていない」ということなので、メトロポール・ホテルの小レストランで、カツレツ（ロシア風のミニハンバーグ）とサラダの簡単な昼食を済ませた。この小レストランの隣においしいカプチーノ、エスプレッソなどのイタリア風コーヒーと生クリームのケーキを出す喫茶店がある。当時、ロシアではバタークリームのケーキが主流だったので、この店のケーキはロシア人に人気があった。美人参事官はブルーベリーがたくさんのったケーキとカプチーノをとった。

美人参事官は、「おいしいものを食べて、少し気持ちが落ち着いた」と言った。

「いったい何があったんだい」と筆者は尋ねた。

美人参事官は、クレムリンのある大統領顧問の名前をあげ、筆者に「面識があるか」と尋ねた。筆者は、「名前は知っているが、直接、会ったことはない」と答えた。文化を担当するエリツィン大統領のインナーサークルの人物だ。この人物が、「年末の挨拶《あいさつ》を述べたい」といって美人参事官の部屋を訪ねてきた。そして、部屋に入るなり、扉を閉めて、ズボンとトランクスを降ろして、イチモツを美人参事官に見せた。大統領顧問は50代後半だが、イチモツは立派に勃起《ぼっき》していた。そして、「俺は以前から、お前に気があった。俺の気持ちを少しはわかってくれ」と言って、迫ってくる。

しまう。美人参事官は大声を出そうと思ったが、それでは大晦日に大スキャンダルを起こして
「何で大きな声を出して助けを呼ばないんだ。それは犯罪行為じゃないか」と筆者は言った。

そうすると美人参事官はこう反論した。

「もし、大声なんか出したら、相手は、私が部屋に招いて誘惑したという。向こうはエリツィンの側近なので、こちらが勝つ可能性はまずない。仮にこの問題で勝ったとしても、後で人事や処遇で、必ず不利益を受ける」

「それはおかしい」

「日本人には、考えられないかもしれないけれど、ロシアの官僚の世界は、外界から遮断されているので、外部では到底、通用しないようなことが平気で行われている」と美人参事官は答えた。


そして、彼女は、ハズブラートフ最高会議議長とのトラブルを抱えたときのことを話した。1990年3月のロシア人民代議員選挙で、エリツィンやハズブラートフがホワイトハウスに乗りこんできた。美人参事官は、その前から最高会議副議長室の一般事務を担当していた。美人参事官は、高校を卒業した後、すぐに最高会議に就職したが、モスクワ法科大学の夜間部を卒業し、法曹資格をとった。ハズブラートフやブルブリスら

の改革派政治家が美人参事官の資質を高く評価し、登用した。当時は、民主改革派は一致団結しており、ロシアの内側から何かが変わるという空気が充満していた。

美人参事官がハズブラートフの異変に気づいたのは、その年の秋のことだった。執務室に呼ばれ、入ると目が虚《うつ》ろになったハズブラートフがそばに来いという。ハズブラートフはチェチェン人だ。チェチェン人はムスリム（イスラーム教徒）であるが、ソ連化したチェチェン人は酒を飲む。ハズブラートフは酒は一切飲まず、豚肉が原料に使われたハムやサラミソーセージにも一切手をつけなかった。ただし、ハズブラートフには軽い麻薬を吸う習慣がある。そのことに執務室に呼ばれたときに気づいた。ハズブラートフの呂律《ろれつ》がよく回らない。美人参事官は、その時点ではハズブラートフが麻薬を吸っていると思わなかったので、何を言っているのか、理解しようと努力した。そうするとハズブラートフが突然、美人参事官の胸を服の上からわしづかみにして、「俺はお前を愛している」と言った。美人参事官はあわてて部屋を飛び出した。

それから、ハズブラートフは、誰も見ていないところでは、挨拶代わりに美人参事官の尻《しり》に触ったり、胸をつかむようになった。耐えきれなくなって、美人参事官はブルブリスにそのことを相談した。ブルブリスは、話を聞いて驚いて、最高会議の人事局に話をして、彼女をポローシン最高会議幹部会員の秘書に異動させた。ポローシンは、ロシア正教会の神父で、身長は185センチメートルくらいだが、体重は150キログラムを軽く超えている。飲むことと食べることへの関心は人一倍強いが、女性に対しては禁欲的だ。モスクワ国立大学哲学部を卒業したインテリでもある。ブルブリスは、安全地帯に美人参事官を逃した。

ハズブラートフは、ブルブリスによるこの人事介入を決して許さなかった。その後、ハズブラートフは、ブルブリスを放逐することにエネルギーのほとんどを傾注するようになるが、筆者は、この美人参事官の問題が、公《おおやけ》の論争とは別に、秘められた原因になったと見ている。ロシアの政局で、有力政治家の対立が生じる場合、そこに美人官僚がからんでいることがよくあるからだ。結局、ある時期からポローシンは、エリツィン大統領よりもハズブラートフ最高会議議長に軸足を移した。その過程で、「美人参事官はブルブリスのスパイではないか」という猜疑心《さいぎしん》をもつようになった。もっとも美人参事官は、毎日、何回かブルブリスと電話し、また、ときどき会っているので、ポローシンの猜疑心もまったく根拠のないものではなかった。結局、美人参事官はポローシンの秘書官を辞して、首相府で有力副首相の補佐官をつとめるようになった。

美人参事官は、「ロシアで女性が官僚として責任あるポストに就くようになったのはソ連崩壊後のことなの。高級官僚の世界は、ひどい閉鎖空間で、人間の常識が通じない世界だわ。日本人のあなたには理解できないだろうけど」と言った。

結局、イチモツを誇示し、迫ってきた大統領顧問に対しては、「いっしょに会議室に行ってみんなと一緒にシャンパンを飲みましょう。さあズボンをはいて」と言ったら、相手は温和《おとな》しく、言うことを聞いたという。

美人参事官も、決して善人ではない。復讐《ふくしゅう》の仕方は心得ている。当時、筆者は、ブルブリス国家院議員と親しくしていた。美人参事官は、筆者に口止めをした上で、イチモツ大統領顧問の話をすれば、それがブルブリスに伝わると計算した。ブルブリスはこの美人参事官を妹のように可愛《かわい》がっている。ブルブリスは気性が激しい。この話が伝われば、ただでは済まない。

事実、筆者は、「美人参事官からは、口止めされているんですが」という前置きをして、聞いた話を正確に伝えた。ブルブリスは、猛禽類《もうきんるい》のような目をして、「なにっ！」とひとこと、吐き捨てるように言った。それからしばらくして、大統領府の機構改革が行われイチモツ大統領顧問は、公職から外れた。

この美人参事官から、ロシアの官僚の世界における恐ろしきセクハラ、パワハラの実態を聞かされ、筆者はほんとうに驚いた。筆者は、美人参事官に「そういうことは日本ではあり得ない」と断言した。その当時は、ほんとうに筆者はそう思ったのである。しかし、筆者はあまりに外務省の実情を知らなかった。ロシアで美人参事官が受けたセクハラやパワハラは、わが日本外務省でも日常的に行われているのである。95年に帰国して、外務本省の実情を見て唖然《あぜん》とした。

関係者の人権とプライバシー、特に被害者のプライバシーを守らなくてはならないので、すこしぼかして書くが、本稿を読んだ加害者は「俺のことだ」とはっきりわかるはずだ。

レイプ系？　ポルノで研修!?

外務省には、他の中央官庁にない首席事務官という役職がある。通常、「シュセキ」と呼ばれる。他省庁では筆頭課長補佐に相当する役職で、管理職ではない。従って、超過勤務手当もつく。キャリア職員の場合、年次15年前後で首席事務官に就任する。課長代理としての機能を果たす。外務省で政策の企画立案を行う要《かなめ》は課長だ。局長や事務次官がいかに指令を出しても、課長が横になってしまったら、物事を動かすことはできない。直属の部下をもつのは課長までで、またすべての秘密情報も課単位で管理されているからだ。

首席事務官になるまでの課長補佐や総務班長は、事実上、兵隊の事務官とたいして変わらない仕事をしている。従って、キャリア職員に否定的な資質があっても、それが周囲に害毒を流すことにはならない。従って、セクハラとパワハラの「素質」がある職員は首席事務官に就任すると、獣性を満開にする。

某非営利組織から、ロシア支援に関連する部署に出向している女性職員がいた。聡明《そうめい》な美人だ。あるときロシアのサンクトペテルブルク出張を命じられた。首席事務官も同行するという。サンクトペテルブルクのホテルで、「仕事の打ち合わせがある」といって、この出向職員は呼び出された。ちなみにレイプ系外務官僚は、部下の女性に襲いかかるとき、かならず仕事に絡《から》めて呼び出すという傾向がある。日本外務省の若い女性職員諸氏！　首席事務官にホテルの部屋や、深夜に執務室に呼び出されたときは、かならず複数で訪ねていくことだ。そうすれば、かなりの確率で、攻撃から逃れることができる。しかし、その出向職員は、素直に仕事の打ち合わせと思って部屋を訪れた。狼《おおかみ》となった首席事務官は襲いかかったが、この女性は必死で抵抗した。しかし、服が破れるくらいだから、相当の乱暴が加えられたことは間違いない。女性の抵抗で、首席事務官は思いを遂げることができなかった。今度は、この首席事務官は目にいっぱい涙を浮かべ、「ほんとうに済まない。僕の将来のことがあるから、今日のことは黙ってて欲しい」と哀願した。出向職員は「もういいです」と言って、部屋のドアを蹴《け》って出てきた。

この首席事務官は、その後、モスクワの日本大使館に勤務している。この手の輩《やから》が、ロシア娘に襲いかかる蓋然性《がいぜんせい》はかなり高い。その場合、ロシアの秘密警察の触手が伸びる。

ロシア語のキャリア職員には、なぜかセクハラ大魔王のような人物が多い。そのうち幼児プレイを趣味とし、そのツケを政治家につけ回す猛者《もさ》（松田邦紀イスラエル大使館公使）や、この猛者とは敵対しているが、三味線の上手な芸者さんに惚《ほ》れ込んで、そのツケをやはり政治家に回していた要領の塊のような男（上月豊久ロシア大使館公使）については、武勇伝を鈴木宗男衆議院議員（新党大地代表）と筆者が実名で真相を明らかにしたことがあるので、それ以外の例をあげたい。

新入の女子職員に、ノンキャリアの職員が「今日、××ホテルのレストランで君の歓迎会があるから、午後7時に現地で待っていて」と伝えた。このノンキャリアは、首席事務官の子飼いなのである。レストランに行くと個室に通される。歓迎会なのに誰も来ていない。しばらくすると首席事務官がやってくる。ガバガバと大酒を飲み、自慢話をしながら、言い寄ってくる。新入省員は、状況がよくわからないので、ひたすら黙って耐える。支払いは、外務省の報償費（機密費）で落とす。筆者が、ロシア課の会計担当者から直接聞いた話だが、書類の上で、ある首席事務官は、在京ロシア大使館のガルシン参事官（仮名）と、高級レストランでほぼ1日おきに会食をしている。そのほとんどがプライベートか公務かよくわからない女性で、残りが新聞記者だ。この話を打ち明けてくれた事務官は、しばらくして外務省を去った。

セクハラ、パワハラ系の外務官僚は、悪評がたたないようにマスコミ対策には細心の注意を払う。記者が外国に出張するときは、現地の大使館に指示を出し、いかがわしい飲食店へ連れて行ったり、偽造領収書を作成して、記者に便宜を図る。脇《わき》の甘い記者が多いので、こうして外務省の罠《わな》に落ちる。ひとたび外務官僚と「黒い友情」で結ばれた記者は、一生、その関係から抜け出すことはできない。

さて、レストランで新入省員にさんざん猥褻《わいせつ》なことばを吐き、身体《からだ》にさわった首席事務官はその後、どういう行動をとったのだろうか。レストランがあるホテルには部屋をとってあり、「俺と親しくしておけば、将来、人事や処遇において優遇する」という話をもちかける。事実、首席事務官の要請に応じて、親しくなると、人事で優遇されることもある。ちなみに女衒《ぜげん》のような役回りを演じているノンキャリア職員には、食事代を報償費につけ回すことができるおこぼれが流れる。

これは、ロシア語のキャリア職員ではないが、ある首席事務官が、研修生（外交官試験に合格した新入省員）に対して行った伝説の「セクハラ研修」がある。その首席事務官は、「英語は現地の映画を見ながら勉強すると上達が早い。仕事が終わった後、僕が指導してあげる」といって、夜、遅い時間まで研修生を残す。誰もいなくなり、2人になる機会を首席事務官は待っているのだ。いよいよ2人になった。ビデオが映し出された。それは外交官の荷物に対する検査がないことを悪用して持ち込まれたハードコア・ポルノ映画だ。だいたいポルノ映画にでてくる英単語は50語くらいで、それも「アハン」、「ウー」というような外交官の仕事には役立たないものばかりだ。この首席事務官の机とキャビネットにはこういうポルノ・ビデオが満載されているということで有名だった。

ノンキャリアの外交官（専門職員）は、採用時点で半数が女性だ。こんなセクハラ、パワハラ文化が横行しているのでは、仕事をやる気にならない。事実、外務省のセクハラ、パワハラ体質に嫌気がさして辞めていく職員は少なくない。あるとき筆者は信頼する上司に、「このままじゃまずい。セクハラ、パワハラ体質の首席事務官を退治しないと組織の力が落ちる」と進言したことがある。

その上司は、「いや、以前からセクハラはいつも外務省では権力闘争に使われます。僕も、昔、若い職員にちょっと言い寄ったことが、反対派から、未《いま》だに攻撃の材料に使われています。もっと別の切り口から攻めたほうがよい」と言われた。筆者の良心に誓って、その上司は、相手が嫌がるようなことはしない人物だが、確かに脇は甘いところがあった。

実は、キャリア職員のセクハラ、パワハラを抑えるのに大きな役割を果たしたのが鈴木宗男氏だ。鈴木氏には北方領土問題を解決するという大きな野心があった。その野心は、日本の国益にも合致するので、悪いことではない。この目的を実現するために外務官僚の能力を徹底的に搾《しぼ》り取ろうとした。その過程でキャリア職員のセクハラ、パワハラ体質が障害になってくることに気づいた。そして、問題職員に徹底的に厳しい指導をした。その様子を見ていた女子職員やノンキャリアの専門職員たちが、セクハラ、パワハラの実例を鈴木氏に報告するようになったのだ。それに加えて、人事抗争でライバルを蹴落とそうとするキャリア職員が、セクハラ、パワハラに関する具体的情報をもたらす。鈴木氏は、独自のネットワークで、情報を精査する。鈴木氏は、冗談半分で「外務省閻魔帳《えんまちよう》」とマジックで書いた大学ノートを作っていた。東京地方検察庁にこのノートは押収《おうしゆう》されてしまったろうが、鈴木氏の頭の中に情報はきちんと記憶されている。

ロシア政府の美人参事官の言葉をもじるならば、「日本の外務官僚の世界は、外界から遮断されているので、外部では到底、通用しないようなことが平気で行われている」というのが実態だ。もっとも現在も筆者のところに外務省内部からさまざまな情報が寄せられてくる。よく精査した上で活用したいと思っている。スキャンダリズムを活用して、セクハラ、パワハラの実態を明らかにすることで、外部から遮断された伏魔殿外務省の壁にヒビを入れることがかろうじて可能になる。そして、それが真の外務省改革に貢献するからだ。

「新潮45」２００９年2月号掲載

空飛ぶ密輸便

反ソ出版物と聖書とヌード雑誌

ソ連時代、モスクワを往来する国際線の航空機は、すべてシェレメチェボ第2空港を用いた。この空港はひどく薄暗く、空港を歩いているだけで気が滅入《めい》ってしまう。しかも、入国手続きに3時間くらいかかるというのが普通だった。なぜそのようなことになるのだろうか？ まず、緑色の帽子を被《かぶ》ったKGB（ソ連国家保安委員会＝秘密警察）による入国審査を受ける。窓口が2つか3つしかあいていないので、ここで30分かかる。その後、ターンテーブルに荷物が出てくるまでに1時間くらいかかる。それから、最難関が待っている。税関検査だ。レントゲンに荷物を通し、不審物が入っていないかチェックする。同時に、税関申告書に外貨をいくら持ち込んだか、記入し、税関のスタンプをもらう。このスタンプがないと、ソ連から出国するときに外貨を没収されてしまうことがある。

ソ連時代、不審物としてもっとも警戒されたのは反ソ出版物だ。パリ（フランス）の

YMCA出版、フランクフルト・アム・マイン（西ドイツ）の「ポセーフ」出版など老舗《しにせ》の反ソ出版社がある。ちなみに、ポセーフ（Посев）とは、ロシア語で〝種まき〟の意味で、ソ連に反共活動の種をまくという意味だ。こういう出版社が出したロシア語の出版物をもっていると確実に没収され、始末書を取られる。複数部数もっていると、反ソ出版物の配布が目的であると判断され、入国を拒否され、「いま乗ってきた飛行機で出発国へ帰れ」ということになる。

次に危険視されていたのがロシア語の聖書だ。聖書は禁書ではない。1部だけならば、本人使用ということで持ち込みが認められるが、複数部数だと「投機行為（闇《やみ》販売）」目的として没収される。聖書は、闇で労働者の1カ月の給与を超える高値で取り引きされていたので、税関の理屈も一応たつ。また、西側のヌード雑誌も猥褻物として没収される。ただし、聖書やヌード雑誌は、ロシア語の反ソ出版物とは異なり、始末書を書かされることはまずない。それは、税関職員が没収した聖書やヌード雑誌を闇で販売して小遣い稼ぎをしているからだ。

日本人でこのようなロシア語の反ソ出版物や聖書を持ち込もうとして、税関とトラブルを起こした者は、筆者が承知する範囲では、1人もいない。ヘアヌードが掲載された日本の週刊誌が没収されることはときどきあったが、知恵を働かして、ヌードのページだけを切り取って税関職員に渡せば、週刊誌自体は持ち込むことができた。税関職員は、ヘアヌード・グラビアをマフィアに売る。マフィアが白黒カメラで撮影して、「エロ写真」を量産し、闇で販売するのだ。40年くらい前の熱海《あたみ》駅前で、「お兄さん。いい写真がありますよ」といって、ポルノ写真を売りつけていたアンチャンと同じような商売を、ソ連時代のマフィアは行っていた。

不審物はプラスチック爆弾!?

税関検査で、日本人が引っかかった印象深い事例がある。1980年代後半のことだ。ゴルバチョフ・ソ連共産党書記長が進めたペレストロイカ（改革）政策の負の側面として、民族紛争が深刻になっていた。特にアゼルバイジャン領内にある住民の大多数がアルメニア人であるナゴルノ・カラバフ自治州のアルメニア移管問題を巡って、多数の死傷者が発生する衝突が生じていた。フランス、シリアなどにソ連からのアルメニアの分離独立を要求する過激な亡命アルメニア人の団体が存在する。これらの団体から武器や資金が持ち込まれることをソ連当局は警戒していた。

モスクワに長期滞在するある日本人（商社員か記者であったかについては、あえてぼかす）のスーツケースをレントゲンに通すと奇妙な画像が映った。乾電池にリード線がつき、それがプラスチックのようなものとつながっている。プラスチック爆弾と思われる十数本のリード線つきの機材がこの日本人のスーツケースには潜んでいる。税関職員は緊張し、ＫＧＢを呼んだ。日本人は最初、荷物検査に抵抗した。しかし、税関職員が「職権によって検査する」と強気で言うと、しぶしぶトランクの鍵《かぎ》を開けた。スーツケースには、大きなペニスの形をしたバイブレーターが入っていたのである。ソ連にはバイブレーターがなかった。そこで、税関職員はプラスチック爆弾と勘違いしたのである。

この日本人は、ロシアの金髪娘を、１度に数名、外国人住宅（ＫＧＢの監視下にある）に連れ込んで酒池肉林を行うことで有名な人物だった。そこでのゲームのために、東京に出張した機会に大量のバイブレーターを入手したのであった。

筆者は、税関職員から「あの男はイチモツがついているのに、バイブレーターを持ち込んで何かいいことがあるのか」と問われ、返事に窮したことがある。ちなみにわがモスクワの日本大使館員にも、バイブレーターや、ヨーロッパで出ているまさに挿入シーンが映ったエロ本やビデオを持ち込む者がいた。筆者は、バイブレーターやエロ・グッズではないが、大量の反ソ出版物やロシア語の聖書や宗教書を持ち込んだ。ソ連の法令を守らなかったという点では、エロ系の密輸者と同罪だ。外交官の場合は、外交特権がある。荷物を検査されることがない。それだから、バイブレーター、エロ本、ロシア語聖書などを堂々と持ち込むことができるのだ。

もっとも気を許してはいけない。スーツケースや段ボール箱を機内に預けておくと、ＫＧＢが荷物を移動する際に「壊れて」しまい（もちろん自然に壊れるのではなく、ＫＧＢが

「壊す」のだ)、中に入っていたポルノ・ビデオやエロ本が飛び出してしまうことがある。禁制品は禁制品だ。日本の外交官がソ連の法令に違反したと油を絞られることになる。

問題が生じるのは入国のときだけでない。出国時も気を抜けない。かなり前のことだが、モスクワの日本大使館に勤務していた学者さん(外交特権をもっている)が、帰国する際に禁制品のイコン(聖画像)をシベリア鉄道便で持ち出そうとした。ところが、その貨物が「盗難」に遭った。ソ連の警察が盗賊を捕まえると、国外持ち出しを厳禁されているイコンのみならず、日本大使館の極秘、秘密の印が押された公文書のコピーがたくさんでてきた。KGBはこれらの文書をあえてモスクワの日本大使館に返還した。「われわれの手に日本の秘密文書が入ったぞ」ということを誇示するためである。この文書の中には公電(外務省が公務で用いる電報)の写しも含まれていた。公電には、発信時刻が書いてある。ソ連当局が、その時刻に日本大使館から東京の外務本省に向けて発信された信号を記録していれば、学者さんの公電の写しと付き合わせて、暗号を解読することも可能だ。これほどの大事件が起きたにもかかわらず、外務省は事実関係を隠《いん》蔽《ぺい》した。筆者も事情を知らずに、この学者さんと親しくしていたが、あるとき大使館幹部に呼び出され、事情の詳しい説明を受け、「この人はKGBと面倒な関係があるので気をつけろ」と言われた。この学者は、反共系の北方領土問題専門家として、一昔前まで大いに活躍していた。表面上の「反共」という看板に騙《だま》されてはいけない。ソ連当局に弱味を握られた学者は、左翼だけでなく保守陣営にも多い。

「魔法の袋」

さて、外交官がほんとうにヤバイものを運ぶときは、外交行嚢《こうのう》（パウチ）を使う。パウチは鑞《ろう》で封印がなされ、外交伝書使（クーリエ）という特別の身分をもつ外交官が携行する。大使館や外務本省が「この者はクーリエである」という公文書を発行する。このパウチは国際法で厳重に保護された「魔法の袋」で、何が入っていても強制検査をすることができない。通常は、ボストンバッグに公信（外務省で公務で用いる手紙）を入れてやりとりする。もっとも電信の機材を運ぶときは、飛行機に預けるとソ連側に何を仕掛けられるかわからないので、100キロを超える機材を数人の外交官がクーリエになって機内に持ち込んで運ぶこともある。パウチには、外交の公務で用いる物以外は、入れてはいけないことになっている。文書担当官が封印、開封をすることになっているが、こんな規則を遵守《じゅんしゅ》する文書担当官を筆者は見たことがない。個人的に用いるカネやエロ本などが、パウチに入れてやりとりされることがごく普通に行われている。

ソ連時代、モスクワの日本大使館では、組織的に密輸が行われていた。モスクワの日本大使館は住所を2つもっていた。1つは、モスクワのカラシュヌィ通りにある実態の住所だ。2つ目の住所は、スウェーデンにあった。ストックホルム・ゲルデスガータンの日本大使館の住所を書く。そして、「Embassy of Japan（日本大使館）」の後に「M.」と書く。そうすると郵便物や荷物は、パウチを使ってモスクワに運ばれることになる。

毎週、月曜日の夕刻にシェレメチェボ第2空港を出発するSAS（スカンジナビア航空）にモスクワの日本大使館員が2人乗りこむ。公務出張であるにもかかわらず、夫人や家族を同伴する者も多い。そして、ストックホルムの高級ホテルに4泊滞在し、金曜日の昼過ぎのSASでモスクワに戻るのだ。公務出張だから、往復の航空運賃と宿泊費、日当が出る。もちろん家族の航空運賃は負担しなくてはならないが、大使館内の裏金秘密組織「ルーブル委員会」で作った闇ルーブルで支払うので、正規料金の4割で切符を買うことができる。家族を連れて高級ホテルに泊まり（外交官なので一般客よりも4割くらい値引きしてくれる）、観光と食べ歩きをしても宿泊費、日当で十分賄《まかな》うことができる。スウェーデンの日本大使館にある公文書と、本来運んではいけない私用の手紙や荷物を回収して、運搬するだけならば、1泊で用事を済ませることができるが、あえて4泊もするのには理由がある。第1は、大使館員が事実上の休暇をとることだ。そもそも公務出張に家族を同伴させるなどという公私混同が許されていいはずがない。国民の税金で休暇を楽しんでいるようなものだ。ただし、当時の筆者は、外務省の文化しか知らなかったので、それが当たり前だと思っていた。いまでは深く反省している。国民のみなさんに公私混同をお詫《わ》び申し上げる。その反省の気持ちから、真実を記しているのだ。

第2は、ソ連の法令で持ち込みが禁止もしくは制限されている外貨、生鮮食料品、冷凍食品などを密輸する仕事がある。当時、モスクワの大使館員は、ストックホルムの銀行に個人口座をもっていた。給与はスウェーデン・クローネ建てで、そこに振り込まれるのだ。裏金秘密組織「ルーブル委員会」から購入した闇ルーブルの決済もこの口座で行われる。モスクワの大使館員は、全員が闇ルーブルを使って生活しているのに、外務本省に報告するモスクワの物価は公定レートでなされている。2・5倍の水増しをしているわけだ。突き詰めて考えれば、これは詐欺《さぎ》か横領に該当すると思う。大使館の公金口座もストックホルムの銀行にある。公務で使うドル、スウェーデン・クローネ、日本円のみならず、大使館員が個人的に用いるこれらの通貨や、投機目的で購入するドイツ・マルクや英ポンドなどもパウチに入れて運ぶのだ。

さらに生鮮食料品や冷凍食品、日本食材は、モスクワの日本大使館員ならば「ツケ買い」ができる業者がストックホルムに3つあった。モスクワの大使館には、注文用紙があり、それに書いておく。クーリエ担当者が、店を訪れ、注文票を渡す（面倒なときはホテルのフロントに預けて取りに来てもらう）と、出発の日の朝にきれいに梱包《こんぽう》して届く。白か薄茶色の紙にくるまれて「Japanese Embassy in Moscow, Official（モスクワ日本国大使館、公用品)」と書かれている。この中の95%は私物なのだが、立派な公用品に見える。そして、税関、検疫《けんえき》をすべて逃れるのだ。東京の外務本省に対しては、「モスクワでは日本食品が手に入らない。新鮮な野菜を入手するための支出が膨大だ」などという実態から掛け離れた報告を行い、実際はおいしいカリフォルニア米を、送料込みで日本の米の値段の半額くらいで買う。日本では100グラム2000円以上する牛肉の霜降りも700円くらいで買うことができる。野菜や果物も日本並みの値段で、ストックホルムの魚市場では、シャケ、ヒラメ、甘エビなどを安価で、マグロも大西洋産のものを日本と同額で買えた。冷凍食品の餃子《ギョウザ》、焼売《シュウマイ》、ハンバーグ、カップ麺《めん》や日本のせんべいやチョコレートも日本の価格の約2倍で購入することができた。実は、モスクワの日本大使館員は、東京の公務員宿舎に住んでいるときよりも遥《はる》かに高級な食材で日本食を楽しんでいた。それだから、モスクワを訪ねてくる知り合いが土産でもってくる食材で人気があったのは、ミョウガや大葉など、ストックホルムで入手不可能な野菜に限られていた。

政府専用機を使った〝犯罪〟

しかし、クーリエを用いた密輸など可愛《かわい》いものだ。外務省はもっと本格的な密輸を行っている。もっともこのような密輸を行っているのは日本だけではない。同じようなことをしている国があるそうだ。4月5日に平和利用の通信衛星「光明星2号」を乗せたロケット（ミサイル）を打ち上げたが、衛星を軌道に乗せることに失敗した偉大な朝鮮民主主義人民共和国（北朝鮮）だ。筆者が、エフライム・ハレビー氏（ヘブライ大学教授、元モサド［イスラエル 諜報《ちょうほう》特務庁］長官）から直接聞いた話である。1992年末、当時、モサド副長官をつとめていたハレビーが密《ひそ》かに平壌《ピョンヤン》を訪問したことがある。ベルリンのシェーネフェルト空港（旧東ドイツの国際空港）から、朝鮮民航（現・高麗《コリョ》航空）のIL（イリューシン）62型機がモスクワ経由で平壌を往復している。IL62は、1960年代前半に開発されたソ連機だ。エンジンが尾翼の下に4つついている長距離飛行に適した機材だ。この飛行機は、北朝鮮で金正日《キムジョンイル》一族のための資金を獲得し、物資を調達する「第2経済委員会」に属していると言われている。ハレビー副長官にはファースト・クラスの座席が用意された。飛行機に乗ってビジネス・クラス、エコノミー・クラスをのぞくと人間は数名で、座席には段ボール箱や木箱に詰められた貨物が満載されていたということだ。ハレビー氏は、「佐藤さん、金日成《キムイルソン》（当時は存命であった）が必要とする物資はこの飛行機で運ばれているんだ。空飛ぶ密入国、密輸便だ」と言っていた。

その話を聞いて、筆者は日本の政府専用機やチャーター便に乗せてモスクワから、いろいろヤバイ物を運んだときのことを思い出した。

政府専用機は航空自衛隊が管理しているボーイング747だ。総理の外国訪問にはこの飛行機を用いる。外務大臣や元総理の場合は、商用便で都合がよい便があればそれを用いるが、そうでないときは日本航空か全日空、きわめてまれに外国の航空会社の飛行機をチャーターすることがある。

実はこのときは、超過手荷物料金を心配せずに大量の荷物や、ソ連（ロシア）から持ち出しを禁止されているイコン、絵画、絨毯《じゅうたん》、年代物のサモワール（湯沸かし器）、また正規の輸出許可をとらなくては持ち出すことができないキャビア、骨董品《こっとうひん》（たとえばドイツのマイセン磁器）などを持ち出す絶好のチャンスなのである。

総理、元総理、外相などがモスクワを訪問するときに、大使館には「荷物班」という特別のグループが設けられる。それを統括するのは大使、次席公使に次ぐ、大使館ナンバー3の総括公使である。外務省ロシア課の気付にして、大使館員からイコン、サモワール、絵画などが荷物班に持ち込まれる。それと同時に、大使館の会計班に「市内で大量のキャビアを買い付けるように」という指令が降りる。筆者の経験では300個くらいキャビアを購入することがよくあった。輸出用のキャビアは、1オンス（約28グラム）で、当時5000円くらいした（現在は、キャビアの親であるチョウザメの捕獲が全面禁止されているので、油漬けで保存されたあまり質のよくないキャビアでも1オンス3万円くらいする）。それをモスクワ市内の「オケアン」では定価1000円くらいで購入できた。オケアン（океан）とは、ロシア語で〝海洋〟の意味で、海産物を販売する魚屋はだいたい「オケアン」という名だ。しかも闇《やみ》ルーブルで購入するのだから、実際は400円くらいで購入できる。政治家はキャビアをお土産としてとてもよろこぶし、また官僚も有力政治家にキャビアを手土産に運ぶと覚えが目出度《めでた》くなる。4オンス入りの瓶詰めキャビアが好評だ。空港の免税店で輸出許可を得たものだと2万円くらいするものが、大使館を経由すれば4000円で購入できるのだから、政治家からは「是非頼む」ということになる。もっとも大使館としては建て替えた顔をしながら、実際は闇ルーブルで購入するので、1個あたり1600円で買うことができる。差額2400円は、会計班もしくは買い物を担当した職員がポケットに入れることもある。300個ならば72万円の利潤が発生するわけだ。こういうちょっとした小遣い稼ぎも大使館員の役得なのである。

政府専用機やチャーター便であっても、一応、税関検査を受けなくてはいけないという建前になっている。この税関検査をフリーパスにする「簡易通関」という魔法がある。

簡易通関とは、公務に関係するので通関手続きを早くしてくれというお願いで、口上書という文書を書く。その書式は次のような仰々しい書き出しで始まる。

「在ソヴィエト社会主義共和国連邦日本国大使館は、ソヴィエト社会主義共和国連邦外務省に対して敬意を表するとともに、19××年×月×日にモスクワに入国し、同年同月×日にモスクワから出国する〇〇〇〇日本国外務大臣に随行する以下の者に対する簡易通関の便宜を供与することを拒否しない旨《むね》要請する光栄を有する」

そして、氏名とパスポート番号を書き、末尾にこう書いて大使館の公印を押す。

「この機会に在ソヴィエト社会主義共和国連邦日本国大使館は、ソヴィエト社会主義共和国連邦外務省に対して深甚《しんじん》なる敬意を表する」

外交の世界の常識で、簡易通関の要請が拒否されることはまずない。これで事実上フリーパスで禁制品の搬入出ができる。もちろんソ連（ロシア）の大統領や外務大臣が訪日するときは、東京で日本政府も同様の簡易通関の便宜をソ連（ロシア）に対して与えている。外交官の世界では、国益が敵対する国家間でも、ある限度までは相互に密輸を認め合うという文化があるのだ。

外務省「密輸班」を監視せよ

こういう文化の中で、筆者自身も密輸に従事したことがあるので、その事実を告白し、国民のみなさまに謝罪する。本連載第2回「外交特権を濫用《らんよう》した蓄財の天才たち」（「新潮45」2008年12月号掲載。本書162～177頁《ページ》参照）で、陸軍中野学校出身の社会活動家・末次一郎氏（故人）が、シェレメチェボ第2空港から出国する際に、年代物の金色の燭台《しょくだい》を持ち出そうとしたことがハイジャック検査によって発覚した話を披露した。172頁から177頁では、〈結局、この燭台はどうなったのであろうか。無事、末次氏の東京の事務所にとどけられた。しかし、その手法についてはまだ言えない。もちろん筆者はこの燭台の持ち出しに深く関与している〉と述べるにとどめた。

真相はこうだ。1996年4月、モスクワで行われた原子力サミットで、橋本龍太郎総理がロシアを訪れた際の政府専用機に積み込んだのである。そして、ほとぼりを冷ますために、3カ月ほどしてから永田町の末次一郎事務所に燭台をとどけた。

筆者は、末次氏から、

「あんた。うまく持ち出したな。だんだん知恵がついてきたな」

と「お褒め」の言葉を頂いた。

毎年、総理の外遊で政府専用機が何度か飛ぶ。訪問先の大使館ではいずれも「荷物班」が設けられるが、その実態は「密輸班」だ。政府専用機ですら、「空飛ぶ密輸便」として用いるのが外務官僚なのである。外務省の公金横領やセクハラ、パワハラの実態について、最近、筆者は官能小説仕立ての『外務省ハレンチ物語』(徳間書店)を上梓《じょうし》した。伏魔殿外務省の世界しか知らないと、犯罪行為に手を染めても違法性認識を全くもたなくなる。マスメディアが政府専用機に現地大使館から何が積み込まれるかを監視することは、伏魔殿外務省からの「悪魔祓《ばら》い」に貢献することになると筆者は信じる。

「新潮45」2009年5月号掲載

外務官僚の語学力

100万円以上が動く麻雀《マージャン》賭博《とばく》

外務官僚は、「態度が尊大である」と批判されても屁《へ》とも思わない。難しい試験に合格して外交官になったのだから、尊大なのは当然だと考えている。また、在外公館（大使館、総領事館、政府代表部）に勤務すると本俸をはるかに上回る在外手当という「第2給与」（モスクワに勤務する50歳くらいの公使で月に約80万円）をもらっていることを批判されても、「われわれはエリートだから、金銭面で優遇されるのは当然だ」としか考えない。この第2給与は、経費という扱いであるにもかかわらず、精算義務がない。また、第2給与を貯《た》め込んで、日本に持ち帰っても、課税されることもない。税制上の特別扱いを受けているからだ。外務省では、株や先物などの投資を行っているのではないにもかかわらず、億単位の蓄財をしている職員は、そこら辺にごろごろいる。また、金銭感覚がおかしくなってしまい、一晩に100万円以上が動く賭《か》け麻雀を行う職員も珍しくない。モスクワの日本大使館は、一時期、大使公邸が常設賭場のようになっていた。

２００１年１月に元外務省要人外国訪問支援室長の松尾克俊《かつとし》氏による億単位の公金横領疑惑が発覚した。同年３月１日、松尾氏は詐欺《さぎ》容疑で逮捕された。２００２年３月、東京地方裁判所は、松尾氏に懲役７年６月の有罪判決を言い渡した。松尾氏は、控訴《こうそ》せず、服役した。

筆者のところに、複数の信頼できる筋から入ってきた情報によると、２００８年に松尾氏は仮釈放になり、現在は日本国内の某所でひっそり暮らしているという。

筆者は、２００９年６月初め、警視庁捜査２課の警部として、松尾氏を取り調べるチームの責任者をつとめた萩生田勝《はぎうだまさる》氏と意見交換する機会があった。そこで、外務省の麻雀の話が出た。

――松尾さんの麻雀は外務省内で有名でしたけれど、萩生田さんが取り調べたときにその話は聞こえてきましたか。

「聞いた覚えがあります。そうそう借用書が出てきた」

――麻雀の借用書が出てきたんですか。

「最初は、何の借用書かわからなかったので、借用書を書いた人を呼んで話を聞きました。それで麻雀の借用書だということがわかったのです」

――どれぐらいの金額でしたか。数百万円でしたか。

「数百万円だったと思う。いや、もっと大きな金額もありました」

――当時、外務省の麻雀には、自民党レートと、社会党レートと呼ばれる2つの賭け方がありました。社会党レートは、世間で、普通のサラリーパーソンがやっている数万円単位のカネが動く麻雀です。これに対して自民党レートだと一晩に100万円以上が動く。

「完全に賭博ですね」

――それで、負けが込むと、給与がよく、遊びで浪費する場所がないアフリカの大使館勤務を希望します。それで、松尾氏に対して借金を返済していくんです。

「大きな金額の借用書なので、内閣官房報償費（機密費）が流れているかと思って調べたのですが、麻雀の借金ということでした」


それにしても、数百万円の借金をすることなど、公務員はもとより、通常のサラリーパーソンの社会通念からも掛け離れている。しかし、筆者も現役外交官として、あの会社（霞が関の官僚は、くだけた雰囲気で話すときは、自分の役所を〝会社〟とか〝わが社〟という）に勤務している頃は、麻雀で数百万円が動くのは当たり前と思っていた。筆者自身は麻雀をしたことはないが、ルーレットや花札で、大使館の同僚と数十万円単位の賭け事はときどき行っていた。刑法で禁止された賭博行為をしたことを深く反省し、国民のみなさまにお詫《わ》び申し上げる。

いずれにせよ、このような金銭感覚だから、「お前たちは、特権に安住し、蓄財をしているではないか」と非難されても、外交官試験に合格した自分の能力が金銭面でも高く評価されているに過ぎないという意識から外務官僚は抜け出せないので、国民の税金を無駄遣いしているということが自覚できないのだ。

こういう話をすると、外務官僚にいかなる批判をしても、「カエルの面《つら》に小便」のような状態で、効果がないと思われそうだが、そうではない。外務官僚が触れられるのを嫌がるテーマがある。それは、外交官としての能力をめぐる問題だ。特に語学力に関して、外務官僚は全般的に強い劣等感をもっている。従って、そこに触れると怒り出す。

ここで駐露大使の人事を見てみよう。

1991年12月のソ連崩壊後の大使は、枝村純郎《すみお》氏（スペイン語）、渡邊幸治氏（英語）、都甲《とごう》岳洋《たけひろ》氏（ロシア語）、丹波實氏（ロシア語）、野村一成《いっせい》氏（ロシア語）、齋藤泰雄《さいとうやすお》氏（フランス語）、河野雅治氏（英語）だ。括弧内は研修語学である。

外務省は、毎年2、3人、キャリア職員にロシア語を研修させている。もちろんそれは将来、駐露大使になることを想定して行われているものだ。そのために、現在の貨幣価値で2000万〜3000万円の経費が支出されているはずだ。それにもかかわらず、ロシア語を研修した幹部職員で、通訳なしで外交交渉を行うことができる幹部職員はきわめて少ないのである。

一例をあげよう。渡邉幸治氏と同期で、新井弘一《ひろかず》氏というロシア語研修の外務官僚がいた。東ドイツ大使、大阪大使（関西財界と外務省をつなぐための顔で、在外の大使人事にポストがないときにつとめる。現在は関西大使と呼ばれている）、フィリピン大使を歴任して退官し、現在は国策研究会の理事長をつとめている。陸軍幼年学校時代からロシア語を学び、東京外国語大学のロシア語科を卒業した。外務省でもソ連畑を歩んできた。1973年10月にモスクワで行われた田中角栄首相とブレジネフ・ソ連共産党書記長の会談に東欧第1課長（ロシア課長の前身）として同席した。このときの記者会見で、新井氏が泣いた話は、外務省内部で有名だ。当時、モスクワで駆けだし外交官だった東郷和彦氏（元外務省欧州局長、京都産業大学客員教授）はこう記す。

〈まず、共同声明の中に「第二次大戦の時からの未解決の諸問題」という表現が入ったこと。また、最終会談の場で田中総理から「この問題には四つの島の問題がはいることを確認したい」と述べたのに対して、ブレジネフ書記長はまず「ヤ・ズナーユ（私は知っている）」と答え、さらに総理が迫ると、二回目に「ダー（はい）」と答えたこと。担当の新井弘一東欧第一課長が、記者ブリーフで、ついに国後《くなしり》・択捉《えとろふ》が日ソ間の議論の対象であることをソ連側に認めさせたと涙を流したこと、などである。〉（『北方領土交渉秘録 失われた五度の機会』新潮社、2007年、93頁）

まず、筆者は公務の遂行にあたって涙を流すような官僚を尊敬しないし、信用しない。比較的最近でも、2002年9月26日の国会で、田中均《ひとし》アジア大洋州局長（当時）が北朝鮮による拉致《らち》問題に関して、答弁したときに泣き出したことがある。〈多くの（引用者註＊拉致被害者の）家族が「八人死亡」を前提にした政府の対応への不満を募らせている。田中均アジア大洋州局長が同日の国会答弁で涙を流したとの話を聞いた家族の一人は「事実関係をきちんと確認もせず、涙が出るのが分からない」とため息をついた。〉（2002年9月27日付神戸新聞電子版）と報じられた。筆者は、どのようなことがあっても動じずに鉄仮面のような顔をして職務を淡々と遂行するのが官僚の職業的良心と考える。国会答弁や記者会見で涙を流すのは、情緒が不安定な証左で、肯定的評価を与えるべきでない。

ブレジネフ書記長が、未解決の諸問題に4つの島の問題が入ることを口頭で確認したならば、それを紙にする努力を新井氏たちはすべきだった。この点の詰めが甘いから、後にソ連側に「そんなことは言っていない。ソ日間に領土問題はない」と開き直られてしまったのである。もっとも記者会見で泣き出すような情緒不安定な人間に、タフネゴシエーターのソ連外交官と交渉することなどできない。その後、新井氏は欧亜局長、条約局長、ロシア公使、ロシア大使など、北方領土交渉に従事するポストに就かなかった。当時の外務省幹部は、新井氏の能力の限界を適確にとらえていたのであろう。

日本の恥

筆者は、1991年9月に新井氏と一緒に沿バルト3国（リトアニア、ラトビア、エストニア）を訪問したことがある。10代半ばからロシア語を勉強しているので、さぞロシア語に堪能《たんのう》だろうと思っていたが、ホテルや列車の中での必要最低限のやりとりすらできないほどのお粗末なロシア語力だった。ちなみにエストニアで宿泊したホテルは、ソ連体制の実効支配が及ばず、エストニアの新政府も治安維持を確保する能力がないので、地場のマフィアが取り仕切るような状態になっていた。ロビーには売春婦があふれていた。新井氏は、「ここはエストニアではなく、セックストニアだね」などといって御満悦だったが、ロシア語が不自由なので、女性たちとの意思疎通《そつう》ができない。そこで、筆者が通訳をやらされた。このとき新井氏は日本政府代表の肩書きで沿バルト3国を訪問していた。政府代表という高いレベルの人物と売春婦との通訳をした経験は、筆者の外交官生活のなかで、新井氏の事例だけである。

ところで、専門語（新井氏の場合、ロシア語）はできないが他の外国語なら抜群にできるという外交官を、筆者はひとりも見たことがない。新井氏の英語は、意思疎通には支障がない。しかし、ラトビアの外務大臣との会談で、国名を何度も間違え、Lithuania（リトアニア）と繰り返すので、最後に先方が「失礼ですが、政府代表閣下、わが国はLithuania（リトアニア）ではなくLatvia（ラトビア）です」とたしなめる場面があった。会談記録は、新井氏と外相の発言を正確に記すことになっているが、この部分は、日本の恥だと思ったので記録から排除した。2021年に外交文書が公開になるときに、この記録も出てくるであろうが、記録だけを見て会談が円滑に行われたように取られたとしても、真実は異なる。あれほど恥ずかしい会談はなかった。

新井氏から、過去の思い出話をいろいろ聞かされた。香港《ホンコン》総領事館に勤務していたときの話だ。

「俺は香港に勤務しているときに中国語を習得するか、毛沢東《もうたくとう》選集を日本語で読むか、悩んだんだ。それで、毛沢東選集を全巻読むことにした。それだから、中国情勢の分析でチャイナ・スクール（外務省で中国語を研修した外交官）の連中以上に正確な分析をした」

何をもって「正確な分析」というのか、筆者にはよくわからなかったが、詰めて聞いても説教をされるだけと思ったので、「そうですか。すごいですね」といいかげんな相づちを打っておいた。ただし、この話を聞きながら、新井氏は、外国語と本気で格闘したことがないという印象を筆者は強くもった。新井氏が香港で勤務した当時、毛沢東選集は4巻までしか出ていなかった。通常の読書スピードなら1カ月で読了することができる。他方、中国語を実務に耐えるレベルまで習得するには、語学の筋がよい人間でも

2年はかかる。中国語の習得とわずか4冊の本を日本語で読むことを天秤《てんびん》にかけられるという新井氏の発想が頓珍漢《とんちんかん》である。こういうロシア語ができず、従って、人脈ももたず、ロシアに関する知識がほとんどない外交官が、退官後は対露強硬派になる。新井氏も、論壇の素人《しろうと》さんたちに、田中・ブレジネフ会談を高く売り込んで、4島一括返還という日本政府が1991年秋におろした旗を、一生懸命振っている。それで現実の北方領土交渉が動かないことが理解できないのだ。ロシア語の新聞を読むレベルの語学力があれば、ロシアの現状をもう少し正確に受け止め、外交の文法に嚙《か》み合う提言をできるであろうが、それを新井氏に期待しても無駄だ。

新井氏ほどひどくはないが、現役でも、ロシア語がよくできないロシア・スクールの幹部外交官が少なからずいる。ユジノサハリンスクの総領事になったある幹部職員（もちろんロシア・スクールのキャリア）が、レセプションにおいてロシア語でスピーチをした。すると横にいるロシア人からこう言われた。

「申し訳ございませんが、総領事の話を、要旨だけでいいので、ロシア語に訳してもらえないでしょうか」

「総領事は、ロシア語を話しているつもりですよ」

「驚いた。てっきり日本語だと思った。そういえば、いくつかわかる単語がある」

このキャリア職員は、齋藤前駐露大使、河野現駐露大使と同じくらいの年次だ。このレベルのロシア語で領土交渉を行うことは不可能だ。それだから、ロシア語を研修したキャリア外交官が駐露大使になれない理由の1つに貧弱な語学力をあげてよいと思う。

もっともノンキャリアの専門家でもロシア語が実務で必要とされる基準に達していない者が少なくない。北方4島の現地においても、若手のロシア語専門家が国後島や色丹《しこたん》島《とう》の行政府関係者と交渉しているが、埒《らち》があかないこともある。「佐藤さん、この人のロシア語は意味がよくわからないので、通訳してください」と言われたことが何度もあった。

劣化を晒《さら》した「プーチン訪日」

これはいずれも10年近く前の話である。今は少しはましになっているのだろうか？　残念ながら、そうではない。むしろこの10年間に外務省のロシア語力は一層落ちている。2009年5月11〜13日のプーチン首相（前大統領）訪日でそのことが明らかになった。

例えば、ロシア首相府の公式HPに小泉純一郎元首相とプーチン首相の会談の冒頭部分が、ロシア語で記載されている。小泉氏の発言については、「通訳されたママ（как переведено）」となっている。要するに、「ここに掲げているロシア語は、通訳を通したもので、原発言がどうなっているか、よくわかりません」と留保しているのだ。

筆者の手元に、冒頭取材に参加した記者の録音に基づく12日に行われた小泉純一郎元首相の発言記録がある。それによると、小泉氏は次の発言をしている。

〈久しぶりにお目にかかれて、うれしく思っています。

今、プーチン首相の話が出て、私の総理時代、まだプーチン大統領のころ、日ロ行動計画、この協定に沿って、日ロ間の貿易量が増えてきたことを、喜ばしいことだと思っています。

それから、ロシアで行われたG８サミット、サンクトに、また6月、国際経済フォーラムに出席する話、ご招待いただいて、喜んでこのフォーラム、出席するのを楽しみにしています。

私は首相を辞めてね、非常に楽な立場ですが、プーチン首相は依然として首相で、大変重責を担《にな》っております。その活躍ぶりは、日本の報道機関でもよく見ています。

ロシアの60周年戦勝記念式典に出席して、雨雲を科学技術で追い出しちゃうというような話があったが、その技術は進んでいますか。〉

ロシア政府HPのロシア語を訳すと以下のようになる。

〈私は、われわれが再び会えたことをうれしく思います。

あなたが御指摘された通り、あなたさん、大統領の役職を占めたとき、おいら首相の役職（когда Вы занимали должность Президента, а я-должность Премьер-министра）、われらは一緒に戦略的行動計画を策定しました（мы вместе составили стратегический план действий)。

この文書に基づいて、関係は成功裏に発展し、その中には、あなたが御指摘された通り、われわれ両国の貿易量が増大していることも含まれます。

わたしは、ロシアにおけるサミット「Ｇ８」に出席したことを覚えています。そして今年、今年の６月に、経済フォーラムが計画されていて、まさにその行事に私は招待されています。

そこで私は喜んでこの招待を受諾します（И я с удовольствием принимаю данное приглашение）。

私に関しては、私は既に首相職を退いたので、より楽になりました。

しかし、あなたに関しては、いま非常に重要な役職を占めています（Вы и сейчас занимаете очень важную должность）。そして、私は、マスメディアにおいて、あなたの成功裏の活動について聞いています（И я слышал в средствах массовой информации о Вашей успешной работе.）。

私が、２００５年に、対独戦勝60周年に出席したとき、雨を降らせる白い雲を散らすためにロシア側が化学的手段を使ったことを覚えています（Я помню, что в 2005 году, когда я принимал участие в 60-й годовщине победы над Германией, российская сторона использовала химические средства для разгона дождевых облаков?）。

あなたのところでは、現在、そのようなテクノロジーが進んでいますか？〉

外交通訳は観光通訳ではない。大意が通じればよいと言うことではなく、小泉氏の発言が正確に伝わらなくてはならない。

1．まず、重要語について、小泉氏が述べていない言葉を付加してはいけない。

小泉氏は、「戦略的」という言葉を述べていない。ロシア語で「戦略的（ストラテギーチェスキー　стратегический）」という言葉は、政治的、外交的重要性を帯びている。原発言の行動計画に、「戦略的」を加え、〈われらは一緒に戦略的行動計画を策定しました〉とするのはよくない。

2．小泉氏の述べた言葉をできるだけ正確に訳さねばならない。

小泉氏は、〈招待を受諾します〉とは言っていないのだから、〈このフォーラム、出席するのを楽しみにしています〉と素直に訳せばよい。

また、小泉氏は、〈プーチン首相は依然として首相で、大変重責を担っております〉と述べているのだから、そのまま訳せばいいので、あえて「首相」という単語を落として、〈あなたに関しては、いま非常に重要な役職を占めています〉と意訳する必要はない。

「科学」と「化学」は同音なので、聞き違えたことは仕方ないが、「科学技術」を「化学的手段（химические средства）」という小泉氏が述べていない「手段」という単語に言い換えることもよくない。

3．ロシアの中学生が日常的に使うレベルの語彙《ごい》が習得できていない。雨雲にはロシア語でトゥーチャ（туча）という単語がある。それを通訳が知らないから「雨を降らせる白い雲を散らす（разгона дождевых облаков）」のような不思議な表現をする。

4．全体としてみて、ロシア語がこなれていないのである。

もちろん大意は通じている。しかし、発言のスタイルが、相手の心証にどういう影響を与えるかについての配慮が感じられない。例えば、この短いフレーズに、〈あなたが御指摘された通り〉が2回繰り返されるが、畳みかけているような印象が出てくる。また、〈現在、そのようなテクノロジーが進んでいますか？〉と小泉氏の原発言にない「現在」が付加されている。それが、「化学的手段」という意訳とあわさって、「現在、ロシアはいろいろな化学兵器を開発しておられるのですね」と示唆《しさ》している感じが出る。それから、「職に就く（занимать должность）」という語結合が奇妙な感じがする。いずれにせよ、大意は通じているが、文法的に不正確なロシア語を用いると、小泉氏が「変な言葉をしゃべる人」のように思われてしまう。

2000万の税金が無駄金に

日本外務省で通訳は、労力が多い割に、評価されず、たいへんな仕事だ。しかし、外交官は国民の税金で、ノンキャリア（専門）職員で2年間、キャリア職員で3年間、ロシア語の研修をしている。それには、給与、授業料、住宅手当など、少なく見積もっても1500万～2000万円くらいの経費がかかっている。

小泉元首相の通訳に充《あ》てられるのだから、この外務官僚は外務省の中ではもっとも優れたロシア語力をもっているのである。そうなると、通訳業務を担当する水準に達していない外務官僚のロシア語力はどれぐらいかと想像すると、背筋が寒くなる。このままだと通訳の技量不足のために、北方領土交渉で日本の国益を毀損《きそん》する事態が生じるのではないかと筆者は強い危惧《きぐ》の念を抱いている。対策をたてなくてはならない。

外務省において、ロシア語の能力だけが極端に落ちて、他の語学力は向上しているということはまず考えられない。英語、ドイツ語、中国語、東欧語にそれぞれ堪能な人々の話でも、最近の外務官僚の語学力低下は深刻であるという。

外務省に告ぐ。課長職以上の幹部外交官の語学力を、外部の専門家によって作成された試験でチェックせよ。そして、語学力が怪しい職員に中間研修を受けさせ、組織の基礎体力を強化せよ。

「新潮45」2009年7月号掲載

第4章「国家の罠《わな》」その後

ムネオ詣《もう》でを始めた外務官僚たち

「偉い人」の順番

9月17日の昼前に携帯電話が鳴った。液晶画面を見ると鈴木宗男衆議院議員（新党大地代表）なので、すぐに電話に出た。

「さっき民主党から外務委員長をやってくれないかという連絡があった。佐藤さんはどう思うか」

「是非、受けられたらいいです。そういえば、昨日の夜遅く、私の携帯の留守電に『民主党筋が、鈴木さんには外務委員長を受けてもらおうと思うという情報を流していますが、佐藤さんは何か聞いていませんか』という政治部記者からのメッセージが吹き込まれていましたが、特に電話を返しませんでした」

外交官時代は、政治部記者からの留守電が残っていると、必ず返したが、最近は面倒な話に巻き込まれそうなときは、知らんぷりを決め込むこともある。人事に関する話は、決定前に余計なことを言うと内定が取り消されたりすることがあるので、極力慎重な対応をとった。

鈴木氏は、衆議院外務委員長のような大きなポストを狙《ねら》っていなかった。ところで外務省は、外国を訪問する要人に便宜供与を行っている。その基準が8つに分かれていることが、鈴木氏が提出した質問主意書に対する2009年6月19日付の内閣答弁書で明らかになった。

〈平成二十一年度の外務省の執務参考資料である便宜供与事務処理要領の便宜供与取扱基準においては、AA、BB、CC、CC—GG、CC—HH、DD、TT—XX及びTTの分類を設けており、次のとおり、それぞれの分類に該当する者を例示している。

(一) AA

皇族、総理、国務大臣、衆・参両院議長、最高裁判所長官、特派大使及び前・元総理

(二) BB

衆・参両院副議長、衆・参両院正式派遣議員団、党公式派遣議員団、各府省副大臣・大臣政務官、前・元衆・参両院議長、衆・参両院常任委員会委員長、前・元国務大臣、最高裁判所判事、都道府県知事、政令指定都市市長及び民間経済四団体の長

(三) CC

衆・参両院議員、各府省事務次官、各府省局部長、外局の長等指定職の者、特別職給与法別表第一に掲げる者でAA又はBBの指定を受けない者、都道府県議会議長、政令

指定都市市議会議長、特殊法人の長、独立行政法人の長及び審議会等の長
（四）ＣＣ―ＧＧ
各府省課長級（七級以上）、都道府県副知事、出納長及び都道府県議会副議長
（五）ＣＣ―ＨＨ
その他の国家公務員（六級以下）
（六）ＤＤ
地方公務員、地方議会議員及び公益を目的とする法人・団体等の職員
（七）ＴＴ―ＸＸ
（一）から（六）までのいずれかに該当する者であって、取りあえず通報のみを行うに留めるが、追って本人から要請がある場合には、しかるべく便宜供与を行うもの
（八）ＴＴ
（一）から（六）までのいずれかに該当する者であって、参考までに通報のみを行うもの〉

ここには外務官僚の考える「偉い人」の順番が記されている。鈴木宗男衆議院外務委員長は、衆・参両院副議長、副大臣と同じ扱いなのである。藪中三十二《みとじ》事務次官より「偉い」のだ。ちなみに、内閣府、各省の局長は、国会議員と同じくらい「偉い」のだ。便宜供与で結構面倒なのがＴＴ―ＸＸだ。「取りあえず通報のみを行う」ということ

になっているが、本人が何か言ってきたら「しかるべく便宜供与を行う」という指示だ。「しかるべく便宜供与を行う」という外務官僚用語を日常用語に翻訳すると「言われたことは全部やれ」ということだ。「公益を目的とする法人・団体等の職員」というのは、大学教授でも、得体の知れない研究所の職員でも「公益を目的とする」と外務官僚が認定すればそうなるという実にいい加減なものだ。特に外務省の特権を擁護してくれるオピニオンリーダーに対しては、飲食、賭場《とば》などでの接待を手厚く行うのが外務省の組織文化だ。しかし、DDなどという指定で公電（外務省が公務で用いる電報）を打つと十分な接待費用が出ない。そこで裏技を使う。あえてTT－XXで公電を打つのだ。そして、出張するお客さんには、「大使館に電話をして、必要なことは遠慮なくおっしゃってください」と伝えておく。こうしておけば、「しかるべく便宜供与を行う」という指示があるのでいくらでもカネを使うことができる。従って、TT－XXという公電を見ると「筋悪案件ではないか」と便宜供与慣れした外務官僚は思うのだ。

日本外交の真実

ちなみに外務省で「黒表紙」と通称されている「執務参考資料（総務関係）」がある。この中には、外務官僚が外務大臣に対して隠している情報が山盛りにされている。例えば、「部内連絡」という特別の公電についての記述がある。公電は、外務大臣と在外公館長（大使・総領事）の間でやりとりされる。外務大臣と大使・総領事では、外務大臣の方が「偉い」。従って、在外公館長から外務大臣にあてる要請は、「〜願いたい」というお願いの形をとる。これに対して、外務大臣から在外公館長にあてる要請は、「〜ありたい」という命令の形をとる。こういう公電の書き方を外交官は若いうちに徹底的に訓練される。そして、説得力のある公電を書く能力のある者が出世していく。在外公館長が内閣総理大臣にあてて打つ公電は存在しない。従って、公電の世界において、いちばん「偉い」のは外務大臣なのである。ただし、「部内連絡」の存在は外務大臣にも知らされていない。政治家のスキャンダル、野党（これまでの民主党）対策、経済産業省の動きをどう封じ込めるかなど、表に出すことができない情報は「部内連絡」でやりとりする。この公電が存在することは厳重に秘匿《ひとく》されている。外務省を40年近く勤め上げて円満退職した外交官でも、機微に触れる外交交渉やスキャンダル揉《も》み消しに関与したことのない者は、「部内連絡」という公電の存在を知らない。

特別の極秘暗号が組まれ、幹部電信官しか解読ができない。通常の公電とは異なる水色の用紙に印刷されている。ファイルに保管することも原則として禁止されている。ただし、大臣官房情報通信課には部内連絡を少なくとも数年分保管したファイルがある。

筆者も現役外交官時代に数回、この電報を作成したことがある。

この部内連絡について、9月30日に岡田克也氏と鈴木氏が話をしている。その晩、筆者はある会合で鈴木氏と同席した。そのときの鈴木氏とのやりとりである。

「佐藤さん、今日、岡田大臣があいさつに来た。２人で25分間話をした。そのとき部内連絡の話をしておいた」

「岡田大臣は部内連絡について知っていましたか」

「知らなかった。『きちんと押さえておいた方がいいですよ』と言っておいた」

「岡田さんは、外務官僚といい調子でやっているんですか」

「外務省の連中が一方的に大臣に擦り寄っているという感じだな。ただ岡田大臣は原理主義者だから、密約や外務官僚による税金の無駄遣いには、きちんとメスを入れると言っていた」

「頼もしいですね。外務省報償費（機密費）の総理官邸への上納問題についても真相を明らかにしてほしいですね」

「そのことも言っておいた。おかしな話はきちんと整理しておかなくてはならない」

「ところで、昔、外務省幹部が持ってきた部内連絡をまだ保管していますか」

「あるよ。西村六善《むつよし》欧亜局長（現・内閣官房参与）がもってきた極秘文書の中に入っていたと思う」

「内容については黒塗りにして、カラーコピーをとって『水色のこういう公電だ』とマスコミに公開したらどうですか」

「面白いな。考えてみよう」

「部内連絡」は、ファイルすることも禁止されている。しかし、前出の情報通信課には部内連絡だけがつづられたファイルがある。この内容を精査すれば外務官僚がこれまで歴代外相にも報告しなかった日本外交の真実を知ることができる。

4つの要因

話を鈴木氏が外務委員長に内定した時点に戻す。なぜこのような人事がなされたのだろうか。筆者の見立てでは、4つの要因がある。

第1は論功行賞だ。北海道の12小選挙区中11小選挙区を民主党が獲得した。これは鈴木氏が代表をつとめる新党大地の協力なくしては不可能だった。

第2は、鈴木氏の業績と裏腹の関係にあるが、民主党にとっての恐怖だ。出口調査の結果によると、民主党の支持者で比例区で新党大地に投票した人は10％に過ぎない。これに対して、新党大地の支持者で小選挙区で民主党に投票した人は、少ない選挙区では60％、多い選挙区では90％に及んだという。新党大地は今回の総選挙で43万票を獲得したが、そのうちの75％くらいは、鈴木氏の指示で動く。今回の選挙結果について、鈴木氏は、「新党大地の持ち出しになってしまったのではないか」と不満をもっていることと思うが、最後の1週間、民主党候補は「比例は大地に」と大きな声で叫び、またポスターも「比例は大地」と書いたものと貼《は》り替えていた。連合も一部の労組に指示を出して、比例区では民主から大地への切り替えを行っていた。民主党は、新党大地に10%しか票を動かさなかったのではなく、動かしたくても動かせなかったのだ。これに対して、鈴木氏は30万票以上の票を動かすことができる。次回選挙で鈴木氏が自民党支持に回ると民主党は壊滅的打撃を受ける。落選した後、10月3日に急死した中川昭《しょういち》一前衆議院議員の運命は、鳩山由紀夫総理を含む北海道選出の民主党議員にとって他人事《ひとごと》ではないのだ。それだから、鈴木氏が裏返ることを恐れて、外務委員長という要職を与えたのだ。

第3は、リトマス試験紙の意味だ。12月には小沢一郎民主党幹事長の秘書にからむ政治資金規正法違反の初公判が行われる見通しだ。また、鳩山由紀夫総理の「故人献金」問題についても、政治資金規正法関連の違反事案が「鬼の特捜」（東京地方検察庁特別捜査部）にぶらさがっている（10月4日に鳩山総理の資金管理団体をめぐる虚偽献金問題の捜査に東京地検特捜部が着手したという報道が一斉になされた。捜査情報に通じた誰かがリークしたのであろう）。このような状況で、刑事被告人の鈴木氏を外務委員長に据えることで、マスメディアと世論の反応がどの程度であるかを見極める「鈴木宗男」という名のリトマス試験紙が用いられたのである。そして、その結果、「世論の反発はそれほど厳しくない」という受け止めを民主党幹部はしたと思う。

第4は、外務官僚に対する牽制《けんせい》だ。これについては、背景事情を少し長く説明する必要があるので、おつきあい願いたい。

民主党に対して、8月30日の総選挙以前に藪中三十二外務事務次官は恭順の意を示し、これまで頑強に否定してきた、密約の存在について再調査する意向を表明した。9月16日に組閣がなされた後、岡田外相は17日零時50分から外務省で記者会見を行っている。その冒頭発言部分を注意深く読むと岡田氏と外務官僚との取り引きの内容が浮かび上がってくる。

〈皆さん、こんばんは。時間が遅くなってしまいまして恐縮です。このたび外務大臣を拝命いたしました岡田克也です。よろしくお願いします。先ほど官邸で既に記者会見を行いましたので、重なることは申し上げないようにしたいと思います。またご質問があればお聞きいただきたいと思います。本日は先ほども少しふれました密約の問題について資料をお配りさせて頂きました。いわゆる「密約」の問題は、外交というのは国民の理解と信頼の上に成り立っていると考えていますので、そのような意味でこの密約の問題は外交に対する国民の不信感を高めている、結果として日本の外交を弱くしていると思います。私は従来、この密約の問題は、外務大臣なり総理大臣、つまり政治家が自らイニシアチブを発揮しなければならない問題であって、総理や外務大臣が「密約はありません」と明言する限りは事務方も同じように言うことしかないのであって、まさしく政治家のリーダーシップを試されているとかねがね申し上げてまいりました。

このたび外務大臣になりました、この機会を捉《とら》えて、いわゆる政権交代という一つの大きな変化を機会として、この密約を巡る過去の事実を徹底的に明らかにし、国民の理解と信頼に基づく外交を実現する必要があると考えております。

そこで、国家行政組織法第10条及び第14条第２項に基づく大臣命令を発し、下記４点の「密約」について、外務省内に存在する原資料を徹底的に調査をし、本年11月末を目処《めど》に調査結果を報告することを求めたものでございます。作業の進捗《しんちょく》状況については、随時報告を求め必要に応じて指示を仰ぐように併せて求めているところです。

一　１９６０年１月の安保条約改定時の、核持ち込みに関する「密約」

二　同じく、朝鮮半島有事の際の戦闘作戦行動に関する「密約」

三　１９７２年の沖縄返還時の、有事の際の核持ち込みな《ママ》（に）関する「密約」

四　同じく、沖縄返還時の現《ママ》（原）状回復補償費の肩代わりに関する「密約」

ということでございます。

先程、省議が開かれまして、その場で私から藪中事務次官に対してこの命令を発しと言いますと大げさですけれども、徹底的に自ら自浄能力を発揮して既存の資料の調査を徹底する。そのことを求め、次官の方からはそれに対してそのことを実行するとお返事を頂いたところです。

なかなか大変な調査になると思います。聞くところによりますと、日米安保関係の関連ファイルが約2700冊、沖縄返還関連が570冊ということです。これを一つ一つにあたってもらうことになります。マンパワーが足りないということであれば、在外公館から一時的に職員を呼び戻して、経験者その他理解する能力のある皆さんに11月末まで残ってもらって作業してもらうと考えているところです。（後略）〉（外務省HP）

〝小沢人事〟と「時代のけじめ」

確かに岡田氏は外務官僚に厳しい命令を出し、締め上げている。しかし、藪中次官がただちに受け入れ態勢をとっているということは、既に外務官僚が岡田氏並びに民主党の意向を聴取し、全面忠誠を誓っているということだ。ここで重要なのは、〈総理や外務大臣が「密約はありません」と明言する限りは事務方も同じように言うこととしかないのであって〉という部分だ。密約について正直に真実を報告するならば外務官僚の責任を問わないという取り引きが岡田外相と外務省幹部の間で成立していることがうかがわれる。外務官僚の論理は次のようなものだ。

「僕たちは恐《こわ》かったんです。自民党の総理や外相が『密約はないと嘘《うそ》をつけ』と言うので、本心では嘘なんかつきたくなかったんですけれど、恐くて嘘をついたんです。そうしなければ、自民党の政治家から恫喝《どうかつ》されたり、人事で不利益な目に遭わされるのが恐かったのです」

もちろん外務官僚は、反省している。

「鳩山総理、岡田大臣をはじめとする民主党の政治家の先生。僕たちの勇気が足りなくて、自民党の悪事をとめることができませんでした。反省しています」

こういうことだ。こういう恭順の意の示し方について、外務官僚は既に予行演習をしている。２００２年の鈴木宗男疑惑のときだ。筆者は、「小菅《こすげ》ヒルズ」（東京拘置所）のカビ臭い独房で、「鈴木宗男が恐かったんです。それだから、佐藤優たちの違法行為に心ならずも荷担してしまいました」という趣旨の外務官僚による検察官面前調書を何十通も読んだ。

現時点で、岡田外相と外務官僚の間では、「官僚の身分保全に関する安全保障協定」が結ばれている。密約に関して、嘘をついた外務官僚が免責されるということだ。岡田氏のこのアプローチは正しい。自分が埋められることが明らかなのに、苦労して穴を掘るような間抜けたことを絶対にしないという官僚の内在的論理を元通産官僚であった岡田氏は十分理解しているのだ。

ただし、小沢幹事長の意向が岡田外相と一致しているとは限らない。恐らく小沢幹事長が考えたのであろう鈴木宗男外務委員長という人事は、岡田外相と外務官僚の間の「安全保障協定」に対する強い牽制になる。外務委員会が国政調査権を用いて、密約に関連する参考人招致や証人喚問を行い、密約文書の抹消や、外務省ＯＢ（例えば吉野《よしの》文《ぶん》六元アメリカ局長）に働きかけて、嘘の証言をするようにと説得していた事実が明らかになれば、世論の圧力を背景に、外務官僚に対する処分は不可避になる。藪中三十二次官、河相周夫官房長、藤崎一郎駐米大使におかれては、年末頃に大きな動きがありうべしと、首を洗って待っていることだ。もっとも日本は文明国なので命までもっていかれることはない。最悪の事態でも、「鬼の特捜」に逮捕され、1年半の長期勾留《こうりゅう》、7年の裁判と失職、それにメディアスクラムで社会的信用が失墜するくらいだ。自民党政権から民主党政権への移行は、流血をともなわない「ビロード革命」である。ビロードのような柔らかい雰囲気だが、その背後では冷酷な権力闘争が進行している。「時代のけじめ」をつけるために、どこかの省で象徴的な事件が起きる歴史的必然性がある。筆者は、現在の霞が関における「弱い輪」は、外務省、国土交通省、厚生労働省のいずれかと思っている。今後、100日でいちばん最初に切れた輪から犠牲者が出る。鈴木宗男疑惑のときも外務省本丸は生き残ったのだから、外務省報償費（機密費）を官邸に上納していた事実を否定していたこと、機密費の私的流用、酩酊《めいてい》状態で人を殺した外務官僚がドミニカ大使に栄転した事例、在外手当が蓄財に回され40代で家を4軒も購入した女性外務官僚が現在チュニジアの日本大使館の公使をつとめていることなどが、岡田外相や世間に露見しないように工作することもきっとできるのだと思う。

誰がいちばん悪党か

既に述べたように衆議院外務委員長は「偉い」。外務官僚は「偉い」人を尊敬する。9月18日に鈴木氏が衆議院外務委員長に選出された日の午後、数名の外務官僚が鈴木氏のところにあいさつに来た。その直後に鈴木氏から、筆者に電話がかかってきた。

「早速、外務省の連中があいさつに来たぞ」

「誰が来ましたか」

「河相周夫官房長、松富重夫《まつとみしげお》官房審議官（国会担当）や木寺昌人《きてらまさと》国際協力局長たちだ。この中で、誰がいちばん悪党だ」

「よい人間は木寺さんだけですね。あとはいずれも悪党です」

「いろいろ思い出してきた。確か、河相官房長は中川昭一先生と無二の親友だったな」

「間違いありません。それから、河相さんが総合外交政策局総務課長のとき、私は呼び出しを食らって、『君たちは本気で北方領土問題を解決するつもりなのか。そんなことをしたら日米関係に悪影響がある』と叱《しか》られたことがあります。鈴木宗男パージの過程で中心的役割を果たした人物です」

「よくわかった」

「河相さんに関しては、霞《かすみ》クラブからもいろいろ情報が入ってくるので適宜、御連絡します」

「頼む。それから、この松富さんは、女子アナと〝路上チュー〟をして週刊誌をにぎわした奴《やつ》だな」

「よく覚えておられますね。その通りです」

「確かあのとき松富さんには、奥さんがいたな。不倫ということだな」

「しかし、その後、元女子アナとは籍を入れたと聞いています」

「それはよかった。プライバシーでも公務に悪影響を与えるだらしのない生活はよくない」

「おっしゃる通りです。松富さんは、インテリジェンス部局で勤務していたときも口の軽さで有名な男でした。特に女性記者に何でもペラペラ話す癖があります」

「よくない癖だな。注意して見ておこう」

その後も、毎日、鈴木氏のところに外務官僚が擦り寄ってきている。手土産に他の幹部の秘密を持参する局長や審議官もいるということだ。

それから、つい最近、鈴木氏が「俺が官房副長官時代に秘書官をつとめていた船越健《ふなこしたけ》裕《ひろ》日米安全保障条約課長がまったくあいさつに来ない。船越の後任の秘書官は何度も来ている。船越は将来の出世を考えてあいさつに来ないのだろうな」と筆者に対してつぶやいたので、筆者は「そんなことはないでしょう。きっと忙しいのです」と答えておいた。

ちなみに永田町（政界）用語で「忙しくてお会いできない」というのは、「あんたのプライオリティー（優先度）は低い」ということだ。

「新潮45」2009年11月号掲載

小沢一郎秘書逮捕と政権交代の恐怖

国策捜査か否《いな》か

3月3日午後、小沢一郎民主党代表の公設第1秘書・大久保《おおくぼ》隆規《たかのり》氏（47歳）が「鬼の特捜」（東京地方検察庁特別捜査部）によって逮捕された。

読者には御案内の通り、筆者も東京地検特捜部に逮捕されて、「小菅ヒルズ」（東京拘置所）の独房で、512日間、臭いメシを食べたことがある。もう7年近く前の2002年5月14日の出来事だが、昨日のことのようによく覚えている。

東京地検から、遮光カーテンで窓がふさがれたバンに乗せられる。右側には検察事務官、左側には特捜検事が座る。筆者の場合、利《き》き手が右なので、右手を検察事務官の左手と手錠でつなぐからだ。被疑者が左利きの場合には、左手に手錠をかけるので、左側に検察事務官が座るのだろう。

東京拘置所に着くと、犯罪者用語で「尻割《ケツわ》り」という人定質問がある。

「氏名と現住所は？」

「本籍地は？ 家族は？」

「職業は？ 出身小学校は？ 最終学歴は？」

「前科前歴は？」

「お父さんとお母さんの名前は？」

「生年月日は？ 干支《えと》と星座は？」

といった調子で、矢継ぎ早に質問がなされる。これで住所、氏名、履歴などに嘘がないかチェックするのだ。

そして、職員に案内され、ゴザの上に荷物を出し、独房に持ち込める物以外はすべて預かり（領置）となる。

その後、中学校の保健室のようなところに連れられていって、写真撮影、身長、体重を計測する。医務担当の職員の前で素っ裸になって、身体の特徴（特に入れ墨、指詰め、イチモツにシリコン玉などを入れる玉入れ）のチェックをする。その後は、直腸に禁制品を隠していないか肛門《こうもん》検査をする。

筆者の場合、期待の肛門検査は、

「立ったまま後ろを向いてください。ちょっとお尻《しり》を手で開いてください。これで結構です」

とあっさり終わってしまった。尻の穴にガラス棒を突っ込まれるようなことはなかったが、この肛門検査は、受けた者にしかわからない屈辱感がある。

大久保隆規秘書も、こういう経験をしたと想像すると、「小菅ヒルズ」同窓の筆者としては、どうしても同窓の被疑者に感情移入が起きるが、それは誡《いまし》め、今回の事案をできるだけ突き放して分析することにしたい。

民主党関係者は、本件は国策捜査であると憤《いきどお》っている。新聞記事を見てみよう。

〈次期総選挙で政権交代をめざしている民主党執行部が展開したのは、麻生政権による「国策捜査」批判だった。

「陰謀があるなという感じだ。政権与党側とすれば、いま必死なんでしょう。何もないところから、おかしなことをつかみ取ろうみたいな話が出てきているんじゃないか。断固闘わなきゃいけない」

民主党の鳩山由紀夫幹事長は3日の小沢氏との幹部協議後、記者団にこう語った。

幹部協議は、公設秘書の逮捕前に党本部で開かれた。小沢氏は「全く心当たりもないし、きちっとやっている。何でこういう事を言われるのか、全く分からない」と説明したという。幹部らはこの説明を受け入れ、あくまで潔白を主張する構えを見せている。

党執行部が強調するのは、麻生政権が劣勢を跳ね返すために、内閣の権限を用いて捜査を主導しているという主張だ。ある幹部は「西松建設からは自民党議員も献金を受けている。なのに小沢氏だけをやるのなら国策捜査だ」と批判。別のベテラン議員も「完

全に政治的捜査だ」と憤り、幹部らは「国策捜査」批判で足並みをそろえた。〉(3月4日付朝日新聞朝刊)

これに対して、自民党は〈4日朝の自民党国対正副委員長会議で、「政府が誘導することは断じてありえない」「公党として大変問題のある発言だ」との批判が相次い〉(3月4日付 asahi.com) でいるようで、国策捜査説に激しく反発している。

巷《ちまた》では、「国策捜査」という業界用語を、日常言語に転換する上で拙著『国家の罠《わな》 外務省のラスプーチンと呼ばれて』(新潮文庫)が大きな役割を果したと言われている。そのせいか、3月4日夕刻から深夜まで携帯電話がひっきりなしに鳴り続け、予定した仕事がまったくできなかった。照会してくる記者や国会議員に対しても答えたが、筆者は本件を国策捜査とは考えていない。率直に言うと、国策捜査よりももっと恐ろしいことが起きていると筆者は思うのだ。

筆者の理解では、今回の事案は、2つの点で国策捜査の特徴を備えていない。

第1点。国策捜査の目的は、「時代のけじめ」をつけることである。そのためには時代の宿痾《しゅくあ》をあらわすような象徴的事件を摘発(あるいは創作)する必要がある。旧来の公共事業型の自民党政治と訣別《けつべつ》するために鈴木宗男事件を、新自由主義的な「稼ぐが勝ち」といった風潮に歯止めをかけるためにホリエモン(堀江貴文《たかふみ》元ライブドア社長)事件を特捜は必要としたのだ。今回の大久保氏の逮捕は、政治資金規正法違反容疑で、

「時代のけじめ」をつけるような象徴性はない。
第2点。国策捜査には流儀がある。通常のセックスで前戯なしにいきなりペニスを挿入することがないように、国策捜査の場合、突然の逮捕はない。まず、新聞、テレビ、週刊誌に「こんな悪人がいる」という話を検察庁が散々流して、マスメディアに「早く摘発しろ」という雰囲気を醸成し、それから逮捕する。筆者の場合も、2002年3月2日付朝日新聞朝刊に、
〈出張費、支援委回し　東郷氏指示　協定違反の疑い　ロシア外交巡る国際会議
イスラエルで00年に行われた国際学会への参加費用を、外務省が旧ソ連諸国への支援事業を行う国際機関「支援委員会」にねん出させていたことが、1日わかった。各国と日本の協定によると、協定締結国からの要請がなければ支援委からの支出は認められておらず、こうした支出は極めて異例。関係者は朝日新聞の取材に対し、当時の東郷和彦欧亜局長（現・オランダ大使）から指示され、虚偽の理由書を作成したことを認めた。〉
というリーク情報に基づく記事が書かれてから2カ月以上、検察はマスメディアを巧みに用いて疑惑を熟成させた。そして、「ムネオとともに外務省のラスプーチンをやってしまえ！」という声が圧倒的になった2002年5月14日に「鬼の特捜」が筆者とキャリア職員1名を逮捕した。大久保氏の事案の場合、このような熟成キャンペーンはなされなかった。

麻生政権が10％前後の支持率に苦しみ、このまま総選挙に突入すると民主党政権ができることを恐れ、政権側が検察を使ったという見方もあるが、それは検察官という人種の内在的論理を理解していない妄想だ。検察官は、弱体化した麻生政権に義理立てするようなお人好《ひとよ》しではない。「検察の文法」に従って、行動している。筆者が恐ろしいと思うのは、この「検察の文法」だ。

「2・26の青年将校」化

大久保氏の逮捕が国策捜査でないとすると、いったい何が起きているのだろうか？

筆者の認識は次の通りだ。

《特捜の現場の検察官が、いわば戦前の2・26事件の青年将校化している。政府は弱体化している。政党は、自民党も民主党も腐敗している。マスメディアも軟弱になって、社会の木鐸《ぼくたく》の役割を果たしていない。リーマン・ブラザーズ破綻《はたん》以降の世界不況が日本に及び、まさに国難だが、政治家に対応能力はなく、また、経済人も私利私欲を追求するだけだ。これでは日本の国がおかしくなってしまう。もはや公益の番人であるわれわれ検察官が社会の前面に出て、「世直し」をしなくてはならない。》

検察は、社会の汚水処理場で、犯罪を淡々と摘発して処理するのが仕事だ。「世直し」は、基本的に国民による選挙の洗礼を受けた政治家の仕事だ。サッカーとの類比でいえば、検察官は社会のゴールキーパーなので、手を使う特権、すなわち強制捜査権をもっている。いくらチームのフォワード（政治家）が弱いからといって、ゴールキーパーがフィールドの真ん中に出てきて手を使うようになれば、試合が滅茶苦茶《めちゃくちゃ》になってしまう。

しかし、独りよがりの正義感に酔い、漫画のキャラクターでいえば「巨人の星」の星《ほし》飛雄馬《ひゅうま》のように瞳《ひとみ》に炎を浮かべている検察官には、そのようなバランス感覚はない。政治が弱体化する中で、検察官こそが悪事を摘発し、不正を糺《ただ》す正義の味方であるという想《おも》いに酔っている。そして、検察が巨悪を摘発すれば、

「正義の味方、検察万歳！」

と国民が拍手喝采《かっさい》してくれると信じているのだ。

政府、自民党は、「検察もなかなかいい仕事をしている」と今は微笑《ほほえ》みを浮かべているかもしれないが、それは甘い。近く、バランスをとるために自民党に対しても、星飛雄馬の情熱が向かってくるかもしれない。もっとも、そのときになれば、「検察の文法」がどういうものであるかが、国民にもよく見えるようになると思う。検察官僚が考える「清潔な社会」をつくりたいというのが、「検察の文法」なのである。民意が検察の正義をチェックする仕組みはどこにもない。検察が暴走すると国家が内側から壊れる。ただし、超ドメスティック（国内的）な検察官僚には、国益が見えない。かれらが考えるのは公益だけで、検察の正義が実現するならば、国家がどうなるかなど、知ったことでは

ないという姿勢だ。

鈴木宗男外務副大臣の誕生!?

ところで、今回の事案を喜んで見ている検察庁以外の官庁もある。霞が関の伏魔殿として有名な外務省だ。

外務省幹部は、最近になってようやく政権交代の恐怖を自覚したようだ。

2月末、筆者は、ある全国紙(とりあえず築地《つきじ》新聞としておく)政治部記者たちと鈴木宗男衆議院議員(新党大地代表)の懇談に同席した。4時間ほどかけて、外務省の内部事情について、徹底した意見交換を行った。築地新聞の記者は以下のようなやりとりを外務省幹部としたそうだ。

外務「自民党から民主党に政権交代があっても、外交はわれわれ専門家が行うので変化がない」

記者「そうかな、認識がちょっと甘いんじゃないですか」

外務「どういうことですか」

記者「鈴木宗男さんは、民主党と選挙協力をしているんですよ。民主党政権になれば、鈴木さんが外務副大臣になって戻ってくるんですよ」

外務「ほっ、ほっ、本当ですか」

記者「僕はそうなると思います。それが政権交代というものです」

築地新聞と正反対の社論をとる正論新聞（仮名）の幹部も、「外務省幹部に、『民主党政権になったら鈴木宗男さんが、外務副大臣になり、佐藤優さんが副大臣秘書官になって外務省にもどってくるらしいよ』と冗談半分に言ったら、外務省幹部は震え上がっていた」という話をしていた。

ところで、新聞で外務省首脳という場合、外務大臣か外務事務次官を指すという不文律がある。あるジャーナリストが、外務省首脳（中曽根《なかそね》弘文《ひろふみ》外務大臣ではない）と会ったときに、「民主党政権になったら、鈴木宗男さんが外務副大臣になるそうですよ」と水を向けた。

外務省首脳は、文字通り顔が引きつり、

「冗談でも、そんなことは言わないでください」

と答えたそうだ。

3月初旬のある夜、筆者は鈴木宗男氏とゆっくり話をした。そのときのやりとりの一部を読者に披露しよう。

佐藤「民主党政権になれば、外務副大臣になって外務省に乗りこむという意向をもっているのはほんとうでしょうか」

鈴木「本気だ。3カ月でもいいから、俺は外務副大臣になって、徹底的に人事を行う。

それとともに無駄なカネと部局を全部カットする。佐藤さん、あなたはよく知っていると思うが外務省の連中に言われるままに、俺は予算や定員をつけた。それが国益のためになると考えたからだ。しかし、それは間違いだった。何がおかしな予算で、不必要な定員か俺はよくわかっているので、それを徹底的に切る。せめてもの罪滅ぼしだ」
佐藤「新聞記者経由で、外務省幹部にもその話は聞こえているでしょうから、今頃、連中はキンタマを縮みあがらせているでしょう」

田中眞紀子先生ともタッグ!?

鈴木氏は本気だ。民主党にもだいぶ根回しをしていると筆者は見た。閣僚ポストではなく、副大臣ならば、北海道での選挙協力の見返りに民主党はよろこんで差し出すだろう。
鈴木「ハハハ。それよりも俺はもっと面白いことを考えている」
佐藤「何ですか」
鈴木「田中眞紀子先生と手を握ろうと思うんだ。そして、田中先生と2人で、外務省の機密費（正式名称は報償費）問題に手をつける。あなたは、（詐欺罪《さぎざい》で服役した）松尾（克俊）が、娑婆《しゃば》に出てきたという『週刊文春』の記事を読んだか」
佐藤「読みました」

鈴木氏が指摘しているのは、2月26日発売「週刊文春」(3月5日号)の以下の記事(山口和夫氏署名)だ。

〈「不祥事が報じられると一時身を隠し、ほとぼりが冷めたころ栄転させるのが外務省人事」(霞《かすみ》クラブ記者)というが、昨年十月、竹内春久《はるひさ》国際情報統括官が駐イスラエル大使に栄転したのも、その典型だろう。

竹内氏は、〇一年に発覚した松尾克俊受刑囚(元要人外国訪問支援室長)による前代未聞《みもん》の外交機密費流用事件で、当時の総務課長として減給処分を受けた人物だ。

この事件で、松尾受刑囚は懲役七年六月の実刑判決を受けたが、昨年末、刑期満了を前に、ひっそり前橋の刑務所を出所したといわれている。「出所後、フィリピンに行った」(外務省筋)との噂《うわさ》はあるが、その動向は確認されていない。「使途不明金は十億円近いのに、検察が解明できたカネの流れは五億円で、四億円以上が不明。なのに、松尾受刑囚は罪を一身に背負って獄につながれた」(別の霞クラブ記者)〉

まず、この人事でわかることは、日本外務省がイスラエルを重視していないことだ。重要国の大使に、竹内春久氏のような「キズモノ」を送ることはないからだ。

それから、イスラエルの日本大使館でナンバー・ツーをつとめる松田邦紀公使(元ロシア課長)は、鈴木氏によって、赤坂の料亭での「幼児プレイ」と100万円以上の鈴木事務所へのつけ回しが暴露された規格外の官僚だ。「この大使にして、この公使あり」

ということだ。

外務省の業界用語で、「瘴癘度《しょうれいど》」という言葉がある。瘴癘とは、〈気候・風土のために起こる伝染性の熱病。風土病。〉（『広辞苑《こうじえん》』）ということである。その国の気候、衛生状態、政治体制などを総合的に勘案して、1〜5までの瘴癘度を決める。米国、イギリス、ドイツなどは瘴癘度ゼロだ。ソ連時代のモスクワは瘴癘度3だった。確か、中央アフリカが瘴癘度5だった。

これとは別に、外務省員は「人的瘴癘度」についてよく噂する。要するに変な人たちが集まる大使館や課は「人的瘴癘度」が高いと言われる。実名をあげるならば、上月豊久氏（駐ロシア大使館公使）や前出の松田氏が異動になり、同じ場所で働くようになると「人的瘴癘度」は、確実に2ポイントくらいあがる。テルアビブの日本大使館で勤務する外交官たちは、ほんとうに御愁傷様である。もっとも外務省は2〜3年で必ず人事異動があるから、嫌な奴《やつ》でも平均1年半我慢すれば、2度と顔を合わせないで済むというのが実状なので、「歩く瘴癘度」のような外務官僚が淘汰《とうた》されないのである。こういう連中を淘汰するためには政治とマスメディアの力が必要だ。

外務省が松尾に接触？

ところで、「新潮45」を定期購読している外務省員は、外務本省にも在外公館（大使館、総領事館、日本政府代表部）にも結構いる。また、文化広報事業の一環として外務省は、日本の雑誌を買い上げて、大使館の広報部図書室にバックナンバーを置いている。外国にいると日本の状況を知りたくなる。それだから海外勤務の日本の外交官は東京から送られてきた雑誌をていねいに読むようになる。大規模大使館には「新潮45」も置いてある（少なくとも筆者がモスクワの日本大使館に勤務しているときは、「文藝春秋」、「世界」と一緒に「新潮45」が定期的にまとめて送られてきていた）。

外務官僚諸君！　理不尽なこと、嫌なことがあったら、遠慮なく「新潮45」気付（〒162-8711　東京都新宿区矢来町71、c/o Shincho-45, 71 Yaraicho, Shinjuku-ku, Tokyo 162-8711, Japan）で筆者（佐藤優、Masaru SATO）宛《あて》に手紙を書いて欲しい。実名でも匿名《とくめい》でも、あるいは名前を書いていなくても構わない。問題を精査し、かならずよい方向で解決するように、政治やマスメディアに働きかけ、目に見える具体的な成果を出すことをお約束する。

話を筆者と鈴木氏のやりとりに戻す。

鈴木「松尾は仮釈放中だから、海外旅行をするときは、外務大臣から特別の許可を得て、外務本省にまで赴いてパスポート（旅券）をもらわなくてはならない。〈（松尾氏が）「出所後、フィリピンに行った」との噂〉がほんとうならば、パスポートの発給手続きのために松尾は外務省と接触したはずだ。そのとき外務省は松尾にどのようなメッセージを伝えたのか。いま、いくつかのルートを使って松尾にさわってみようと思う」
佐藤「私もアプローチしてみます。松尾事件のとき、警視庁捜査2課の責任者であった萩生田勝さんが、〈私は、松尾から外務省の上級幹部に必ず現金が行っていると睨《にら》んでいました〉（萩生田勝『警視庁捜査二課』講談社、2008年、259頁《ページ》）と言っています。僕は萩生田さんの見立ては間違っていないと思うんです」
鈴木「俺もそう思う。特に、斎藤（邦彦《くにひこ》元駐米大使）、丹波（實元駐露大使）は相当、松尾の世話になっているな。現役では、田中眞紀子外務大臣の秘書官もつとめた、上月（前出の駐ロシア大使館公使）、杉山（晋輔《しんすけ》地球規模課題審議官）は、松尾とは切っても切れない関係だろう。それだから、俺は田中眞紀子先生と手を握って、外務省の機密費問題を徹底的に明らかにしようと思う」

鈴木氏と外務省のバトル

大久保氏の逮捕が、民主党に打撃を与え、政権交代が遠のくと考え、現在、外務官僚は検察にエールを送っているのだと思う。

外務官僚諸君！　それはちょっと甘い。検察官という人種は、財務省や外務省のような老舗《しにせ》官庁の官僚の犯罪を摘発したくて、いつもうずうずしているのだ。機密費問題を巡る真実や、日本外務省だけが資金供与を行ない、事実上、外務省の「隠れた財布」となっている国際機関についての真実が表に出れば、背任や横領を構成する事案が山ほど出てくるであろう。関係者は、今から首を洗って待っていた方がいい。

鈴木氏が外務副大臣に就任しないとしても、たとえば衆議院外務委員会の与党の筆頭理事になっても、外務官僚にとっては悪夢だ。外務省が通したいと思う法律や条約は、与党の筆頭理事が了承しなくては、国会に上程することができなくなるからだ。

ここまで書けば、政権交代がもつ意味を、かなり愚鈍な外務官僚でも理解できると思う。そうなると外務官僚は、得意技を使う。遠くの大使館に逃げることだ。しかし、その手も鈴木氏に対しては通用しないであろう。鈴木氏が外務副大臣に就任すれば、かならず査察と監察を自らの業務に組み入れ、機密費問題で鍵《かぎ》を握る外務官僚を、文字通り、野を越え、山越え、草の根をかきわけて、地の果てまで、捜しに行くであろう。

物書きとして、第2の人生を送っている筆者は、鈴木氏と外務官僚のバトルを、面白おかしく活字媒体で伝えていきたいと考えている。

「新潮45」２００9年4月号掲載

あえて特捜検察を擁護する

「事実を曲げてでも真実を」

２０１０年９月21日、最高検察庁は、証拠湮滅《いんめつ》の疑いで大阪地方検察庁特別捜査部の前田恒彦《つねひこ》検事（43）を逮捕した。同日、朝日新聞朝刊が、前田検事によって障害者団体向け郵便割引制度悪用事件で検察庁が押収《おうしゅう》したＦＤ（フロッピーディスク）の更新日時が改竄《かいざん》されたのではないかという疑惑を報じた。ＦＤには、厚労官僚が偽造したとされる証明書のデータが入っていた。さらに最高検察庁は、10月１日、前田検事の元上司だった大阪地方検察庁の大坪弘道《ひろみち》前特捜部長（57）、佐賀元明《もとあき》前副部長（49）を犯人隠避容疑で逮捕した。

〈捜査関係者によると、前田検事から電話で「告白」を受けた際、佐賀前副部長は泣いたという。前田検事はこの際に、「ここはすべて任せろ」と佐賀前副部長から言われた。その後に過失と主張することを指示されたとの趣旨の供述をしているという。

また、前田検事は「その後、大坪前部長から『ミステークだよな』と言われた」と供述。最高検では、大坪前部長が佐賀前副部長と相談したうえ、そのように発言した疑いがあるとみている。

前田検事は逮捕前の大阪地検の調査や、逮捕直後の最高検の調べに対し、「故意ではなく過失だ」と説明。それによると、データを確認中に、誤って日時を変えてしまった▽コピーしたデータを操作しているつもりだったが、原本だった▽弁護側には、変更前の正しい日時が記録された捜査報告書が開示されているので、公判に問題はないと思った――という内容だった。

最高検は、こうした「弁解」は、大坪前部長と佐賀前副部長が今年2月、前田検事に「データ改変は過失と説明するように」と指示し、故意を過失にすり替えた内容の上申書を作成させた際に考案したとみて調べている。〉（2010年10月3日付朝日新聞朝刊）

テレビや新聞で、検察官出身の弁護士や評論家が「前代未聞の不祥事だ」と驚いた顔をしてコメントしているが、ほんとうにそう思っているのだろうか？　そんなはずはないというのが、02年5月、「鬼の特捜」（東京地方検察庁特別捜査部）に逮捕された経験がある筆者の率直な感想だ。検察は「事実を曲げてでも真実を追求する」という組織文化をもっている。それだから、検察が起訴した事案が99・9%有罪になるという北朝鮮の投票率並の素晴らしい成果をあげてきたのだ。

ところで証拠には、手帳やFDのような物証と、被疑者や参考人から検察官が録取した供述調書（検察官面前調書）の2種類がある。特捜は「巨悪」と対峙《たいじ》する正義の味方だ。巨悪は、政治家、高級官僚など強大な権力を持つ奴らだ（ときたま間違えて筆者のようなチンピラ官僚が逮捕されることもある）。こいつらはいずれも知能犯なので、物証を残しているはずがない。それだから、供述調書が最重要証拠になる。被疑者がいくら弁解しても、検察官がそれを調書にしてくれるわけではない。郵便割引制度悪用事件で大阪地検特捜部に逮捕された厚生官僚の村木厚子氏は、取り調べの実態についてこう述べている。

〈調書の作成というのは、検事さんとの交渉なんですね。私は一度、弘中《ひろなか》先生（引用者註＊弘中惇一郎《じゅんいちろう》弁護士）から叱《しか》られたことがあります。「なんでみんな、こんなに嘘《うそ》をつくんだろう」と私が嘆いた時です。弘中先生は、「みんなが嘘をついているわけじゃない。検事が自分の好きな調書をまず作ってしまう。そこから交渉が始まるんだ。調書とはそういうものだ」って。

どんなに説明しても、結局検事さんが書きたいことしか書いてもらえない。いくら詳しく喋《しゃべ》っても、それが調書になるわけではないんです。話した中から、検事さんが取りたい部分だけがつまみ出されて調書になる。そこから、どれだけ訂正をしてもらえるかの交渉が始まるんです。なので、いくらやりとりをしても自分が言いたいこととはかけ離れたものにしかなりません。がんばって交渉して、なんとかかんとか「少なくとも嘘はない」というところまでたどりつく、という感じです。〉（村木厚子「私は泣かない、屈さない」「文藝春秋」2010年10月号）

村木氏がここで述べていることは、筆者の経験とも合致する。ところで、筆者は、02年、東京拘置所に仮設されたプレハブの取調室の中で、密室の取り調べのときに無理をする検察官がいるという話を西村尚芳《ひさよし》特捜検事（当時、現・さいたま地方検察庁公判部副部長）から聞かされた。その事情について、05年3月に上梓《じょうし》した拙著にこう記した。

〈西村検事の形相は日に日に厳しくなってきた。しかし、私への対応はより丁寧になった。今度は私の方からカードを切った。というよりも挑発してみた。

「西村さん、調書をそっちで勝手に作ってきたら。読まないで署名、指印するよ。担当検察官に点をとらせたいと思うようになった」

私は西村氏が侮辱されたと感じ、烈火の如《ごと》く怒り出すと予想していた。しかし、西村氏の対応は冷静だった。

「申し出はありがたいけど断る」

「どうして。検察が思う通りの話を作ることができるじゃないか」

「あなたに変な借りを作りたくない」

「別に貸しとは思わないよ。公判で任意性を争うこともしないよ」

「あなたみたいな人は任意性でがたがた文句をつける人じゃないと見ているよ」

裁判での証拠は、任意でなされた上の事実でなくてはならない。例えば、「私が財布を盗みました」というのが事実でも、その供述が拷問《ごうもん》によって任意でない方法でとられた場合は、理論的には無効だ。逆に、被告人が任意の上で、検事と共に事実と異なる調書を作った場合も理論的には無効である。しかし、当然のことながら、検事が被疑者とグルになって事実と異なる、つまり信用性に欠ける内容を作文するなどということを裁判所は想定していないので、このような論理展開をする法律家はいない。だから、供述調書を巡る争いは任意性の話ばかりになる。

「じゃあどうして嫌なんだい」

「自分のモラルを落としたくない。あなたにはわかると思うけど、調室の中で僕たちは絶大な権力をもっている。この権力を使って何でもできると勘違いする奴もでてくる。怒鳴りあげて調書を取れれば、だいたいの場合はうまくいく。しかし、それは筋読みがしっかりしているときにだけ言える話だ。上からこの流れで調書を取れという話が来る。それを『ワン』と言ってとってくる奴ばかりが大切にされる。僕は『ワン』という形で仕事をできないいんだ」

「どうして」

「性格だと思う。自分で納得できないとダメなんだ。最近、国策捜査で無罪をとられる例がいくつかあった。あの種の事件は調べのときに必ず無理があるんだ。だから公判で事故が起きる」

「国策捜査なんてそんなもんだろう。組織人なんだから言われたことはやらなくてはならない」

「それはそうだ。しかし、調室でモラルが低下すると、権力を勘違いする。そして、被疑者を殴ったり、電車で痴漢をしたり、あるいは女性検察事務官と不倫をしたりと滅茶《めちゃ》苦茶《くちゃ》なことになる。そうなりたくない。だから調室では無理をしないことにしている。田中森一《もりかず》（元特捜検事）のことは知っているだろう」

「許永中と一緒に組んだ弁護士だろう」

「それだけじゃない。暴力団との関係が仕事のほとんどになった。特捜検事が道を踏み外すと森一みたいになる。踏み外しは取調室で始まる。これは他人事《ひとごと》ではないと思っているんだ」〉（佐藤優『国家の罠《わな》　外務省のラスプーチンと呼ばれて』新潮文庫、310〜312頁）

筆者は、その後、刑が確定する以前に保釈中だった田中森一氏と面識を得た。対談本（『正義の正体』集英社、2008年）も出している。ちなみに田中氏を取り調べたのが前田恒彦検事だ。田中氏は、前田検事の取り調べについて、「ていねいな態度だったよ。上から無理して事件をつくれと言われているんで仕方なくやっているという感じだったね」と述べていた。筆者は田中氏と、「事実を曲げてでも真実を追求する」という特捜検察の文化について、こんなやりとりをした。
佐藤「田中さんが特捜検事のとき、事実を曲げてでも真実を追求したことありますか」
田中「『事実を曲げてでも真実を追求』か？　ああ、ときどきやったなあ。地方公務員の収賄《しゅうわい》を挙げたときのことだ。そしたらそいつがホモセクシャルで、彼氏に貢《みつ》いでいた。しかし、取調室で『僕がホモだということだけは隠してください。家族との関係もあるし親との関係もある』と泣いて頼むんだ。可哀想《かわいそう》になって、それで架空の女性をつくって、彼女に貢いだ話にした」
佐藤「架空の女性を調書上でっち上げるなんて、滅茶苦茶じゃないですか。その女性が存在しないのですから、事実に反する」
田中「いや、それはね、佐藤さん、人助けというもんだよ」
佐藤「検察はそんなことを日常的にしているのですか」
田中「必要になればするよ。こんなこともあったよ。大規模な経済事件というのは内部協力者を持たないといけない。それだから、インサイダー取引を摘発するときは『事件屋』を味方にするんだ。僕の場合、3000万円まで儲《もう》けたやつはお目こぼしにすることにした。それで2億円以上儲けた奴《やつ》を摘発する。だから、3000万円まで儲けたやつをまず呼んで、話を聞く。それで、無罪というわけにはいかないけど、起訴便宜主義というのがあるんでね。これで取引する」

ここで起訴便宜主義について簡単に説明しておく。警察官が犯人を捕まえても、それで犯罪になるとは限らない。起訴されて、裁判所が有罪を言い渡して、はじめて犯罪者ということになる。裏返して言うと、起訴されなければ、犯罪かどうか判断されることもない。これが起訴便宜主義だ。起訴するかどうか、犯罪として公訴を提起するかどうかというのは検察官の専権事項になる。さらに不起訴には2つの場合がある。1つは証拠不十分による不起訴だ。もう1つは起訴猶予《ゆうよ》である。明らかに罪を犯しているが軽微で、しかも当人が深く反省し、捜査に協力しているから、勘弁してやるという形態の不起訴だ。起訴猶予の場合、前科はつかない。田中氏は、3000万円以下しか儲けていない「事件屋」を起訴猶予にして、2億以上儲けている奴を摘発するという線引きを行ったが、これは検察官が起訴便宜主義をもつから可能になる。そこで検察官は、キリスト教でいうならば「神」、数学で言うならば「特異点」のように、自分で善悪の基準を決めることができるという世界観をもちやすい。前田検事の証拠改竄事件もこのような検察官の世界観から生まれたものだ。

現代版「統制派と皇道派」の争い

検察官が主観的に公平公正な正義の味方だと考えていることは間違いない。今の日本の世の中は腐敗している。財界人は金儲けばかり考え、政治は機能不全を起こしている。そもそも国民は無知蒙昧《もうまい》だ。こういう状況で「天に代わりて不義を討つ」のは俺／私たちしかいないと検察官は思っている。そこに小さな出世欲があることを検察官本人は自覚していない。誰も自分の姿を等身大で見ることはできないので、「出世しか考えていないじゃないか」と検察官を責めるのは酷だ。

過去の日本の歴史を見ると、官僚が「天に代わりて不義を討つ」と考えた時代があった。1930年代だ。ただしこのときの正義の主体は、検察官僚ではなく、軍事官僚だった。腐敗した金権政府を打倒するために1936年2月26日、正義の味方の皇道派青年将校たちが決起したが、クーデターは失敗した。そこで粛軍が起きる。青年将校は、非公開の軍事法廷で、統制派と呼ばれる陸軍幹部が描いたシナリオを押しつけられ、処刑されてしまった。もっともこの陸軍幹部たちは、31年の満州事変を引き起こし、32年の5・15事件を主導した右翼の理論家・大川周明《しゅうめい》と昵懇《じっこん》の関係にあった。憲法と法律を無視し、軍事クーデターによる国家改造を肯定するという基本線で統制派と皇道派の差異はほとんどない。粛軍の結果、皇道派と比べると正義感よりも出世欲が圧倒的に強い統制派の軍事官僚が日本国家を席捲《せっけん》した。そして、日本は地獄坂を転げ落ちるように破滅に向かって進んでいった。

大阪地検特捜部を皇道派、最高検と東京地検特捜部を統制派と考えると、今回の事態がよく見えてくる。「事実を曲げてでも真実を追求する」というクーデター的手法の世直しについて、「大阪の鬼の特捜」と「東京の鬼の特捜」は、文化を共有している。ただし、「大阪の鬼」は、村木事件で無罪をとられるという下手を打った。これをそのまま放置しておくと現代の陸軍である検察庁全体に災いが及ぶ。そこで、現代の統制派である最高検が「東京の鬼」の地金をだして粛軍に乗り出したということだ。

こういう事案を処理するときには、密告者が必要だ。ロシアには「告発者は告発されない」という俚諺《りげん》がある。スターリン時代の粛清を逃れるのにもっとも効果的なのは、自分が告発者になることだ。今回の証拠改竄事件において、朝日新聞が主導的役割を果たした。その舞台裏について、9月30日発売の「週刊新潮」(10月7日号)はこう報じる。

〈司法担当デスクによれば、

「村木さんの取り調べ担当は、大阪地検刑事部から特捜部に応援に入っていた國井弘樹《くにいひろき》という検事でした。初公判後、國井検事が前田に電話をかけ、〃FDの日付が問題になっている〃と告げた。すると、前田は〃FDに時限爆弾を仕掛けた。日付を変えた〃と打ち明けました。前田はマヌケにも、捜査報告書がすでに法廷に提出されていることを知らなかったようなんですよ」

その捜査報告書は國井検事(35)の事務官が作成したものだった。もし、それが証拠開示されていなければ、前田検事の目論見《もくろみ》通りに村木裁判は進展していたかもしれなかったのだ。

果たして、〝時限爆弾〟発言を聞いた國井検事は、血の気が引く思いだったに違いない。すぐさま、村木裁判担当の塚部《つかべ》貴子《たかこ》公判検事（41）と、加えて、公判部の主任検事にも相談を持ちかけたという。

そして、1月末、國井検事は塚部検事を伴い、佐賀元明特捜部副部長（当時＝現・神戸地検特別刑事部長）のもとを訪れ、前田検事の証拠改竄を内部告発。さらに、大坪弘道特捜部長（当時＝現・京都地検次席検事）にも報告した。

その國井検事だが、ご覧のようにキムタク風のロン毛で検事には珍しいタイプ。

「〝イケメン検事〟なんて呼ばれてますよ。前田とはソリが合わなかったようですがね。ただ、彼も過去、さいたま地検熊谷《くまがや》支部で問題を起こしていた。埼玉県警が麻薬密売で逮捕した暴力団組長を取り調べる際、その組長から〝所有する拳銃《けんじゅう》を長男が自主的に提出したことにしてほしい〟と持ちかけられたんです。挙げ句、銃刀法違反事件を捏造《ねつぞう》しようとしていた疑いが浮上し、新聞沙汰《ざた》になったことがありました」（同）

どうやら國井検事も前田検事と似たり寄ったりのようだが、もう1人の塚部検事について、司法ジャーナリストはこう話す。

「同僚から〝潔癖症〟と言われるほど、凝り固まった性格だそうです。ただ、彼女は独身なんですが、大阪地検のなかでも美女検事として評判ですよ。仕事もバリバリこなし、宮崎地検時代、宮崎県知事を官製談合で逮捕する事件に携わっていた。郵便不正事件では、政治家ルートの捜査にあたり、関係者を事情聴取していました。でも、前田と捜査方針を巡って対立し、特捜部から公判部に飛ばされたんですよ」

2人の検事が前田容疑者を〝刺した〟のは、その背景に人間関係の縺《もつ》れもあったようだ。

「現在、前田は最高検の事情聴取に意図的な改竄《かいざん》を否認しているが、どう見ても事件のシナリオに沿うように仕組んだとしか思えない。大阪高検上層部にも、この件は伝わっていたはずなのに、前田は一向に処分されなかった。さすがに怒りの頂点に達した2人の検事の周辺が、今夏、朝日新聞の記者にFD改竄をリークし、今回のスクープ記事になったのです」（同）〉

ちなみに、検察内部から情報提供を受けたジャーナリストの今西憲之《のりゆき》氏は、「週刊朝日」誌上でこう告白する。

〈村木氏の無罪判決が出た9月10日から数日たったころだった。

大阪地検関係者のA氏から私の携帯に電話があり、大阪市内の飲食店で会う約束をした。人目を気にしながら現れたA氏は、苦笑しながらこう言った。

「よくもあれだけスカッと検察の悪口を書いてくれたわな。うちのある幹部は『敵やけど、これほどボロカスに書かれたらしょうがない』とあきれとったわ」

A氏は、拙著『私は無実です　検察と闘った厚労省官僚村木厚子の445日』（朝日新聞出版）を読んだと言うのだ。そして、真顔になりこう語りかけてきた。

「実は本に書いてほしい話があった。あの本を読んで、やはりこの話は隠してはいけないと思い、話すことにした」

と言い、検察の内部書類をテーブルの上に出した。

「いま、実は大阪地検内部でトラブルが起きている。村木の部下だった上村《かみむら》が偽造した問題の公的証明書だが、あのデータが保存されたフロッピーディスク（FD）の記録を主任検事の前田が改ざんした。これが発覚したら、検察の裏ガネを告発した三井環《たまき》事件に匹敵する大スキャンダルや」

FDは、村木氏の部下であった上村勉《つとむ》被告（41＝虚偽有印公文書作成・同行使罪で公判中）の自宅から押収《おうしゅう》されたもので、自称障害者団体「凜《りん》の会」に対し発行された偽《にせ》の公的証明書の文書データが保存されているものだ。

その後、朝日新聞の報道で、そのデータの最終更新日時を、前田容疑者が「2004年6月1日」から「6月8日」に書き換えたことがわかった。〉（「週刊朝日」10月8日号［9月28日発売］）

このような捜査情報のマスメディアへの提供が、国家公務員の守秘義務に反することは明白だ。大阪地検に勤務する検察官が、内部問題の告発をするならば、大阪高検あるいは最高検に対して行なうのが筋だ。しかも、「週刊新潮」の報道が事実とすれば、現在告発者に回っている検察官たちも、証拠が改竄され、村木厚子氏が無罪であることを認識しながら、村木氏に罪を被《かぶ》せようとする大阪地検の行為に荷担していた「共犯者」だ。この問題に手をつけない最高検の捜査は公平公正と言えない。筆者は、最高検による今回の大阪地検特捜部に対する捜査は、戦前の陸軍内部における統制派と皇道派の内部抗争と同様の「あの人たちの諍《いさか》い」と考えている。率直に言うが、平成の皇道派である大阪地検特捜部に同情している。

「汚《けが》れた霊」

巷《ちまた》では特捜検察解体論、少なくとも大阪地検特捜部は解体せよという声が強まっているが、筆者は反対だ。どの時代、どの国家においても政治犯罪は存在する。日本の場合、戦前の治安維持法が拡大解釈されていった反省から、政治犯罪は存在しない建前になっている。そこで政治的に有害な人物を排除する場合には、政治犯罪を経済犯罪に転換して処理する文化が生まれた。それだから政治家は収賄や政治資金規正法違反のようなカネにまつわる犯罪で処理される。第三者的に突き放してみると、特捜検察が「時代のけじめ」をつけるための政治的機能を果たしているということなのだが、実際に捜査に従事している検事や検察事務官は、自らが政治的に中立な公益の番人であると信じている。繰り返すが、だれも自分の姿を等身大で見ることはできないので、これは仕方のないことだ。検察が捜査機能を失うと、その役割を必然的に警察が行うことになる。警察は行政機関だ。そうなると時の政権の意向を直接反映し、かなり露骨な政治的捜査が行われる危険がある。それよりも行政から制度的に一定の距離を保つ検察に委《ゆだ》ねたほうがましだ。また、特捜を東京地検に一本化すると、権力の集中がおき、危険だ。あえて大阪地検特捜部を残し、東京地検特捜部と競争させることによって、結果として、特捜検察内部での牽制《けんせい》が可能になる。こういうときにこそ、聖書から学ぶことが重要だ。イエス・キリストが「汚れた霊」についてこんなことを言っている。

〈「汚れた霊は、人から出て行くと、砂漠をうろつき、休む場所を探すが、見つからない。それで、『出て来たわが家に戻ろう』と言う。戻ってみると、空き家になっており、掃除をして、整えられていた。そこで、出かけて行き、自分よりも悪いほかの七つの霊を一緒に連れて来て、中に入り込んで、住み着く。そうなると、その人の後の状態は前よりも悪くなる。この悪い時代の者たちもそのようになろう」〉(「マタイによる福音書」12章43—45節)

特捜検察は現代の「汚れた霊」だ。下手な掃除をすると、7倍(イエスの時代において7は完全数なので、限りなく大きいという意味だ)になって「汚れた霊」が戻ってくる。特捜事案についてはただちに完全可視化を実現し、取調室で検察官が無理をしにくい環境をつくる。そして、「告発者は告発されない」という俚諺を信じて、自らの責任を回避し、かつての仲間を売ることにより正義の味方になろうとしている、国家公務員の守秘義務に違反する可能性が高いはらわたの腐りきった検察官僚に最高検が鉄槌《てっつい》を下すことが不可欠だ。

「新潮45」２０１０年11月号掲載

特別対談　元特捜部長VS.佐藤優

「禁断の園」に踏みこんだ

佐藤優　今日の対談は、宗像《むなかた》先生とぜひお話したいと私からお願いしました。法律のプロであり、東京地検特捜部長の実務経験もある宗像さんと、大阪地検特捜部のフロッピーディスク（ＦＤ）改竄事件について今一度、議論を深め、問題の本質を抽出するとともに〝特捜検察の文化〟にまで踏み込みたいと思ったからです。特捜検察に捕まった経験のある人間からすると、特捜検事経験者には、あまり会いたくないのですが、今、宗像先生の話を聞いておくことは、非常に重要だと思っています。

現在の特捜批判はピントがずれているとともに不当なものが多過ぎる。だから、公益の代表者である特捜検察はどうあるべきかという根本的な座標軸を取り返すために、きちんとした検討が必要だと思います。

先《ま》ず、私は自分の立場を明確にしておきます。それは、現在の特捜検察に対する攻撃は明らかに行き過ぎがある、解体論なんてとんでもない話であり、巨悪への抑止力のためにも、特捜検察は維持し強化する必要がある、という立場です。

今の特捜批判は、大阪地検特捜部の前田恒彦主任検事によるFDの改竄からスタートしているために、特捜けしからんの大合唱になってしまっていますが、私は、そこを起点に据えるべきではないと思うんです。起点に据えるべきは、厚生労働官僚の犯罪です。

障害者団体向けの割引郵便制度の不正事件があり、その過程で中央官庁の課長印、公印が使われ、なおかつ稟議書《りんぎしょ》まで偽造されている。

それにより、起訴状によれば約31億円という巨額が、郵便事業という極めて公益性の高い事業のさなかでごまかされた。しかもこの実行犯は、賄賂《わいろ》をもらったわけでもなければ、接待を受けていたわけでもない。そういう状況で、ここには組織的な犯罪があるのではないかという見立てをし、捜査に踏み込んでいった大阪地検特捜部の基本的な方向性は間違っていなかった、と私は思うんですが、この認識は誤っているでしょうか。

宗像紀夫《のりお》 いや、間違いじゃないと思いますね。このような巨額の郵便不正事件は一係長の思いつきで起きる話ではないだろう、やはり政治家が絡《から》んでいるのではないか、という「筋読み」を大阪地検がしたこと自体は間違いではない。政治家から一係長が請託なり要望を受けるわけはないですから、上層部から下へ指示、命令があったのではないか、という見立て自体は悪くない。最近、特捜が事件の「筋読み」をすること自体、悪いという批判が出ていますが、とんでもない……。

佐藤　見立て自体が悪いというのは、認識論、哲学の勉強を全然していないから出てくるのです。純粋に客観的な認識などありません。

特捜検察が扱っている対象は「巨悪」です。彼らは知能犯で、政治家であり、高級官僚であり、あるいは巨額の資産を持つ経済人。物証は基本的に残さないし、しかも法律的な知識も持っている。状況によっては表の力だけではなく、組織暴力といった裏の圧力も使う。私のようなチンピラが特捜検察に逮捕されるのは例外的ケースです。

こういう「巨悪」に対処していく時に、特捜検察が持っている武器は、基本的には知恵だと思うんです。その知恵というのは何かといったら、筋を読む力です。ですから、ストーリー捜査であるとか、筋読みがいかんと、証拠だけを集めてやれと言っているのは、捜査するなと言っているのに限りなく等しいめちゃくちゃな議論です。

宗像　今回の事件を、政治家が関係している案件だろうとした大阪地検の筋読みは間違ってはいなかったのですが、次の段階、つまり村木厚子さんを逮捕するという段階になって、共謀の時期と矛盾するようなFDが出てきた。さあ、ここでどうするかというところが大問題です。ここで1回踏みとどまって、矛盾する証拠の問題を解決して、前へ進めば問題はなかった。様々な相矛盾する証拠が混じるという場合は時折あり、だからといってその事件が成立しないというわけではありません。証拠の矛盾をどうやって突き崩していくかということで、事件の捜査は進んでいく。それを厳密に行わないまま公判になり、主任検事が慌《あわ》てた、というのが、今回のFD改竄事件の流れではないでしょうか。

佐藤　ベッドに寝かせて足が長ければ、ベッドを伸ばせばいい。すなわち、証拠に合う形のところで供述をもう1回取り直し、正確を期す。ところが、捜査のストーリーが出来上がっていて、大量の証拠の山に追われている時などには、足を切ってしまいたいという誘惑に陥ることがあると思うんです。その衝動を抑制するために重要な要素は何かというと、今までの事例研究や担当検事の教養だと思うんです。

宗像　私が捜査のバイブルにしている本があります。5・15事件と2・26事件の間に起きた事件を記録した『帝人事件』（河合《かわい》良成《よしなり》著・講談社刊）という本です。この事件は、当時の東京地検が摘発し、政官財の主だった人たちが起訴されながらも、全《すべ》て無罪になった事件です。検察官が作り上げた事件と言われ、判決文でも、「水中の月影を掬《すく》うが如《ごと》し」と事件としての実体がないことを指摘し、「証拠不十分にあらず、犯罪の事実なきなり」と断定しています。この本を読めば、供述だけで構成した事件の難しさや供述の怖さがよくわかります。私がこの本を東京地検特捜部の頃に買って、当時の副部長で、後に法務・検察のトップ、検事総長になる吉永祐介《よしながゆうすけ》氏に見せたら、「これを皆に読ませろ」と言って、特捜部の皆で読んでいたことがありました。

佐藤　過去の失敗の教訓から学ぶということが重要なのに、今の特捜部はそれができていない、ということですね。

主任検事によるFD改竄についてですが、ご本人が認めているのでこれが事実であるという前提で話を進めます。確かに改竄はほめられたことではないし大問題です。しかし、FD自体が公判で採り上げられたわけではないし実害はなかった。また、判決に影響を与えたわけではない。それにしては、科されたペナルティーが大きすぎるような気がします。

宗像　そう思われる方もいるかもしれませんが、私は違うと思います。

検察官の見立てに合うように改竄されたFDは、弁護側に戻されていました。弁護側としては、このFDは検察側の見立てを認めることになるので法廷に出せない。これは、弁護側が、検察官の主張している事実を消極的ではあるけれども、認める格好になるわけです。つまり、非常に抑制的な形で、検察官の主張が通ることになる。FD改竄には、極めて頭脳的でその分悪質な狙《ねら》いがあったのです。ところが、検察事務官の書いた正しい捜査報告書が出されて、改竄の事実が明らかになった。おそらく、特捜部と公判部の連携が不十分だったのだと思います。東京の特捜部なら、公判に出す証拠は全て特捜部が選別精査し、把握し、確認した上で公判に出す許可を出す。もし、この捜査報告書が出されていなければ、改竄も明らかにならなかった。その意味では、前田検事の狙いは未遂に終わりましたが手段は巧妙で、犯罪の悪質性はきわめて高く、裁判を誤らせる危険があったといえます。
佐藤 このFD改竄《かいざん》事件で失われたのは、大阪地検特捜部だけではなく、検察庁全体の信頼であるという点で、前田検事の責任は極めて重いということですね。
宗像 ええ、証拠物に手を加えるくらいだから、供述調書など自由自在に作るだろうと誰もが思いますよ。検察官の頭脳を通過して調書をつくるわけですから供述調書は動く。供述調書は、相手を説得し、共同作業で検察側の意向に沿うようにつくり上げることもあります。しかし、物証は、供述調書とは全然性格が違うものです。動かない物証に手を加えるというのは、コペルニクス的発想の転換がなければできないことで、「禁断の園」に踏みこんだという感じがします。
佐藤 この踏み越えというのは、推定の話になると思いますが、どうして起きたのでしょうか。
宗像 前田主任検事は、新聞報道では、FDを改竄しなくても事件は成立すると思っていたと弁明しているようですが、私は、正しいFDが当時出ていれば、村木さんを逮捕も起訴もできなかったと彼は分かっていた、と思います。中央官庁の局長を逮捕したいという思いから、上を欺《だま》し、あるいは上に黙って、事件捜査を進めていった。やはり、自己保身というか面子《メンツ》というか、あるいは事件可愛《かわい》さというのがあったと思います。
佐藤 事件可愛さというのは、分かりますね。前田検事は「割り屋」として高い評価を受けていた。そうすると、割り続けないといけないんです。検察が起訴したら、99・9％が有罪になるという日本の司法状況で、無罪をとられることは許されない。漏れ伝わってくる報道によれば、彼は部下の面倒見がよく、努力家で生真面目《きまじめ》な性格のようです。しかし、明らかに教養の幅が狭く、能力を超える仕事を任されていた。そこで、一種のパニックになったように見えるんですよ。

宗像　ただ、私から言わせると、今回の事件が難しい事件かといえばなにも難しくはない。要するに、係長の単独犯か、上司に共犯がいるのかということを仕分けすればいいだけの比較的簡単な事件です。係長が、偽《にせ》の証明書を出したことは動かない事実ですから単純です。だから、共犯がいるというなら、それに沿う客観証拠、状況証拠、間接事実などを集めて関係者から供述をとれば済む。

東京地検特捜部が摘発してきたロッキード事件やリクルート事件、ゼネコン汚職などは、極めて複雑な事件で、小さなピースを１つ１つ組み合わせてモザイクを完成させる必要がありました。

佐藤　今回の郵便不正事件で分からないのは、村木さんが官僚として高く評価されていることです。村木さんは、ガッツポーズをして、花束で迎えられて職場復帰した。しかし、ちょっと待って欲しい。村木さんの部下が彼女の印を使い、村木さんの名前で稟議書を作り、結果、約31億円の損害が出た。この件に関して、村木さんは、この部下に対する管理責任が当然あるのではないでしょうか。今回の件で、厚生労働省が聖域視され、厚生労働官僚の犯罪が免罪されるようなことはあってはならないと思います。少し穿《うが》った見方かもしれませんが、例えば、検察官は司法試験という難しい試験に合格している。それに比べ厚生労働省は、旧内務省系ではあっても本流ではない。外務省とか財務省と比べると、国家公務員試験でも、点数はそれほど高くない人が就職する。しかし、国家公務員は、試験勉強の期間は1年か2年だと。司法試験に5年、6年かけて検察官になる人もいる。どちらが頭がいいかといったら我々のほうが頭がいいと、大いなる勘違いをしている人たちも結構いると思うんですね。となると、検察庁ごときに負けてなるものかと、OBも一体になって、組織として厚生労働省、特に厚生系の人たちが省益を守ろうとしたという要素も、私には見えるんですね。

今の特捜には余裕がない

宗像　私は、検察官を36年経験していますが、うち12年間、特捜部に在籍しました。その経験を踏まえて言いますと、特捜部に集められる検事は、基本的に、切れ者で、知識も豊富で、法的素養もある優秀な人材が多いと思います。

私が（東京地検）特捜部に入った頃は、若い検事が集まっては、「この国はこれでいいのか」、「長期自民党政権は腐敗しているんじゃないか」、「その病巣《びょうそう》を見つけ出してやろうじゃないか」、といった議論を重ねていました。だから、私は、大部分の検察官、特に特捜部検事が持っている資質は、基本的に非常に「素朴な正義感」だと思います。地位保全とか出世とかも、あまり考えてなかったように感じました。

先輩が聞かせてくれる特捜事件の経験も勉強になりました。例えば、社長と副社長を捕まえたら、社長は無理やり自白させることはない。副社長に詳しく自白させて、社長は「ま、そういうこともあったかも」ぐらいの供述でいいと。だから、田中角栄元首相など完全否認だったけれども、秘書がどんどん喋《しゃべ》ったから、それでいいわけです。そういう事件を通して生の勉強を日々積み重ねて皆成長してきた。酒を飲みながら、職人肌の先輩検事の苦労話を聞いたり、様々な教訓を教えてもらうことが本当に勉強になり、実際の捜査にも活《い》かされたんです。今、そうした先輩、後輩の関係などがうまくつながっていないのかなという気がします。

佐藤　今の検察官は忙し過ぎると思いますね。新聞報道などで、検察官を、出世や自己評価に汲々《きゅうきゅう》としているように戯画化して書いていますが、これは間違っている。検察官は全体としては正義感が強い。ただ、極めて忙しい。本を読んだり、犯罪以外のことについて考える余裕がないほど過重な仕事があります。

宗像　昔の特捜検事は余裕がありました。昼頃出庁し、午後から仕事に入り、夜遅くまで取り調べをするといった感じで、自由自在に働いていましたが、今は朝9時半には出庁しなければいけない。しかも帰る時間は夜中ですからね。言ってみれば、検察官は24時間勤務なんですよ。勤務時間は一応決まっていますが、労働基準法も何もない。

私が、リクルート事件を担当していた主任検事の時は、8カ月間ぐらい、ほとんど休みなしでした。主任検事の下には、報告書やその日の調書の写しが全て上がってきます。その全てに目を通し、翌日に東京高検、最高検に報告するとなればその準備もしなければならない。パソコンで遊んでいる暇などありません。一方、普通の検事は自分の担当領域を1人で調べます。同じ人物を50回とか60回とか調べる。

佐藤　その過程で、被疑者と担当検事との間に自然に人間関係ができる。隔離された状況の中で、1日10時間もの間、話をしているわけですから、担当検事が途中から弁護人のようになってくる。供述を取るためにそんなふりをするのではなく、本当にそうなる。そうなると、調べられる側は担当検事に点を取らせたくなる。すると、やっていないことについても供述してしまう危険があります。

宗像　私の体験で言うと、ある人を、金を受けとったかどうかで調べたことがありました。ぎりぎりまで調べて、否認で取り調べは終わった。その人が後で言っていました。もう1日、2日追及されたら……。

佐藤　落ちていたと、本当のことを言っちゃったとか。

宗像　いやいや、そうではなく、「苦しくて、ない事実を言ったかもしれません」と。

ぞっとするような話です。だから、当初の筋読みと違ったら、勇気ある撤退をしなきゃだめなんですね。

例えば私が特捜部長時代に手がけたゼネコン汚職事件。新聞には、捜査のターゲットはN代議士とXという自民党の元幹事長、と何度も出た。確かにそれは主任検事が私に報告してきた「筋読み」の通りで、私もその線で捜査を推進するよう指示した。ところが情報によればXは、ゼネコンから金をもらったことを、秘書も含め強硬に否定しているという。おかしいなと思って、金を持っていったと供述している贈賄《ぞうわい》側のゼネコン幹部を徹底的に洗っていたら、その幹部の預金通帳から、持っていったはずの金額とぴったり合う金が見つかった。幹部が業務上横領していたんですね。当初の筋読み通り突っ走っていたら、大変なことになっていたかもしれない。

ただ、特捜部がある筋読みをして捜査を発進させたら、普通、よほどのことがない限り、後には引けません。要するに、大艦隊が出港したような感じで、すぐ戻れ、と号令が出てもそう簡単には戻れないんですよ。

取り調べは人間力の勝負

宗像　私の検事人生の一番最後の取り調べは、前述のリクルート事件です。当時、私は副部長で、主任検事。リクルートの江副浩正《えぞえひろまさ》会長（当時）を取り調べました。その際、私は大きな声を出したことは1度もない。最終的には、藤波孝生《たかお》元官房長官本人に未公開株を渡したのか、秘書に渡したのかという問題になったのですが、江副会長はもちろん秘書に渡したと言います。しかし、実は検察側は、未公開株を売って得た利益が、藤波氏の自宅取得の資金に流れ込んでいるのを把握していた。秘書への株の売買なら、あり得ない話です。その事実を江副氏本人には示さずに調べを進めました。藤波官房長官の公邸に2度も行っていることも運転手の取り調べから分かっていましたが、江副氏には言わない。江副氏側は、法廷でも最初は認めなかったのですが、公判廷で客観証拠を次々と示すことで、こちらの主張を認めさせることができました。

佐藤　それは一番うまいやり方ですね。特に知能犯が相手の場合は、最初に物証をつけると捜査側の手のうちをさらすことになり、相手はそれに対する防御の方法を幾らでもつくり出す。だから、物証をつきつけて証言させるというよりも、やはり人間力の勝負で、本人に語らせる。その方が人間の心理からしても、公判を維持しやすいというか、公判で下手に証言を覆《くつがえ》すことはないと思うんですね。その辺の心理というのを、やはり宗像さんは経験則の中できちんと摑《つか》んでおられる。

宗像　しかし、これは余裕がないとなかなかできないんですよ。1日も早く証言を取らないといけないと、捜査を焦《あせ》ってしまう。余裕がないと、最初から物証を突きつけて、さあ話せとやってしまう……。

佐藤　検事に余裕がない時は、調べを受けてる方でも分かりますね。ただ、重要なのは、取調室の中では、人間同士の真剣勝負だから心の触れ合いがあるということです。そこで嘘《うそ》をつき通したり、完黙すると、捕まった人も自分の将来に大きな禍根を残す。それと同時に、やっている以上のことを言って他人に罪をかぶせた場合もそうです。特に最終ターゲットに登りつめるための「階段」という役割として自分が位置づけられている時、捜査を上に伸ばしていくのが検事の仕事ですから、期待されていることが分かり、そのとおりに証言してしまう。これもやはり禍根を残す。だから取調室での検事とのせめぎ合いは大変なんですよね。

宗像　特捜が扱う事件というのは、検察官送致事件だとか普通、刑事部が扱う事件のように、犯罪性がぱっと見て明らかなものではありません。贈収賄事件にしても、政治献金か賄賂《わいろ》かは非常に難しい問題がある。ちゃんと政治献金として届け出している金でも、職務権限があり、請託を受けてなにがしかの働きかけをすれば賄賂になる。しかし、立件は容易ではありません。あっせん収賄は、さらに難しい。

経済事犯にしても、見方によって合法、違法が違ってくる。しかし、特捜が、「これは社会的にやる意味がある」、「このまま放置すれば社会がおかしくなる」、と判断した事案については難しくとも着手しなければならない。ライブドア事件などそうだと思いますよ。要するに、赤字転落となる会社の決算を粉飾して優良会社に見せかけ、さんざっぱら株を買わせ、莫大《ばくだい》な資金調達を行うとともに、この間、会社幹部らが不当な利益を享受《きょうじゅ》したとされる事件です。これを一般大衆相手の詐欺《さぎ》事件みたいなものと捉《とら》えると、刑事訴追に踏み切った特捜部の考えは了解できる。

ただ最近の事件を見ますと、主任検事の見立て通りに調書を取ることが優先され、それを忠実に行う者が「割り屋」とか「エース」と呼ばれる。しかし、例えば、主任検事から見立てどおりの理不尽な自供調書を作成するよう指示があった場合には、主任に対し、「相手を調べるのは私です。相手がどう言うかは調べた後にしてください」と言わなければならないところですよ。特に特捜の検事などは、取り調べる相手が専門分野の地位の高い人や、知識を持っている人が多い。だから、半分教えてもらいながら捜査をやるということもあります。

佐藤　私は、検察官と被疑者の間でまじめに争うことで唯一《ゆいいつ》、共通利害があるのは、真実を明らかにすることだと思うんです。被疑者でさえ分かっていなかった真実が明らかになることがある。それにより、負わなければならない責任があるのなら負う。ただ、「私はこういうふうに考えていた、それは主張させてもらう」、というのが私の立場でした。

宗像　私がよく部下に言っていたのは、検事は、取り調べの相手に対して物欲しげな態度を示してはだめだ、ということです。そんな態度を取ると、相手はこちらの弱みがわかりますから。私は、「君なんかちゃんとしたことを言わないんだから調べんでもいいよ」、と3日間、被疑者の取り調べをしなかったことがあるんですよ。そしたら拘置所から、調べてください、喋りますから、と言ってきた。

佐藤 特捜事件においては、喋らないのはよくないんですよ。喋らないと、空白があるところを、周辺の連中が、真っ黒い絵で埋めてしまう危険性がありますから。

宗像 昔、ある先輩の有能な特捜検事からこう言われたことがあります。「供述で、うんと仕掛けて、被疑者から１２０％の調書をとったとする。それだって君、後で見てごらん。全体の真実から見れば、せいぜい70％か80％なんだよ。だから言わせ過ぎたと思ったって、相手はそんなに生易しいものじゃないんだよ」と。

地検内部で何が起こったか

佐藤 今回の大阪の事件で、深刻な問題であるにもかかわらず余り指摘されていないのが、内部告発者の話です。仮に検察庁の内部に問題があるとするなら、検事正なりに言う。それがだめなら高検、あるいは最高検に書面で訴えるべきでしょう。それをせずに、マスコミに資料を渡し外部から告発するというのは、公務員の取るべき態度ではないと思うんです。その告発者は「内部でもみ消されたから外部にリークした」と言うかもしれませんが、そのリークが端緒になってこういう大きな事件になった。結果から見れば、それはそれで意味があった。しかしリークした人間も免責されるべきではないと私は思います。そうでないと組織の秩序は保てない。この内部告発こそ検察モラルの低下じゃないかと思うんです。

宗像　普通はあり得ない話です。最高検には、大阪担当の検事が1人いて、そこに言えば検事総長にも伝わる。そこに言わずに、大阪の特捜部長と副部長に報告したところ、2人がこの内部告発を握りつぶしたというのが、今回の構図でしょう。正しいかどうかわかりませんよ、彼ら2人は完全に否認しているわけですから。

佐藤　宗像先生にまさにそこをお伺いしたい。普通なら、故意で改竄《かいざん》しましたと言ってきたら、特捜部長は、なぜそんなことをしたのかを問いただし、「君は検察官として越えてはいけない線を越えてしまった」と指摘し、進退伺いと辞表を持ってこさせればいい話ですよ。

宗像　本当に「故意だった」と報告していたら、責任は重大で、事件にも当然影響するし、そこで大騒ぎになる。しかし、今回はそこで当然起こる筈《はず》の騒ぎがあった形跡が窺《うかが》えない。一番親密な人間関係があるとされている大阪地検で、上に本当のことが言えないような状況があるのか。私にはそこは分かりませんが……。

佐藤　そこが今回の事件の1つのポイントだと思います。もう1つは、合理性から考えて、改竄をもみ消して露見した場合のダメージと、故意で改竄したことを事務的に処理した時のダメージを比べた場合に、明らかに前者のダメージの方が大きいはずでしょう。

宗像　今回の事件は、3つのケースが考えられます。1つは、下から「故意」だと報告が上がってきて、それに対し、「過失にしろ」と指示し、上の地検検事正にも過失だと報告した場合。これは最高検の見立てです。2つ目は、元特捜部長と副部長の主張ですが、過失だと上がってきた、だから過失だと上に報告した場合。もうひとつは、故意だと上がってきて、故意だと上に伝えた場合。もしそういうことがあり得るとすれば、大阪地検全体が、故意であることを知っていたことになり、大変な事態です。ただ、個人的な見解ですが、故意だと上がってきて過失に変えるということは、普通ではあり得ない話です。

佐藤　私は、元特捜部長と副部長が、最高検の見立てを完全に否認しているということであれば、この事件に関してあえて冷静になる必要があると思うんです。国民の真実を知る権利という観点からいえば、よってたかって彼らを叩《たた》くのではなく、彼らの弁明をきちんと聞く必要がある。

宗像　この事件は、まだ全容が明確になっていない。大阪地検のトップである検事正などは、FDの書き換え問題さえ知らないと言っている。元特捜部長と副部長は、FDの問題は過失として報告してあると主張しているにもかかわらずです。

私が思うのは、最高検がやるべきことは、彼らから自白をとることじゃないということです。彼らのあらゆる言い分を100%聞いて、それと手元にある証拠を照合して判断するということです。自白を強要する必要はない。だって、元特捜部長も副部長もプロですから、全面否認で徹底抗戦している以上、自白なんかするわけがないと私は思っています。

佐藤 この事件で、検察の権威が傷つくことはやむを得ないのですが、その傷を最小限に抑えて、公益の代表者である検察の機能に対する信頼が毀損《きそん》されないようにすることが必要です。そのためには、最高検と2人の間で、変な泥仕合はしてほしくない。その点、大坪弘道前特捜部長は「品格をもって闘う」と言っています。立派な態度と思います。

宗像 本件で問題なのは、調査や、検証をきちんとやっていないことです。私がもし、報告を受けた検事正、次席だったら、FDを取り戻し、もう一度検証し、なんのために、いつ、どう改竄したのか、それは動いている事件とどう連動するのか、を厳密に調査します。

佐藤 心理学的に見ても、人間の故意か故意ではないかを分ける境界線は、実は極めて曖昧《ファジー》なんですよ。

宗像 刑法的にいうと、故意と過失の間には、故意、未必の故意、認識ある過失、過失、の4段階がある。おっしゃるように故意と過失というのは、離れているように見えて、虹《にじ》のスペクトルのようなものなんです。今回の事件を解く鍵《かぎ》は、ここにあるのかも知れません。

つまり、故意としても、限りなく過失に近いスペクトルで考えたいという心理が働いたのかも知れない。だから、最高検が故意と言っていることと、元特捜部長、副部長らが過失だと言っていることは、実は同じことを言っているのかも知れない。

佐藤　検察官が正義感を持っているのは当然だし、世直しを考えるのも当たり前だと思います。ただ、私が心配なのは、ここに病巣《びょうそう》があるから手を突っ込んでいこうという青年将校的な気運です。その連想で言えば、今回の最高検の姿勢には、2・26事件の失敗後の粛軍に似ているようなところを感じるんですよ。特捜を最高検に一本化するということになると、結局、東京の一元支配、旧陸軍でいうと統制派の影響が強まることになる。

現在のように特捜を分散させてきたのは、組織を互いに競合させ、組織が硬直化しないようにし、検察が持つエリート部分の能力をどう分散するかという知恵だったと思うんですよ。

宗像　東京、大阪、名古屋は大きな経済圏であり、経済事犯も起きる。それが集中する地域には政治家が犯罪を犯す領域もあるわけですから、特捜部を残す必要はあるんです。ただし、やはりそこで厳重にチェックするシステムが必要でしょう。

佐藤 私はやはり捜査の可視化、それも被疑者のためだけの可視化ではなく、検察官に無理をさせないための可視化が必要だと思うんですよ。ただ、誤解なきように言いますが、取り調べの過程で検事が机を叩いても、怒鳴ってもいいんです。相手は巨悪なんですから、物証を突きつけて、「嘘をつくな！」と怒鳴る局面があっても全く問題ない。そういう過程を公表し、怒鳴らざるを得ない状況はこうだったんだと説明できるようにする。そういう形で公判を成熟させていければいいんです。

「国滅ぶとも正義は行われるべし」

宗像 私は検察官をやめて2、3年は、可視化などとんでもない、時期尚早だという立場でした。しかし、最近、特捜事件の幾つかの主任弁護人になって経験したのですが、ひどい調べで供述を曲げたり、あるいは取引して、全然筋道が違う事件を作り上げるケースがある。特捜事件は、犯罪になるかならないかの境界線上にある事件が多いわけで、どうしても供述が中心になりますから危ういんですね。本当に悪い奴《やつ》は、最近は証拠を残さないようになってきていますが、それでも状況証拠などを積み上げて犯罪を立証することはできる。だから、私はやはり捜査の可視化はやったほうがいいと考えるようになりました。つまり、今のような特捜の調べなり体制でやるという前提ならば、可視化をやらなきゃだめだと思います。

佐藤　特捜批判は、ヤメ検（検察官出身の弁護士）批判と表裏一体になっていますね。私は、自分の裁判で検察官出身の弁護士に弁護を依頼しました。彼らは、検察の内在的論理がわかるし、証拠が持つ意味もきちんと分かる。私にとって重要なのは、供述をできるだけ事実に近づけるということで、その辺をよく理解してくれました。やはりこれは、検察官を経験した人たちの職業的良心に基づくものと思うんですよね。

宗像　私は、元特捜検事で、今は特捜弁護士みたいなものですが、どちらの立場に立ったって、真実の追求ということでは同じです。私が特捜部に初めて入った時、特捜部の部屋は当時の東京地検の4、5階でしたが、座った椅子《いす》から国会議事堂が見える。よし、あそこからいずれ巨悪を引っ張ってやろう、と気持ちが昂《たか》ぶったことを思い出します。また、政治家を捕まえる際にも、政治的な影響など考慮せずに、「国滅ぶとも正義は行われるべし」という気概をもってことに対処しようじゃないかとも思いましたね。

佐藤　公益を維持するための特捜の重要性ということについては、特捜部にお世話になった人間として、変な意味でなく恩返しする責任がある。私は、それを本当に痛感しています。私のような特捜検察に逮捕された経験のある者が、個人的感情のおもむくまま、今の特捜叩きの流れにのっていったら、日本国家を誤らせることに手を貸すんじゃないか、という思いが強いのです。

宗像　特捜部の果たす役割は、本来ここまで大きくなかったのかもしれません。しかし、リクルート事件では竹下内閣がつぶれ、佐川急便事件に端を発した脱税事件では、金丸信氏が政界引退を余儀なくされた。特捜部の捜査が、結果的に時の政権をひっくり返すような形になっている。

佐藤 特捜部の捜査は、時代が大きく転換していく中で、新たに出現する様々な犯罪を摘発するという、時代の要請に応《こた》えるという面もあるんじゃないでしょうか。これが私が理解する「国策捜査」です。宗像さんが手がけたリクルート事件でも、未公開株の譲渡が実質的な利益供与にあたると判断しましたが、それ以前は、未公開株など特殊な世界のことだった。この事件もひとつの時代のけじめを付けたものだと思います。

今回の大阪地検特捜部の最大の問題は、巨悪に切り込んだのはよかったけれど、巨悪とぶつかり敗れてしまった、その結果、厚生労働省の巨悪が、全く手つかずになって、あたかも免罪されたような状況になってしまった、ということだと思います。これは、国民にとって、決して歓迎すべき事態ではないと私は思っています。

「新潮45」２０１０年12月号掲載

特別対談 鈴木宗男VS.佐藤優

わが国が統治していた国

佐藤優 鈴木さんは、収監を間近にされておられるわけですが、今回、是非、話しておきたいのは「官僚」についてです(※鈴木氏はこの対談後の2010年12月6日、収監された)。民主党の菅直人政権は、「政治主導」という看板を掲げていますが、実態は相も変わらぬ官僚頼みで、以前にも増して官僚たちの巧妙な手練手管に踊らされているようにも見えます。

鈴木さんは政治家としての長いキャリアのなかで、官僚たちと日常的に接してこられました。私も外務省という役所に勤め、限られた範囲ですが、官僚たちの立ち居振る舞いを見聞してきました。その体験から、今から考えれば、社会の常識から逸脱しているとしか思えない様々な官僚の問題を話し合いたいと思います。

鈴木宗男 わかりました。先《ま》ずは、佐藤さんが在籍していた外務省の官僚たちの具体的なケースからお話ししましょう。

2000年から01年にかけてのことです。私は、ロシアや中央アジアに出かけることが何度かありましたが、例えば、中央アジアから帰国するときは、ウズベキスタンのタシケントからサハリン州のユジノサハリンスクとかハバロフスク、ウラジオストックへ向かい、そこからソウル経由の航空機で帰国するというルートを取ります。

その際、ソウルで乗り継ぎ便を数時間待つことがありました。乗り継ぎですから、空港の外に出ることはできません。

その時です。在韓国日本大使館の杉山晋輔公使（当時、現・地球規模課題審議官）が空港ロビーに現れ、「私と一緒なら入国手続きはいりません」と言って私を空港から連れ出し、公用車を連ねてソウル市内にある高級焼き肉店に乗りつけたのです。この店は、竹下登元首相がよく使っていた店だそうで、毎回数人の大使館員も同行してきました。

韓国に入国するのに、今はビザは要らないようですが、当時はビザが必要でした。通常は簡易通関でも、入国管理局のスタンプを押してもらわなければならない。にもかかわらず、入国の手続きを一切取らなかったんです。だから、私は、その焼き肉屋で、杉山氏に「入国許可を取ってないが（空港の外に出て）問題はないのか？」と聞いたんです。すると、返ってきた答えは「この国は、かつてわが国が統治していた国だから、（入国手続きをしなくても）心配ありませんよ」という驚くべきものでした。これが在韓国日本大使館のナンバー・ツーの発言ですよ。杉山氏の意向で、こうした韓国への無手続き入国と焼き肉屋通いが何回か行われました。

佐藤　韓国を「植民地」同然にみなし、その国の法を踏みにじってもなんら痛痒《つうよう》を感じないという思い上がりですね。外交官としてはあってはならない差別的態度です。杉山氏は1977年入省。早稲田大学在学中に外交官試験に合格したエリート官僚です。駐米日本大使館1等書記官、事務次官秘書官といったエリートコースを歩み、一時は将来の事務次官候補とみなされていました。

しかし、杉山氏が、斎藤邦彦事務次官の秘書官だった1993年から95年の間に、外務省の報償費（機密費）から2億円を着服し、料亭などで豪遊していた疑いが週刊誌にすっぱ抜かれたことがあります。この時は、S課長というイニシャルで済みましたが……。

その焼き肉屋の席で、杉山氏と鈴木さんの話を私も聞いていました。その内容に驚くというかあきれました。「韓国のクラブは銀座や赤坂にくらべて安くて楽しめる。ホステスの中から美人を選んで、家庭教師として雇い、韓国語を教えてもらっている。昼も夜も」と自慢げに話していたからです。

当時、鈴木さんは、外務省の役人に1日世話になると、ちょっとした立ち寄りでも、1日1000ドルを必ず「寸志」として渡しておられた。この時も、鈴木さんは杉山氏に1000ドルの「寸志」を白い封筒に入れて手渡されましたね。私は確かに目撃しました。

鈴木 はい渡しました。それに、その日の焼き肉屋の支払いは、もちろん私がクレジット・カードで済ませました（笑）。

佐藤 それなのに、杉山氏は、後になって、「（焼き肉屋へは）行きたくて行ったことはありません。仕事なので仕方なく行きました」なんて言い訳しています。「いやもう、鈴木先生のことでしたら、何を差し置いても伺います」なんておべんちゃらを言っていた人がですよ。

鈴木 私は、杉山氏に「来てくれ」と頼んだことなど1度もありません。

今は退官している枝村純郎ロシア大使（当時）も印象に残っています。彼は、自民党の外交部会で、当時の日露議員連盟の村田敬次郎会長をバカにして、「外交には政治家は口を出すべきではない。外交は、我々、専門家に任せればいい」と言い放った。村田先生が黙っていたので、浜田幸一《こういち》先生が「お前、何様のつもりだっ！」と激怒したことがありました。

この人物は、大使公邸に、奥さんの等身大の肖像画を掛けていた。玄関に入ったら、その肖像画がいやでも眼に入ります。私も、「いい絵ですね」なんてお世辞を言ったことを覚えていますが、大使館の職員は、大使公邸に入るときは、その絵に頭を下げざるを得ないわけですから、バカな話です。この人は、何か勘違いをしているんじゃないか、と強く感じましたね。

佐藤　外務省の場合、家族ぐるみで勘違いしているというケースがあるんですよ。枝村氏は、自宅を建て替える時、なぜか数カ月も、ホテルニューオータニのセミスイートルームに住んでいました。どうして、そんなお金があったんでしょうか。しかも相当割引してもらっていたという話を私は枝村氏本人から聞きました。

政治家と「あてがい」

佐藤　話はかわりますが、外務省には、「あてがい」と呼ばれる人がいる。例えば、小沢一郎氏には、外務省から彼専属の「あてがい」が付けられています。小沢氏の「あてがい」は、政権が交代しようがどうしようが、小沢氏に情報を持っていくのが仕事。いわば属人的な情報員、番記者のようなものです。鈴木先生にも「あてがい」がいました。私が「あてがい」だと思っている人が多いようですが、実はちがいます。

「あてがい」は外務省の総体の意思として時の官房長と事務次官が、キャリア職員の中から選びます。これは、有力政治家とプライベートなチャンネルを作り、なにかあったときに使えるようにしておくのが狙《ねら》いで、大体、秘書官でその政治家と相性が良かった者を活用します。「あてがい」は、担当している議員のプライベートな会合に顔を出したり、その議員に外務省の機密文書や極秘電報を届けたりする。つまり、日頃から外交の機密情報を流出させているわけです。こうなると、当然、「あてがい」となった官僚には、担当している政治家の派閥の色がついてきます。なにしろ、その政治家と命運を共にするということですから。

外務省は、元来、清和会（旧福田派）が強かったのですが、経世会（旧竹下派）系の官僚もいて、省内で両派の代理戦争が繰り広げられていました。その意味で、外務省の官僚たちは政治にとても敏感でした。

鈴木　私のところにも、外務官僚たちが様々な情報を届けに来ましたよ。

外務省の文書には、「極秘」「秘」「取扱注意」「平」という4つの種類がありましたが、通常、「取扱注意」以上の文書は外部に見せてはいけないものなんですね。にもかかわらず、「極秘」の秘密電報などが届く。

佐藤　ここが大変重要な点ですが、先生のもとに届けられていた外交機密文書は、秘密指定の解除がなされていないものです。というのも、実は、特定の人物に対してだけ秘密解除をすることは、日本の法制上ではできないからです。秘密解除をした以上は、情報公開を請求された場合、誰に対しても公開しなくてはいけない。

一方、秘密指定が解除されていない極秘文書を受け取った国会議員は、特別職の公務員で守秘義務がないんですよ。だから、外務省の機密保全体制には、根源的な欠陥があ

平和条約締結問題（国境画定委員会）

（高野外審）昨８日、総理の訪中に同行した際、自分は総理より、これまでの首脳レベルでの成果を踏まえ、事務レベルでの協議を精力的に進めてほしいとの指示を直接受けた。

幸い両国関係はあらゆる面で密接な関係となり、着実に発展していると考える。しかし、世界の中で重要な地位を占めている日露両国の間に平和条約が半世紀以上たっても結ぶことができないのは、日露両国のみならず、世界にとって好ましくない。

まず、平和条約問題についての我が国の考え方を申し上げたい。

イルクーツク首脳会談での日本側提案を含め、イルクーツク首脳会談までに積み上げられた成果を引き継いで交渉を行っていくというのが我が国の考え方である。

一部の報道等に起因して、小泉内閣において我が国の対露政策が変更されたかのような誤解が貴国国内で生じているというような話も聞いているが、これまで繰り返し日本側が説明しているとおり、我が国の立場については既に十分に御理解いただいているものと考えている。

イルクーツク首脳会談での日本側提案については、この提案が今でも有効であることを確認したい。

イルクーツクでの日本側提案は、日露の共通の目標が四島の帰属の問題を解決することにより平和条約を締結することであるとの前提に立った上で２つの点を申し上げている。第一は、歯舞・色丹の引渡しの態様についての議論であり、第二は、国後・択捉の帰属の問題の議論であり、これらを車の両輪のように同時に前進させていくというものである。ポイントは、２つの議論を車の両輪のように同時に前進させねばならないという点にある。我が国としては、歯舞・色丹の引渡しの態様についての議論を行うことのみで満足することはできない。国後・択捉の帰属の問題の議論にも真剣に取り組み、これら２つの議論を同時にかつ同様に

機密文書の多くは、コピーをすると「複写厳禁」の文字が浮かび上がる。

るといえます。

鈴木　今日は、私の手元にある、極秘電報や幾つかの機密文書の実物を持参しました。「極秘」「秘」など区分けがしてあり、コピーをすると模様が浮かび上がるようになっている文書（前頁《ページ》の写真）もあります。この極秘電報の写真を誌面に掲載する場合は、電報の総番号と年月日の部分を消してください。その部分が分かると、その日の交信記録を分析され、日本大使館が使っている暗号コードが相手方に漏れる危険があるからです。

佐藤　先生、この極秘のマークが付いた文書はすごい！　１９７３年10月の田中角栄首相・ブレジネフ共産党書記長の日ソ首脳会談の記録。どうして、こんなものがここにあるんですか。

鈴木　外務省の門外不出の極秘文書の中でも特に厳しく管理されているものです。今まで1度も公開されたことはないし、外務省の内部でも、おそらく2部しか存在しない。鳩山一郎首相がモスクワを訪問して以来、17年ぶりに日本の首脳がソ連を訪れて会談したときの記録です。

佐藤　本来、外務省ロシア課の金庫奥深くに秘蔵されていなければならないはずの極秘文書ですよ。日露交渉が続く限り、永久に表には出てこない文書であり、出してはいけないもの。この、田中・ブレジネフ会談は、北方領土交渉における重大な会談です。

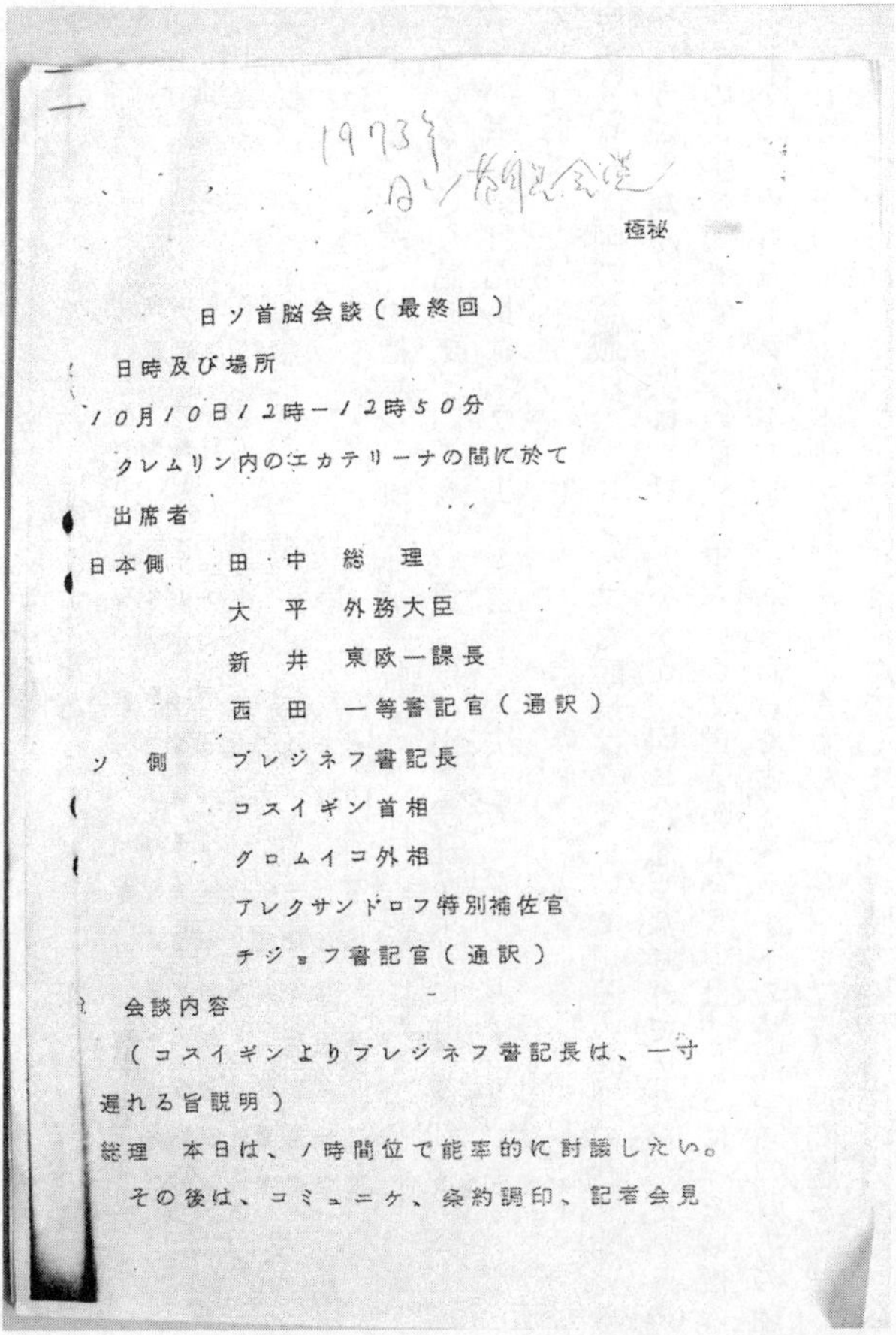

1973年
日ソ首脳会談

極秘

日ソ首脳会談（最終回）

日時及び場所

10月10日12時－12時50分

クレムリン内のエカテリーナの間に於て

出席者

日本側　田中　総理

大平　外務大臣

新井　東欧一課長

西田　一等書記官（通訳）

ソ　側　ブレジネフ書記長

コスイギン首相

グロムイコ外相

アレクサンドロフ特別補佐官

チジョフ書記官（通訳）

会談内容

（コスイギンよりブレジネフ書記長は、一寸遅れる旨説明）

総理　本日は、1時間位で能率的に討議したい。

その後は、コミュニケ、条約調印、記者会見

田中・ブレジネフ「日ソ首脳会談」の極秘記録は本来、外務省ロシア課の金庫奥深く秘蔵されていなければならないはずだが……。

この文書には極秘事項がたくさん盛り込まれていますね。これは日本の国益のためにまだ表に出すべきではないと思います。ただし、マスコミで様々な報道がなされていた次の部分は明らかにして、国民の知る権利に応《こた》えるべきと思います。

田中総理は、「(グロムイコ外相が言う) 諸問題の中に北方領土の4島帰属問題が入っていることにつき、ブレジネフ書記長の確認をもう1度とりたい」と迫ります。その時、書記長は「うなずきながら、『結構です』(ロシア語で、ダー) と言った」、という記録になっています。

鈴木 ところが、実はロシア側の記録では、「ダー」とは言っていないということになっているという話です。向こうの記録では、田中総理が余りに激しい剣幕で聞いてきたから、思わず書記長は「ウォー」と言った、決して「ダー」とは言っていない、というんですね。

佐藤 ロシア側の認識は、ブレジネフ書記長はうなずいて、田中総理の話を聞いていた、ということなんです。要は、話は聞いたが、何の合意もなされていない、というのがロシアの主張なのです。この極秘文書がいかに重要かというのは、ここに、その後の北方領土交渉をめぐるトラブルの原点があるからです。スタートの時点から、双方の齟齬《そご》が存在していたのです。日本側が共同声明にきちんとブレジネフが4島問題を確認したことを書いておけば、トラブルは生じませんでした。この時の外務官僚の力不足が後にト

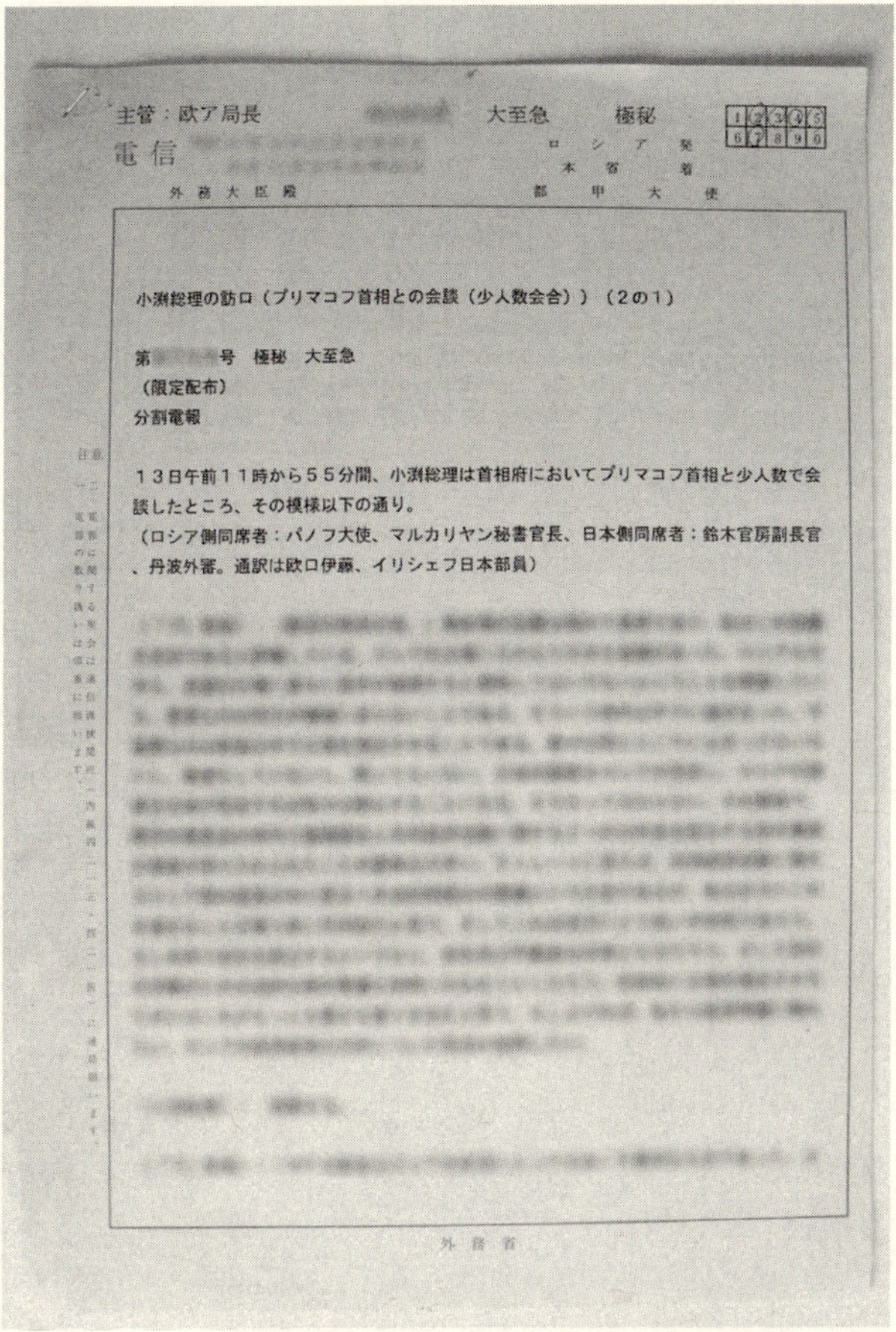

主管：欧ア局長　大至急　極秘

電信

外務大臣殿　ロシア発　本省着　都甲大使

小渕総理の訪ロ（プリマコフ首相との会談（少人数会合））（2の1）

第[illegible]号　極秘　大至急
（限定配布）
分割電報

13日午前11時から55分間、小渕総理は首相府においてプリマコフ首相と少人数で会談したところ、その模様以下の通り。
（ロシア側同席者：パノフ大使、マルカリヤン秘書官長、日本側同席者：鈴木官房副長官、丹波外審。通訳は欧ロ伊藤、イリシェフ日本部員）

外務省

「限定配布」とされるピンク色の極秘電報も外務省から鈴木議員のもとに届けられていた。

ラブルを生みだしたのです。いずれにせよ、今回、この文書の内容がすべて表に出れば、いままでベールに隠されていた日露北方領土交渉の闇《やみ》が、歴史の検証に委《ゆだ》ねられることになる。今日、田中・ブレジネフのやりとりが正式の記録に基づいて明らかにされただけでも大きな意味があります。

こういう文書が秘密解除の手続きをされずに鈴木さんのところにあるという事実は、尖閣《せんかく》の衝突ビデオの流出どころではない大変な話なんです。この尖閣ビデオを流出させた海上保安官が、秘密情報を漏洩《ろうえい》した国家公務員法違反で逮捕される、されない、と国中が大騒ぎになりましたが、そんなの可愛《かわい》いもの。外務省なんて常日頃から、特定の政治家に対し、外交・安全保障上の重大な秘密情報を漏洩してきたのですから。

鈴木　この文書を持ってきたのは、西村六善欧亜局長（当時）。彼は、秘密電報だけではなく、トップシークレットが記された、ピンク色の紙に印刷された「限定配布」の極秘電報も持ってきた（前頁の写真）。

この人物は、ある件で小渕恵三首相に叱責《しっせき》された際、ソファーに倒れ込み、アルマジロのように丸くなってしまった人なのでよく覚えています。『闇権力の執行人』（2006年、講談社刊）にも書きましたが、私が、北海道・沖縄開発庁長官だった1997年のある日の深夜、訪ねてきて、「鈴木先生だけに、橋本（龍太郎）総理に説明した内容をお知らせします」と言って、ロシア関連の書類を差し出したことがありました。適当にあしらっていると、彼は「大臣、これが嘘《うそ》をつく男の目ですか」と身を乗り出してきた。私が「……これは嘘つきの目だな」と答えると、西村局長は、足下の絨毯《じゅうたん》に倒れ込み、例の如《ごと》くアルマジロのように体を丸めて転がってしまった。これには驚いた。

ところが、この人は、私が逮捕された後は、「機密書類を届けていたのは脅かされたから。鈴木にはひどい目にあわされた」と、掌《てのひら》をかえしたように、鈴木攻撃に出てきた。

佐藤 先生に擦り寄ってゴマをする外務官僚は数多くいましたが、西村氏の発言や行動はそのグロテスクさで突出していた。02年3月に外務省が実施した、鈴木先生との関係についての査問に呼び出された時に、私は氏と会いましたが、「君や鈴木のせいでこんなことになった。僕まで処分が及ぶかもしれない」と目からポロポロ涙を流して泣き出してしまった。こんななさけない人物が対ロシア外交を担《にな》っていたのかと思うと、とても暗い気持ちになりましたね。

存在しない紙

佐藤 小渕総理時代に私が経験したことをお話ししましょう。

橋本前総理を訪ねたときに、ある書類を見せられたことがありました。そこには、ロシアのエリツィン大統領の健康状態や、共産党内での権力闘争の有り様といった、ロシアの政権内部の機微に触れる非常に正確な情報が記されていました。その文書を見て、私は、ロシア課の同僚がいつも使っているワープロ書式だということに気がついた。それで、その同僚に、「あなたのワープロみたいだけれど」と訊《き》くと、「孫崎享《うける》国際情報局長に呼ばれ、『誰にも口外するな』と言われて、西側のある諜報《ちようほう》機関の英文の情報を翻訳し、文書にした」という答えでした。

これには驚きました。本来、他国の情報機関とのやりとりは、総理大臣官邸に送るべきものです。それを、官邸に送らず、橋本前総理に手渡す。これは、橋本さんの覚えをめでたくするための孫崎氏のスタンド・プレイなんですよ。

外務省において、情報は大変な武器です。この武器を特定の政治家に流す、あるいは特定の政治家には流さない、といったマヌーバー（策略）によって、外務官僚たちは、自分たちの影響力を保持するんです。

その後、私が、孫崎氏を「どういうことをやっているんですか、あなたは」と問い詰めると、彼は、「お前は、おれの判断に文句を付けるつもりか」と居直りました。私は、「橋本さんは、現に私にその書類を見せた。あなたがやっていることは、表に出してはいけない情報を勝手な判断で外部に漏らしていることになる。そんなことが許されるのならば、情報の仕事などできるわけがない」と言いました。孫崎氏が「お前は自分を何様だと思い上がっているんだ。お前はおれに逆らって、外務省で生きていけると思っていたのか」と言い放ち、激しくやり合ったことを覚えています。

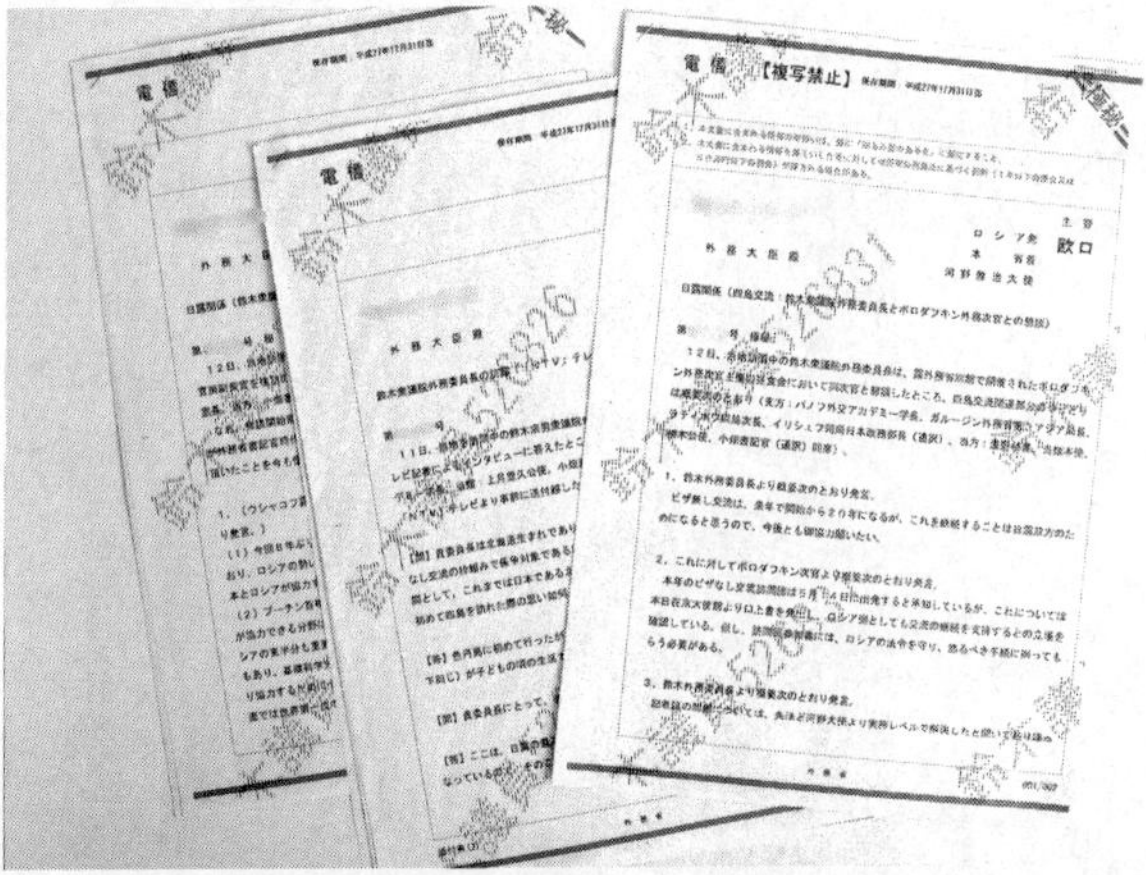

「鈴木議員」と特書された極秘電報。右端の電報上部には、漏洩に対する警告文が赤字で書かれている。

鈴木　そういえば、最近、外務省が持ってくる文書は、昔と形式が変わってきていて、「鈴木用」と書いてある。それに、文書に、これを漏洩したら罪になりますよという警告が書かれている（前頁の写真）。

佐藤　多少は進化したということでしょうか。ただ、国家公務員法に基づく罰則の警告が書いてありますが、この罰則は、実際は、共謀を問うしかない。毎日新聞の西山太吉《たきち》記者による外務省機密漏洩事件の時の、「情を通じて」とか、積極的に持ち出すように働きかけた場合しか、罪に問えないんですよ。

じゃあ、こんな形式的な警告で機密の保持ができるかと言えば、できません。外務官僚たちのエクスキューズに過ぎません。

鈴木　私が官房副長官（１９９８年〜２０００年在任）を辞めてからも、機密書類は引き続き届けられています。川島裕《ゆたか》外務省事務次官（当時）が「先生のところには、ロシアに関係する情報は、これからもお届けします」と言ってきました。

佐藤　それで、川島氏が鈴木先生の「あてがい」を決めたんですよ。私はあくまでもバックチャンネルでした。でも、私も、川島氏から、「鈴木先生には今まで通り情報を届けるように」と明示的に言われました。

鈴木　ちょっと特殊な書類も届けられました。外交の世界で〝ノンペーパー〟と呼ばれているらしいんですがね。

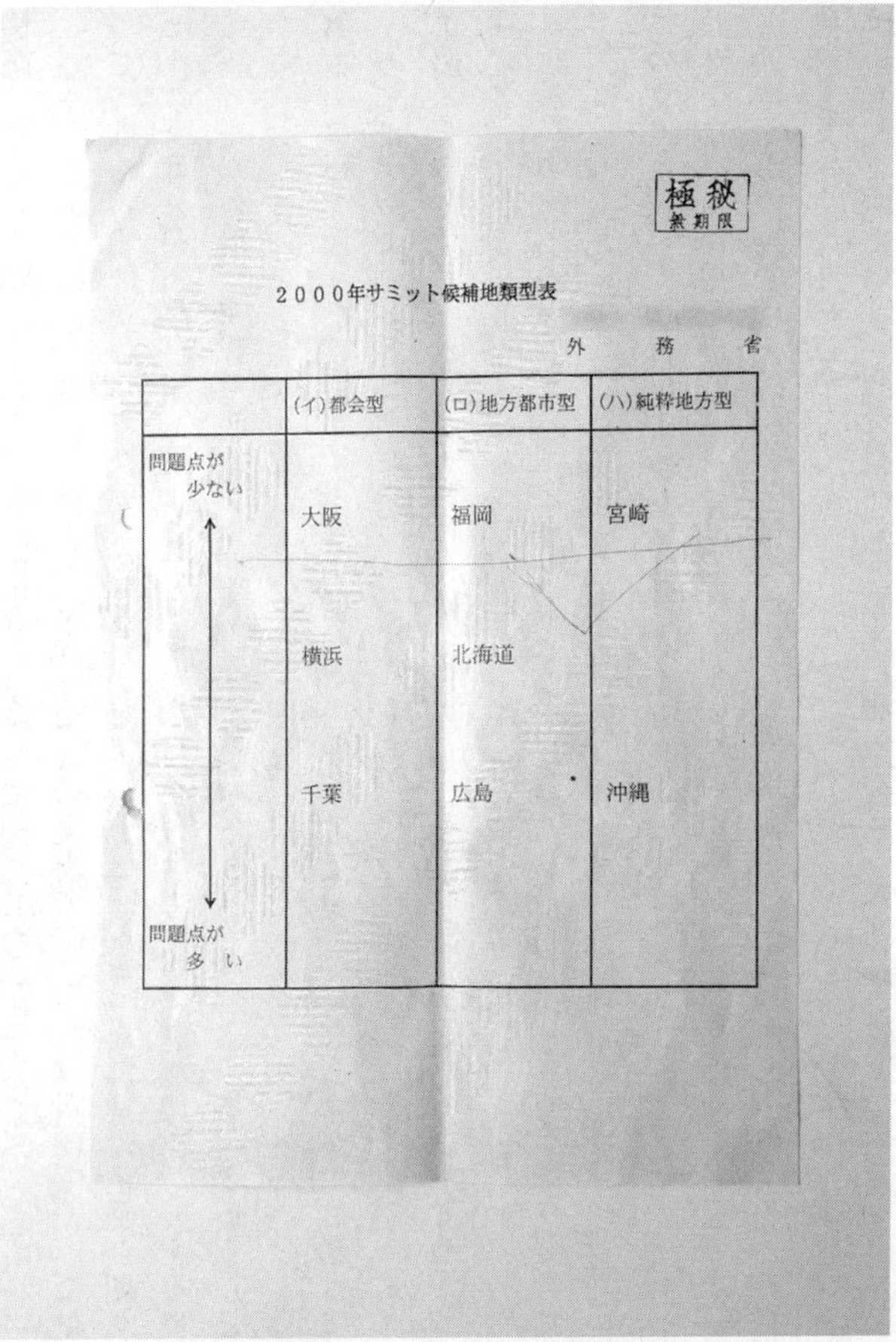

極秘
無期限

2000年サミット候補地類型表

外 務 省

	(イ)都会型	(ロ)地方都市型	(ハ)純粋地方型
問題点が少ない	大阪	福岡	宮崎
↕	横浜	北海道	
	千葉	広島	沖縄
問題点が多い			

2000年のサミット候補地に関する「極秘無期限」の文書。当初の沖縄の評価は低かった。

佐藤　こんな書類は、外交の表の世界には絶対に出てこないはずのものです。〝ノンペーパー〟というのは、外交の世界の特殊な形式の文書で、「これは口頭で言うだけであって、紙の書類は交わしてはいませんよ。ただし、口頭で言った言葉の正確を期すためにその言葉を記した書類を渡します」ということで相手に渡す書類です。要するに、口で言っただけで、書類は渡していませんよ、絶対に間違えないように、ということなんです。

鈴木　口頭で言うだけでは、正確を期せないので、一応、字にしますが、これは文書じゃありませんよということだね。

佐藤　そうです。だから、それは、この世には一切存在しないという紙。これを、業界用語で、〝ノンペーパー〟と呼ぶんです。

しかし、実際には、この〝ノンペーパー〟をロシア側に渡している。ロシア側は、〝ノンペーパー〟でもらったということにするんですが、これを重要な外交文書として、この文書に基づき、外交が行われる。こんなことは、〝ノンペーパー〟というジャンルの外交文書の存在を含め、普通は、政治家には言いません。

鈴木さんの場合は、外務省関係の仕事に長く携わっておられたし、外交という世界を熟知していて隠し事はできないということで、外務省は、鈴木さんには誠実に情報を提供いたしますという「腹を見せる」戦術に出たわけです。

鈴木　この「極秘無期限」と印が押された文書（325頁の写真）は、2000年に開かれた「沖縄サミット」の前年、外務省が作った「サミット候補地類型表」です。これをみると、沖縄は「問題点が多い」ところに分類されている。外務省は都会であれば大阪、地方であれば福岡を推薦していました。しかし、小渕恵三首相は「俺は、国のために多大な犠牲を強いられた沖縄に、なんとか報いたいんだ」と沖縄に拘《こだわ》っておられた。

職務としての違法行為

鈴木　外務省には政治家の応援団がほとんどいない。政治家は自分の選挙が一番大事で、外交といった国益に関する問題は票にならないこともあって、あまり関心を持たない傾向がある。それに一般的に言えば、政治家はポストを離れると、そのポストに関係する仕事に対する熱心さを失ってしまう。あるいは継続して関係していかない。

しかし、私は北方領土問題については、一貫して懸命に取り組んできたという自負があります。私より熱心にこの問題に取り組んだ人がいるというなら名乗り出て頂きたい。私は、ポストに就こうが就くまいが終始一貫、国益を第1に考えてきたつもりです。

佐藤　外務省も、数少ない応援団しかいないこともあり、中でも突出した影響力を持った鈴木さんに異常なほど依存度を高めることになったんですね。

鈴木　私の家に、外務官僚が足繁《あししげ》く訪れ、ご注進合戦を繰り広げました。他の官僚の悪口を告げ口する人もいますし、「是非、私を登用してください」といった売り込み話が、ひっきりなしに持ち込まれる。私は、表面上はなるべく丁寧に対応していたつもりですが、内心は、ひどい連中だなという嫌悪感《けんおかん》がありましたね。

佐藤 私も鈴木さんのところに機密文書を届けた1人です。もちろん、秘密指定を解除していない文書ですから違法です。ただし、上司の命令に従い、職務としてこの違法行為を行っていた。

で、私が東京地検特捜部に逮捕された際に、特捜検事と議論したことがあります。ものごとには、事実・認識・評価の局面がある。事実から言えば、私は機密文書を鈴木さんに届けた。鈴木さんから仕事で使う金をもらったこともある。これは事実。では、認識はどうか。私は鈴木先生と一体となって対ロ外交に取り組んでいるのだから、上司の命令に従って先生に機密資料を届けたことは、正当な業務行為である、という認識である。金については、外務省が表で使っている金は、痕跡《こんせき》が残る。買収や、いかがわしい場所での接待といったダーティな秘密工作に使う資金は痕跡を残してはならない。だから、痕跡の残らない機密費を使う。その機密費の支出先として、内閣官房の記録に自分の名前が残らないようにするため、一旦《いったん》、お金を鈴木さんのところに入れて、ロンダリングする形で受け取った、という認識。そして、これらの私の認識に対して、裁判所が、賄賂《わいろ》であるとか、国家公務員法違反というのであれば、その評価に関しては私は関知しない――これが、逮捕され、取り調べを受けていた時の私の基本的なスタンスでした。すべて上司の了解を得て行っていた業務が、罪に問われ、外務省という組織も自分を守ってくれない。これは自分にとってきわめて理不尽な状況だ。しかし、この理不尽な逮捕によって、外務省のシステムが改革され、後輩たちが自分のような境遇に陥らなくなるのなら、あと1つ2つ犯罪を背負ってもかまわない。獄中で、私はこんな風に考えていました。あえて言いますと、鈴木宗男という政治家と外務省官僚である私の関係は、今から考えれば、やはり、ルールを逸脱していたところがあった。

先生、そう思われませんか？

鈴木　そうですね。「新潮45」2010年12月号に掲載した手記にも書きましたが、国民の税金である「官房機密費」や「外交機密費」を、官僚や政治家の恣意《しい》に任せて濫費《らんぴ》していたことは、国民に正直にお詫《わ》びすべきでしょう。

日本外交の悲劇

鈴木　佐藤さん、もう1つ、私が外務省のために働いたことが、果たしてよかったのかな、と考えていることがあるんですよ。

それは、1997年、橋本内閣の下で行われた行政改革の問題です。この歴史的な行革では、あの大蔵省ですら「財務省」と名称が変わった。橋本総理にすれば、100年に1度の大改革という意気込みだった。外務省に関しても、名称を「外政省」とする、大使の3分の1を民間から採用する、外交官試験を廃止する、という3大改革が計画されていました。

佐藤　そうでした。外務省は、柳井俊二《やないしゅんじ》外務事務次官を筆頭に、外務省の幹部全員が辞表を懐《ふところ》に入れ、こんな案は呑《の》めない、ということで奔走していました。私個人も、「外政省」への名称変更に非常な危機を感じました。これは、単なる名称変更ではなく、外交一元化の原則が崩れる事態になりかねない。経済外交の部分を切り離され、政治の領域だけに外交が限定されるわけですから。で、連日のように、鈴木さんのもとに通いましたね。

鈴木　第2次橋本改造内閣で北海道・沖縄開発庁長官として入閣していた私は、閣議決裁書に署名しないということをちらつかせて、3つの改変に強硬に反対した。結局、最後の妥協として、外務省幹部も、外交官試験の廃止だけは受け容《い》れるということで落着しました。

佐藤　今、考えると、外交官試験廃止は失敗でしたね。語学に関心のない人、語学に弱い人がキャリアで増えるというのは外務省にとってはマイナスですから。

ともあれ、この事態で、外務官僚たちは内政の怖さを知った。省名が変わるとか、大使ポストを失うとか、ましてや局の削減など誰も考えたことがなかったんですから。で、これ以降、鈴木さんに頼めば全部うまくいくと「鈴木依存」がエスカレートした。

しかし、これだけお世話になっていたにもかかわらず、その後、彼らは、鈴木さんの追い落としに走る。それも、扱いにくい田中眞紀子外相の追放を鈴木さんに頼み、それが成功するや今度は鈴木さんを用済みとして整理した。それも、鈴木さんに届けた機密文書を改竄《かいざん》するという狡猾《こうかつ》な手段で。このプロセスで外務官僚たちが見せた策謀は極めて高度で巧妙でした。しかし、この能力が、外交の現場ではなく、省益や権力闘争、保身のためにしか使われないというのが日本外交の悲劇なんです。

鈴木　私は国益を考えて、外務省という組織と外務官僚を保護してきたつもりですが、一方で、彼らの特権濫用や不正を黙認してきたことに、忸怩《じくじ》たる思いがあります。「受けた恩は石に刻み、かけた情けは水に流す」という言葉がありますが、外務官僚たちが実行していた処世訓は「受けた恩は水に流し、かけた情けは倍付けにする」でした。

佐藤　今回の対談で、鈴木さんのもとには、外務省からいかに大量の機密文書が秘密指定を解除されずに届けられていたかが明白になったと思います。質的にも、国家機密と言うべき「極秘資料」もありました。前述したように、昨今、尖閣ビデオの流出が問題になっていますが、その質と量において、外務省が漏洩《ろうえい》してきた「極秘」「秘」の重大性とは比べようがありません。さらに言えば、現在にいたるも依然として外務省は、機密文書を政治家に届け続け、〝犯罪〟を継続して行っているのです。

「新潮45」２０１１年１月号掲載

第5章 「機密費」をめぐる最終戦争

機密費

警視庁捜査2課からの呼び出し

筆者は、鈴木宗男事件で検察に逮捕されたことがあるが、警察のご厄介になったことはない。もっとも正確に言うと、今まで誰にも話していなかったことだが、現役外交官時代に警視庁から詐欺《さぎ》事件について、参考人として呼び出しを受けたことがある。２０01年5月のことだった。

同年4月26日、第1次小泉純一郎内閣で田中眞紀子氏が外務大臣に就任し、その後、しばらく外務省が上を下への大騒ぎをしているときのことだった。当時、筆者は外務省国際情報局分析第1課で主任分析官をつとめていた。田中外相は、外務省から鈴木宗男衆議院議員の影響力を除去することに腐心していた。橋本龍太郎、小渕恵三、森喜朗の3総理が進めていた日露平和条約（北方領土）交渉を鈴木氏とともに下支えしていた筆者も田中外相の標的にされるという情報が流れてきた。「政争に巻き込まれて厄介なことになった」と思ったが、どうしようもなかった。このときにさっさと見切りをつけて、外務省を辞め、どこか外国に留学していれば、翌2002年5月に「鬼の特捜」(東京地方検察庁特別捜査部)に筆者が逮捕されることはなかったであろう。もっとも逮捕されなければ、取り調べや裁判を経験することもなかったので拙著『国家の罠《わな》 外務省のラスプーチンと呼ばれて』(新潮文庫)がうまれることはなかった。従って、筆者が職業作家になることもなかった。そもそも人生は、自分が生まれるよりもずっと前に神様が天国のノートにその人の人生についてすべて記してあり、そこからはずれることはできないのかもしれない。

2001年5月に話を戻す。外務省人事課の職員から、電話連絡があった。

「もしもし。佐藤優さんですか」

面識のない若い事務官からだった。

「そうだけど。なんだい」

「佐藤さんは、おととし(1999年)6月のケルン・サミットに出張していますよね」

「行ったよ。小渕(恵三)さんとエリツィンの会談をとりつけるために支援で出かけたことを覚えている」

「そのときのホテルの支払いはどうしましたか」

「よく覚えていないけれど、記憶を整理してみる」

そう言って、筆者は記憶の糸をたどった。筆者は食い意地が張っているので、記憶はだいたい食べ物と結びついている。《何を食べただろうか。東郷（和彦条約局長）さんとケルン旧市街の高級レストランで焼いたアイスバイン（塩漬にした豚のすね肉）とザワークラウト（キャベツの漬物）を食べた。絶品だった。このレストランでは東郷さんに奢《おご》ってもらった。ホテルのレストランでは、カネを払っていない。外務省関係者の無料食堂が設置されていた。緑色のパスタが茹《ゆ》ですぎでうまくなかったことを覚えている。得体の知れない、多分、生ハムの巻き寿司《ずし》もあった。どれもうまくなかった。ホテルの部屋でミネラルウォーターとコーラを飲んだ。このカネはチェックアウトのとき払った。ホテル・チャージはとられなかった。確か外務省から出る宿泊費ではまかなえない高いホテルだった。宿泊費は、直接、要人外国訪問支援室の方に渡り、僕のクレジット・カードでは支払わなかった。》

「ホテル代を、僕は支払っていない。ミニバーと電話代はクレジット・カードで支払った。もっとも宿泊費ももらっていない」と筆者は人事課の事務官に話した。

「実は、松尾さんの一件で、警視庁が佐藤さんの話を聞きたいと言っているんです。外務省としても捜査には全面協力するということになっているので、よろしくお願いします」

松尾さんとは、松尾克俊前要人外国訪問支援室長のことだ。

２００１年１月１日の読売新聞が１面で松尾前室長の報償費（機密費）流用疑惑を報じた。外務省が奈落《ならく》の底に落ちていくきっかけを作った歴史的記事を正確に引用しておく。

〈外務省幹部、「外交機密費」流用か　自己口座に１億５０００万円　警視庁が捜査

首相の外国訪問の際に支出される「外交機密費」を扱う外務省大臣官房の幹部（55）が、自分の銀行口座に一億五千万円もの資金をプールしていることが三十一日、読売新聞社の調べでわかった。問題の口座には、約五年にわたり、一回当たり百数十万―数百万円の入金が月数回のペースで繰り返されており、最も多い時には二億円の残高があった。警視庁捜査二課は、外交機密費の一部が流用された疑いがあるとみて、口座開設の事情を知る関係者の聴取に踏み切るなど捜査を始めた。

この幹部は一九九三年から九九年まで、首相が外国を訪問する際の日程調整などを担当する「要人外国訪問支援室」の室長を務めていた。

複数の同省関係者によると、室長は、首相の外国滞在時のホテル代や専用電話敷設《ふせつ》代など必要経費のほか、相手国首脳への贈答品代や接待費など、外交機密費全般を一人で扱っており、年数回―十数回の外国訪問や事前の下見出張の度に、「臨時の出費に対応する」などの名目で一回数百万円の現金を管理する立場にあった。

問題の口座は定期預金口座で、この幹部が室長に就任した後の九四年に都内の銀行の

支店に開設された。捜査二課が調べたところ、その直後から、同じ支店の本人名義の普通預金口座に、一か月に数回のペースで一回当たり百数十万―数百万円の入金が現金であり、ほぼ同額が定期預金口座に振り替えられていた。

一回に一千万円を超える入金も数回確認されており、九九年末時点の残高は約二億円にも上っていた。現金は幹部が自分で銀行の窓口に持ち込んでおり、九九年秋に別のポストに異動した直後から入金は途絶えている。

幹部には給与以外に収入はほとんどないことから、捜査二課は、幹部が外交機密費の一部を流用し、自分名義の口座に入金していた疑いがあるとみて関係者から事情聴取を続けている。

一方、幹部は、読売新聞社の取材に、「機密費を流用した事実はない」と疑惑を否定している。〉

文書ファイルは湮滅《いんめつ》された⁉

実はこの事件について、外務省は読売新聞の報道より前に情報を得ていた。2000年12月半ばに鈴木氏は警察庁幹部から「九州・沖縄サミットの経理を調べていたら、松尾が億単位のカネを着服しているらしい。今ここで外務省が自主的に処分すれば、刑事事件にはしないようだ」という情報を得て、それを外務省の阿部知之《あべともゆき》官房長に伝えたのである。ちなみに筆者は、同じ情報を齋木《さいき》昭隆《あきたか》人事課長に伝えた。齋木課長は緊張した面持ちで、「わかった、すぐに官房長と相談する」と答えた。この詳しい経緯については別の箇所で書いた（拙著『交渉術』文藝春秋、2009年）ので、ここでは繰り返さないが、阿部官房長は、鈴木氏からの情報を重視しなかった。2000年12月25日、モスクワのクレムリンで鈴木氏はプーチン・ロシア大統領最側近のセルゲイ・イワノフ安全保障会議書記と会談した。その日の夜遅く、準迎賓館であるプレジデント・ホテルのスイートルームで、鈴木氏と筆者は一杯やりながら、日露関係の今後の戦略について話していた。ふと話が途切れた隙《すき》に、「鈴木先生、松尾の話はその後、どうなりましたか」と尋ねた。

「阿部が俺のところに報告に来た。『先生、脅かさないでくださいよ。松尾はシロです。私が直接面接しました。松尾は鈴木先生よりもカネをもっていますよ』という話だった。阿部の奴《やつ》、いったい俺がどれくらい貯金をもっているか、知っているのか」

「失礼な話ですね」

「まあ、政治資金は潤沢だけど、自分の貯金はないからな」

「阿部官房長は松尾の説明を額面通りに受け止めているのでしょうか」

「そうだろう。『松尾がもっているのは親の遺産で、競馬ウマも親からの引き継ぎです。やましい点はなく、親からもらった財産と自分の蓄えでまかなっていますから、心配ありません』という話だった」
筆者は、読売新聞で事件が露見するまで、松尾氏は機密費の流用について、周囲をうまく丸め込んでいたのだと思っていた。しかし、それは間違いだった。松尾氏を取り調べた警視庁捜査2課のチーム責任者だった萩生田勝氏が、2008年12月に『警視庁捜査二課』（講談社）と題する回想録を上梓《じょうし》した。この本には、これまでの外務省の説明を覆《くつがえ》す爆弾がいくつも含まれている。
さっそく鈴木氏が質問主意書を提出した。質問主意書に対する答弁書は、閣議決定が必要で、麻生太郎総理が河野洋平《こうのようへい》衆議院議長に対して送付する。政治的に重みがある。松尾事件をめぐる新事実に関する質問主意書と答弁書を正確に引用しておく。
〈平成二十年十二月二十二日提出　質問第三七八号
外務省要人外交《ママ》（国）訪問支援室長による公金詐取《さしゅ》事件への同省の対応等に関する質問主意書
本年（引用者註＊二〇〇八年）十二月十八日講談社より、元警視庁警視の萩生田勝氏による著書「警視庁捜査二課」が発行されている。右著書の内容を踏まえ、質問する。
一　「警視庁捜査二課」の二百三十一頁《ページ》以降に「第八章　外務省報償費流用事件」として、二〇〇一年、当時外務省で要人外交《ママ》（国）訪問支援室長を務めていた松尾克俊氏が九州・沖縄サミット開催に際して公金を詐取したとして逮捕された事件（以下、「松尾事件」という。）について触れた箇所があるが、外務省は「警視庁捜査二課」の内容を把握しているか。

二「警視庁捜査二課」の二百三十四頁に「しかし一緒に置いてあった松尾の上申書と併せて読むと、非常に大きな事件だということが明白になってきました。上申書の内容は、一億八〇〇〇万円ほどの官房報償費を着服したことを認める内容だったと思います。着服の経緯も全体像もまったく判明していない時点での上申書ですから、あくまでも参考程度の資料にすぎません。その場しのぎのために嘘《うそ》の上申書を書く人間も多いのです。過去の経験から言えば、ホシは最初に供述した小さな事実を押し通す癖があるのです。だから着服金額は実際にはもっと多額になるはずだと睨《にら》んだのです（事実、これはデタラメの金額でした）。」との記述がある。右について次の通り質問する。

① 松尾氏が「松尾事件」に関する上申書を警視庁に提出したのはいつか、外務省は把握しているか。

② 当時松尾氏が上申書を提出したのは、外務省の了承を得ての話か。

③ ②で、松尾氏が上申書を提出したことについて外務省が了承していたのなら、それは誰の責任の下での了承か。その者の当時の官職氏名を明らかにされたい。

④ 松尾氏が「松尾事件」に関する上申書を警視庁に提出したことを、当時外務省は国民に明らかにし、説明をしたか。

三「警視庁捜査二課」の二百三十八頁に「年末に二度だけ取り調べをしたが、一億八〇〇〇万円を着服したことを認めて上申書を書いている、ということでした。それから、着服の方法として、訪問先の外国でもらった、実際には購入していない土産物の空領収証や、水増しして作らせたホテル代の領収証を利用していること。その時点までに競走馬九頭を所有していること。ゴルフ会員権も四カ所所有しているということ。松尾の銀行口座に八億円を超える出所不明な現金入金があること。そういったことを中島さんから聞きました。」との記述がある。右について次の通り質問する。

① 右記述にある、松尾氏が「松尾事件」に関して警視庁の取り調べを二度受けたとされる日にちはいつか、外務省は承知しているか。

② 松尾氏が着服の方法として、訪問先の外国でもらった、実際には購入していない土産物の空領収証や、水増しして作らせたホテル代の領収証を利用していたことや、競走馬九頭を所有していたこと、ゴルフ会員権を四カ所所有していたこと、そして松尾氏の銀行口座に八億円を超える出所不明な現金入金があったことを、外務省としていつ知ったか。

③ 外務省が右の事実を知った②の時点から、外務省としてどの様な対応をとったか。

④ ③の対応は適切であったか。外務省の見解如何《いかん》。

四「警視庁捜査二課」の二百三十九頁に「当時、外務省の主たる幹部はみな逃げまどっていました。病院に駆け込んでいる幹部もいました」、二百五十八頁に「ひどい幹部は病気を理由に出頭を拒否してきました。そしてそのまま入院です。主要ポストにいる数人に入院されてしまいました。」との記述がある。右について次の通り質問する。
①　当時、「松尾事件」に関して警視庁より出頭を求められた外務省職員は何名いるか。
②　当時、「松尾事件」に関して警視庁より出頭を求められた外務省職員のうち、幹部職に就いていた者の官職氏名をすべて明らかにされたい。
③　②の幹部職員の中に、病気を理由に出頭を拒否し、入院した者がいるという右の「警視庁捜査二課」の記述は事実を反映しているか。
④　当時外務省官房長を務めていた阿部知之氏が、「松尾事件」について警視庁に出頭を求められたことはあるか。
⑤　④で、求められたことがあるならば、阿部氏が警視庁に出頭を求められた時期、また同氏が入院したという事実はあるかどうか、外務省として把握しているか。
⑥　⑤で、把握しているのなら、阿部氏が入院した理由を明らかにされたい。〉
〈平成二十一年一月九日受領　答弁第三七八号
答弁書
一について

外務省として、御指摘の書籍については承知している。

二、三の①及び四について

お尋ねについては、外務省が保有する文書においては確認することができないため、外務省としてお答えすることは困難である。

三の②から④までについて

外務省は、平成十三年一月四日から御指摘の者による公金横領の疑いに関する調査を外務省において行い、同月二十五日に「松尾前要人外国訪問支援室長による公金横領疑惑に関する調査報告書」を発表した。また、同日、外務省は、御指摘の者を懲戒免職にし、警視庁に告発する等の対応を行った。さらに、外務省としては、平成十三年に明らかになった外務省職員による一連の不祥事の反省に立ち、国民の信頼の下、国益を踏まえた外交を強力に展開していくため、外部の有識者の意見も踏まえて外務省の改革の方向性について検討を行い、平成十四年八月に「外務省改革『行動計画』」を取りまとめ実施してきている。外務省としては、これらの対応は、適切なものであったと考えている。〉

実は、松尾氏は2000年末時点で少なくとも2回、警視庁の取り調べを受けており、しかも1億8000万円の着服を認める上申書を提出しているというのだ。これだけの動きがあるにもかかわらず外務省幹部が松尾氏の周囲に捜査当局の手が迫っていることにまったく気づいていなかったとは考えがたい。松尾氏を庇護《ひご》する幹部に事情を説明しているはずだ。阿部官房長、齋木人事課長は、松尾人脈につらなる官僚ではない。また、当時の状況で鈴木氏に対してこの種の事案で積極的に嘘をつくことは考えられない。真相を知っていれば、それを認め、むしろ外務省として事態を穏便にしてほしいと頼んだはずだ。阿部氏、齋木氏のラインとは別の幹部に松尾氏は自らの周辺で生じている危険について相談しているはずだ。そうすることで、「浮くも沈むも私とあなたは一緒です」という保険をかけることができる。

答弁書は内閣総理大臣名で送付されるが、実際は外務省が作成している。ここでのポイントは、外務省が〈お尋ねについては、外務省が保有する文書においては確認することができない〉という理由で、松尾上申書の存在を外務省がいつ知ったか、病気を口実に取り調べを拒否した幹部がいるかなどの重要事項に対する回答を拒否していることだ。〈外務省が保有する文書においては確認することができない〉という回答からは、2つの可能性が想定される。第1は、そもそも本件に関連する文書が存在しない場合だ。官僚は悪事を行う場合、それを文字に残さない傾向がある。第2は、松尾事件に関する記録を「こんなものがあるとあとで面倒になる」と考えて、外務省が湮滅した可能性だ。筆者は第2の湮滅の可能性が高いと見ている。

2001年5月、警視庁の事情聴取に応じる前に、筆者は人事課の事務官から、「事情聴取の内容については、人事課の大菅岳史《おおすがたけし》首席事務官にメールしておいてください」と言われた。

外務省新館の指定された会議室に入ると制服姿の警部補が座っていた。耳朶《じだ》が潰《つぶ》れているので、柔道の心得があるようだ。応対は丁寧で、ケルン・サミットのときのホテルの支払いをどのように行ったかということと、松尾氏から現金を受領したことがあるかという2点をきかれただけだった。

約2週間ほどして、今度は、この警部補から直接電話があり、「警視庁に三文判をもって来て欲しい」という要請があった。警視庁で窓のない小さな取調室に案内され、そこで調書を読み上げられて、署名と押印《おういん》を求められた。その1年後には小菅《こすげ》の東京拘置所で、筆者は検察官を相手に、被疑者として大量の調書を作成することになるのであるが、警視庁の取調室では、「刑事事件の供述調書に署名するのはこれが最初で最後だろうな」と思った。

結果については、大菅首席にメールを打ち、その後、電話をした。大菅首席は筆者と同期入省のフランス語のキャリアなので気軽に話をすることができる。大菅氏より、「松尾より広がりそうな気配を感じたか」と聞かれたので、「そんな感じは特にしなかった。宿泊費を1つずつ細かく固めているようだった」と筆者は答えた。筆者だけでなく、警視庁に呼び出された外務官僚は全員大菅氏に報告を送っているはずだ。当然、人事課首席事務官はこれらのメールを印字して関係者に回覧し、その後、ファイルしたはずだ。松尾事件に関する警視庁の捜査状況についてまとめた資料が人事課のどこかに隠されているが、存在しないことにしているか、あるいはほんとうに湮滅したかのいずれかだ。

元刑事と筆者を国会に招致せよ

萩生田氏の本を読んで、筆者の調書がどのような証拠固めに使われたのかがわかった。

〈最終的に内閣官房から松尾に交付された内閣官房報償費は、一九九三（平成五）年一一月、細川総理の韓国訪問から一九九九（平成一一）年七月、小渕総理の中国・モンゴル訪問まで四六回の総計で一一億五七〇〇万円に上ります。うち、松尾が懐《ふところ》に入れた現金は九億八七〇〇万円というとんでもない額になっていたのです。〉（萩生田勝、前掲書２５８頁）

萩生田氏たちのチームは、真実の宿泊費との差額を出張者ひとりひとりからの事情聴取で確定したのだ。しかし、これだけひどい水増しをしていれば、一部の外務省幹部は、「松尾室長は何かおかしなことをしているのではないか」と気づいたはずだ。萩生田氏はこう述べる。

〈私は、松尾から外務省の上級幹部に必ず現金が行っていると睨んでいました。もちろんビン（引用者註＊松尾氏を直接取り調べた鈴木敏警部補）もそのつもりで松尾を調べていましたが、松尾はついに口を割りませんでした。
ついに、松尾がロジ室(引用者註＊要人外国訪問支援室)に六年間も君臨できた理由について供述できる幹部を捕まえることはできませんでした。そして松尾は、調書の中で「事件の原因は、自分の独善的な性格にある」として、すべての責任を自分一人で被《かぶ》ろうという姿勢を貫き通しました。こうして、「絶対にある」と睨んでいた松尾と外務省幹部との間の金の流れの追及は頓挫《とんざ》しました。その点ではわれわれの敗北でした。〉(前掲書259頁)

筆者も〈松尾から外務省の上級幹部に必ず現金が行っていると睨んで〉いる。筆者は、自身の判断で使うことができる外務省報償費(外交機密費)の枠(月50万円だが、多い時は100万円を超えることもあった)と、ときどき総理からいただく内閣官房報償費(官房機密費)をもっていたので、松尾氏に日常的にお世話になることはなかった。松尾氏と個人的に親しくしていれば、同氏と外務省幹部の距離や接待、カネのやりとりについて、筆者も勘が鈍い方ではないので、もっと具体的に知ることができたと思うと、残念でならない。

松尾事件の膿《うみ》は、この辺で出してしまった方がいい。2002年3月12日、東京地方裁判所において松尾氏は懲役7年6月の有罪判決を言い渡された。松尾氏のことだから、塀の中では模範囚として過ごしているはずだ。それならば、そろそろ仮釈放になってでてくる。外務省はこれまで、娑婆にでてきた松尾氏の面倒を、OBを通じて見れば、不都合な真実が外に漏れることはないと考えていたのであろう。しかし、萩生田氏の告発本によって、計算が狂ってしまった。萩生田氏と筆者を国会に参考人として招致し、松尾事件についてもう1度、国会が精査してみることだ。外務省の局長と面識をもつクラブホステスが外務省サミット事務局の職員になったカラクリ（前掲書260頁）などを具体的に解明することで、外務省の闇《やみ》を暴《あば》く必要がある。

「新潮45」2009年3月号掲載

特別対談　元警視庁捜査2課刑事・萩生田勝VS.佐藤優

警察庁から漏れていた捜査情報

佐藤優　私は、萩生田さんがお書きになった『警視庁捜査二課』（講談社刊、2008年）を非常に興味深く読ませていただきました。特に、第8章の「外務省報償費流用事件」は、従来の報道にはなかった、この事件の本質に触れる画期的なものだと思います。ですから、どうしても1度、警視庁を退職された萩生田さんにお会いしたかったのです。この事件に関しては私自身も参考人として事情聴取を受けた経緯もあり、今回、捜査を直接担当した萩生田さんにお話を伺うことで、外務省の構造、体質に関わる重大な問題を、立体的に取り上げてみたいと思います。先《ま》ず、事件の概要から教えて下さい。

萩生田勝　私は1968年に警視庁に入庁。1985年に警部補となり、警視庁刑事部捜査2課捜査係長として、東海銀行秋葉原支店巨額不正融資事件、日本道路公団贈収《ぞうしゅう》賄《わい》事件、赤坂警察署汚職事件など多くの事件を担当しました。

2001年の正月早々、本部の管理官から、外務省の内閣官房報償費の不正流用事件を担当するように下命がありました。事件については、元日の読売新聞が１面で報道しており、その時点ですでに当事者の松尾克俊・要人外国訪問支援室長も、１億８０００万円の着服を認める「上申書」を警視庁に提出していました。松尾は架空の領収書や、水増ししたホテル代の領収書などを利用して内閣官房報償費を私的に流用し、都内に８０００万円のマンション、競走馬９頭、４カ所のゴルフ会員権などを所有し、銀行口座にも８億円を超える出所不明の現金の入金がありました。しかし、上申書の額と大きな開きがあります。事件は難航が予想されました。「内閣官房報償費」というのは、内閣官房長官ひとりが扱う「機密費」ということでした。内閣の要《かなめ》である官房長官が、円滑な政権運営のためや、総理大臣など政府要人等の外遊などに際し、外交戦略上、必要と判断すれば、自由に使える。むろん、具体的な使途は問われず、領収書などもいらない、まさにブラック・ボックスの打ち出の小槌《こづち》という認識でした。だから、過去に詳細が明らかにされたことはありません。ところが、この捜査では、ダメもとで機密費の明細を求めたところ、内閣官房からこれが提出されたのです。外務省関係以外の部分は黒く塗りつぶしてあったのですが、その部分が薄くてすべて判読できる。よほど慌《あわ》てていたのでしょう。松尾には、歴代５人の総理の外国訪問に関し、総額11億５０００万円もの内閣官房報償費が交付されていました。

捜査員は約１６０名。捜査２課としては空前の陣容です。参考人として事情聴取した人間は、外務省の審議官や、各国大使、内閣官房首席参事官など1000名近くに及びました。対象も外務省に限らず、内閣、財務省、経済産業省、農水省等、霞が関全体に及びました。

佐藤 あまり知られていませんが、この件、実は事前に捜査情報が漏れていたんですよ。読売新聞の記事が出る前年の12月中旬、赤坂東急ホテル（現・赤坂エクセルホテル東急）の2階のコーヒーショップで、当時、自民党総務局長だった鈴木宗男さんが、親しい新聞記者たちの居る前で「警察の幹部から電話があり、『外務省の松尾がとんでもない額の横領をしている、もし外務省が内部で処分すれば、警察庁としてはお咎《とが》めなしとする、外務省にこのことを伝えてくれ』といってきた」と話したんです。その席にいた外務省関係者は私だけでした。鈴木さんの了承を得て、翌日の朝、外務省の齋木昭隆・人事課長（当時）にその話を伝えました。彼は驚いた様子でメモをとり、「すぐ官房長に報告する」といいました。その後、鈴木さんに同行してロシアへ行った際、「例の松尾さんの話どうなりましたか」と聞くと、「阿部知之官房長に問いただしたところ、『先生、松尾はシロです。流用が疑われている金は、親の遺産だそうです。松尾は先生より金を持っていますよ』という答えだった。官房長がそこまで言うのだから大丈夫だろう」ということでした。しかし、翌年の元日に記事が出た。もし、阿部官房長がきちんと調査し、外務省が自浄能力を発揮し内部処分をしていたら、事件は握りつぶされ、完全に闇に葬《ほうむ》られていたでしょう。

萩生田 この事件は、捜査2課の「情報」という係が内偵していました。通常、各県警は、事件の内容をすべて警察庁に報告しますが、警視庁はしません。別格なんですね。しかし、この事件は、従来の事件とは筋が違いすぎた。「内閣官房報償費」という機密費に関する事件ですから、報告は警察庁へ上がっていたと思います。そこから情報が漏らされたのでしょう。

佐藤 松尾さんの上申書を取ったということは外務省に知らせるんですか？

萩生田 いや、知らせないですね。

佐藤 霞が関の中央官庁の仁義からすると、外務省はケンカを売られたと思ったんでしょうね。

萩生田 どの省庁でも、役人を呼ぶときは、事前に声をかけたりはせず黙ってやります。役人が上に報告する余裕を与えず、素早く取り調べるのが取調官の腕なんです。

佐藤 私は松尾さんとは何回か話したことがあるんですが、彼の周辺では評判は非常によかった。滅私奉公型で、部下の面倒見もいい。それほど多くない月給の中から自腹を切って部下を赤提灯《あかぢょうちん》に連れて、おごったり、役所に泊まり込んで仕事をしている。自分は、出世できないが、仕事がおもしろければいい、裏方に徹したい、ということで本当に周囲の評判は良かった。

萩生田　なるほど。そういう人間だったから、内閣や上司たちも安心していたんでしょうね。確かに、松尾は几帳面《きちょうめん》な人間で、旅費を上乗せする場合でも、古参の職員にはやらせない。入省して1年目といった、まだ実務がよく分からない素人《しろうと》に命じて、一々、金額を松尾がメモに書いて手渡す。そのメモはすべて回収して、シュレッダーにかけて焼却する。実に綿密な方法をとっていました。

佐藤　今になって思うんですが、松尾さんは、当初、身銭を切って公《おおやけ》のために尽くすという形で、公私の線が曖昧《あいまい》になり、その線を越えてしまったんですね。周囲は、こういう滅私奉公型の人物であれば公金を私的に横領することなどしないだろうと、チェック体制のない金をいくらでも取ることができる権限を与えてしまった。しかし、外務省の内部では、松尾さんが扱う金銭の出費に関してのチェック体制は厳しかったんですよ。

松尾さんのところで金を使うと、彼のもとに全部の領収書を付け、領収書のとれない件は何月何日に何に使ったかという明細を付けて提出しなければならなかった。だから、省内で、松尾さんのところで不正があると思っていた人は誰もいなかったと思う。

要は、入り口で大きくだましておいて、あとのところは細かくチェックしているという体制にしていたから、誰も気づかなかったんでしょうね。

実は、鈴木宗男さんが内閣官房副長官だったときに、松尾さんと大衝突したことがありました。1999年2月、ヨルダンのフセイン1世国王が死去した際に、鈴木さんは

「すぐ、政府専用機を千歳《ちとせ》から羽田に回して飛ばせ」といったのですが、松尾さんが数時間待たせた。そのせいで結局、飛行機がアンマンに降りることができなくて、当地で小渕総理が予定していたエリツィン大統領との日露首脳会議ができなくなったんです。鈴木さんは「技術的に飛ばすことはできたのに、松尾が自分の力を誇示しようとするために妨害した」と不満を漏らしていました。

外務省は、鈴木さんとの関係もあり、松尾さんを要人外国訪問支援室長から、異動させざるを得なくなった。そして、もっと金が使えるサミット準備事務局へ異動させた。その後のことですが、松尾さんと非常に親しかった丹波實外務審議官（当時）から、「ノンキャリアの人事にまで手を突っ込んで外務省の士気に悪影響を与えている。『非常に評判が悪い』と鈴木さんに君から言ってくれ」と頼まれたことがありました。そのまま鈴木さんに伝えると、鈴木さんはニカっと笑って、「丹波は相当世話になってるな。丹波に言っとけ、『あんたは大分、松尾の世話になってるんじゃないのか』って」と言いました。そのまま丹波審議官に伝えたら、「君は何を伝えたんだ」と問いただされたので、「おっしゃったことを、全部そのまま伝えました」と答えたことがありました。

その鈴木さんから、「佐藤さん、松尾には絶対世話になったらだめだぞ。気をつけろ」と官邸で言われたことがあります。どうしてですかと聞くと、自分のところに松尾さんが挨拶《あいさつ》に来て、「先生、ワインとか土産物とか、必要なものがあったら何でもおっしゃってください。すべて用意します」と言ったそうです。「役人がそんな金を持っているはずはない。あいつは何かやっている」と鈴木さんが私に耳打ちしたことを覚えています。

それにしても、松尾さんが1億8000万円の横領を認めた上申書を書いたのは何故《なぜ》でしょう？

萩生田　松尾には確かに遺産相続がありました。遺産があるから最終的にはこれで帳尻《ちょうじり》を合わそうと思った、という話にしようと考えたのではないでしょうか。そのカバーできる金額が1億8000万だったのだと思います。それに、やはり官房報償費という機密費の全貌《ぜんぼう》が、表に出ることはない、と思っていたのでしょう。結局、この上申書は虚偽でした。

佐藤　実は私も官房報償費を使っていたんですよ。しかし、この金の機密性を全く信用していなかった。というのは、内閣参事官が、何番から何番の封筒はどこへ行ったかという出費先を記録していたことを知っていたからです。結局、鈴木宗男さんのところに金を出してもらい、鈴木さんから私に渡るようにしてもらいました。ロンダリングですね。鈴木さんが、鬼の東京地検特捜部に狙《ねら》われ、私も連座する形で逮捕された際、実は検察はこれを贈収賄で挙げようとしていたのです。政治家の鈴木さんが「贈」、役人の私が「収」。史上初のケースとなる贈収賄を特捜部はやろうとした。が、「私が鈴木さんからもらった金は、官房機密費のロンダリングです。金を出したおおもとの森喜朗元首相から話を聞いてください」と言ったら、そこで捜査はぴたりと止まりました（笑）。もし、この金を私が個人で使っていたら抵抗するのは難しかったと思います。

萩生田 横領は個人のことになりますからきついです。背任となると個人犯罪の要素がぼやけますから。

大使館が領収書を偽造!?

佐藤 私がこの事件に関して事情聴取されたのは、松尾さんと同行したドイツのケルン・サミットの出張費用についてでした。人事課の大菅岳史首席事務官から突然連絡があって、外務省の会議室で、警視庁の捜査員から、ホテルの宿泊費を払ったかどうかということを聴かれました。そこで、宿泊費は払っていないが、ミニバーの経費は払ったと答えました。私は比較的、この種の記憶はいい方なんです。2週間ほどして、「印鑑を持って警視庁に来てください」といわれ、行くと調書ができていました。

萩生田 この事件の捜査では、そういう聴取を1000人近くの人にしました。そこまでやらないと、1つの起訴事実というものが作れないからです。一番難しかったのは、各国大使の事情聴取です。なにしろ、赴任先から本国に呼び戻すわけですから。

佐藤 外務省には金がありますからね。大使連中はファースト・クラスに乗って帰国し、日本でゆっくり休み、おいしいものを食べて戻っていきました。

萩生田　大使が1回帰国すると、数百万円かかると聞きました。結局、警視庁から捜査員を海外へ出張させることはなく、すべて日本に呼んで事情聴取しました。呼び戻す費用はすべて外務省が負担しました。

佐藤　それは、外務省として、現地に捜査員を送り込まれて調べられると困ることがあるからだと思います。外務省はここをひとつの防衛線にしたのではないでしょうか。どうしてかというと、在外の人は気が緩んでいるからです。大使館、とくに会計担当者というのは汚い仕事ばかりやらされているので、金を湯水のように使っている幹部は、彼らが口を割るのを非常におそれている。外務省内部の査察でも、会計担当者と本省から来た査察担当官が直接話すという日は、大使や公使はぴりぴりしていますからね。だから警視庁から捜査のプロがやってきて調べたら、何が出てくるか、分からない。それを外務省はおそれたのでしょう。全体で億単位の金がかかっても、東京に全員連れてくるという選択をしたのだと思います。

例えば、海外のホテルで偽造の領収書を作ってもらったという話がありますね。私も何回もモスクワで目撃していますが、実はこれ、ホテル側から水増し分の偽造領収書をその都度もらうのではなく、大使館のレターヘッドを使い、好き勝手に領収書を偽造しているのです。

萩生田　そうそう。大使館で作っていた証明書がいろいろあり、その点は私たちも把握していたんです。

佐藤　組織的に大使館で偽造領収書を作っているのは間違いない。私がいたモスクワ大使館では、桐《きり》の紋が入った金属製の公印の他に、これとよく似た形のゴム印があり、偽造領収書にはゴム印の方を押していた。当事者には明らかに違法性の認識があるんですよ。

萩生田　結局、そういった組織ぐるみの不正を、松尾がひとりでかぶったということなのでしょう。

現・宮内庁《くないちょう》長官も聴取

佐藤　外務省の上層部も事情聴取されましたか？

萩生田　もちろんです。冒頭で話したように、外務審議官まで務めた丹波實氏を筆頭に、局長クラスや大使らを呼び出し、事情聴取しました。他省庁の人も呼び、そのなかにはトップの事務次官や総理秘書官までいました。また、現在、宮内庁長官を務めている羽《は》毛《け》田《た》信吾《しんご》氏からも事情を聴きました。皆、霞が関の中枢《ちゅうすう》にいる人たちですよ。

佐藤　現・宮内庁長官まで取り調べたのですか。それは驚きです。捜査史上初めてのことじゃないですか。大変栄誉な職に就いていますが、当時、これらの情報は報道されませんでしたね。もし、されていたら大騒ぎになって、こんな名誉ある職には就けなかったかもしれません。これだけ重大な事態が報道されなかったというのは、それだけ霞が関の情報管理が優れていたとも言えますが……。で、丹波審議官ら外務省の幹部たちはどんなことを話しました？

萩生田　私が直接、取り調べたのではなく、上がってきた調書を読んだだけですが、概《おお》ね「松尾の件は知らなかった。彼から便宜を受けたことはない」という通り一遍のものでした。こちら側に攻める材料が何もないのですから仕方ありません。ただ、情けなかったのは上層部の多くが逃げたことです。今度はこういう人を調べたいとか、こういう資料を持ってきてほしいとか伝えますと、彼らは、病院に入って出てこない。病院に逃げ込んで対応してこないんですよ。

佐藤　阿部官房長でしょう。

萩生田　竹内総務課長もそうでしたね。他の省庁では、上層部は意外に出てくるんですよ。たとえば、贈収賄《ぞうしゅうわい》でやると、一番頭のいいやつを出してきて、警視庁と真っ向から法解釈で対立する。ところが、外務省は違った。

佐藤　それは、外務省というところは、国際法で訓練されているからです。やばいときは逃げて、こちらが強いときはごり押しで行く。緻密《ちみつ》な法解釈なんかしない。これが国際法の世界ですから。我々は役所の中でよく言ったものです。「公家《くげ》は逃げ足が速い」

と（笑）。

萩生田　他の省庁は、真っ向から対抗してきます。例えば誰かを逮捕すると、「彼には職務権限はない」と言って逃げる。

佐藤　そのかわり切るときはスパっと切るでしょう。

萩生田　早いですな。

佐藤　萩生田さんが本に書かれた中で興味深かったのは、松尾さんが愛人のクラブホステスをサミット事務局に職員として雇っていたということです。

愛人ホステスに国費でお手当

萩生田　松尾にはスチュワーデスやクラブホステス、看護婦、銀行員、そして外務省の職員まで、愛人が６人もいました。そのホステスは、外務省のある局長と面識があり、彼が開いた新年会に招待されていて、そこで松尾と知り合った。彼女に松尾は５００万円の指輪をプレゼントしています。サミット事務局の職員は〝みなし公務員〟の扱いとなります。

佐藤　要するに、愛人のクラブホステスをみなし公務員にすることで、国費で愛人に手当を払っていたことになる。局長がこのクラブホステスを新年会に呼んでいたのだから、これは外務省による完全な組織犯罪なんですよ。

萩生田　本当に国民からすれば、とんでもない話ですよ。また興味深いといえば、松尾が麻雀台《マージャンだい》を何台か頼まれて面倒を見ているんですよ。捜査の過程で麻雀のことなど考えもしなかったので、印象に残っています。松尾は麻雀もやっていたんでしょう？

佐藤　松尾さんの麻雀は有名でした。彼の麻雀は、日に数百万円動くこともあるんですよ。これは明らかに賭博《とばく》です。それも常習の。今はありませんが、当時外務省には虎ノ門クラブと日比谷クラブというクラブがあって、そこに麻雀台が置いてあり、そこで毎日、賭《か》け麻雀をしていましたから。私は麻雀はできません。しかし、モスクワで同僚と花札賭博はかなりやりました。1日で10万円以上が動くこともありました。この場を借りて国民のみなさんにお詫《わ》び致します。

萩生田　松尾のところから外務省職員が書いた多数の借用書が出てきました。これは松尾からこの連中に機密費が流れた証拠だと色めきたったのですが、調べると、それは麻雀の借金でした。それも何百万のオーダーのもので、なかには1000万単位の借用書もあり、驚きました。

佐藤　外務省の中には、麻雀で〝自民党レート〟と〝社会党レート〟というのがありました。社会党レートというのは普通、世間でやっている賭麻雀のレート（笑）。自民党レートというのは、自民党の国会議員がわざと負けて野党議員に金を渡す時のレートです。

萩生田 麻雀だけではなく、松尾からさまざまなことで数百万を借りていたというケースもありましたが、やはり十数億円という中では小さな数字なのであまり相手にはしませんでした。

少額といえば、出張へ出かける飛行機の機内で、通常支払われる金以外に、松尾から、数万円ですが、ポケットマネーをもらっている外務省幹部もいました。初めのうちは、全員に配っていたようですが、途中からは、限られた一部の人たちに、肩書きに応じ、段階をつけて配っていた。

佐藤 例えば、ヴェネチア・サミットの時、私はイギリスでロシア語の研修をしていました。そこから応援で現地に行ったのですが、応援組は2万円、担当官連中は大体5万円程度、課長クラスが10万円でした。上司に、こんな金をもらって大丈夫でしょうか、と聞いたところ、「外務省というところは、正規の手当以外にご祝儀《しゅうぎ》が出る役所なんだ」という答えが返ってきた。私は、ああそうか、ご祝儀なんだ、と納得してもらいました。しかし、これは国民の税金からでているわけです。不適切なお金をもらってしまったと反省しています。国民のみなさんにおわびします。

萩生田 外務省に限らず、いろいろな省庁の役人が、同じように松尾から金をもらっていたんですよ。

人間的な信頼関係

佐藤　高級官僚といえば、プライドも高く、取調官を誰にするかが重要になると思いますが、この事件では、その人選を萩生田さんがされておられた？

萩生田　そうです。すべて私が決めていました。事務次官であれば、こいつ、局長はあいつ、といったふうに、気心が知れた信頼できる警部補クラスの部下を調べ官に指名しました。みんな長年のつきあいですから、こいつならできると大体分かるんですよ。ただ、正直言って、霞が関の現職次官や、元次官などを呼んで、対等に話が出来る取調官というのは、そんなにはいないんですよ。

やはり、事件捜査の要《かなめ》は、調べ官の能力というか、人格というか、人間性です。裁判員制度が始まりましたが、重要なのは、取り調べの過程で、どれだけ質の高い供述が取れるかということなのです。証拠に供述をくっつけていく捜査は弱い。供述があって、それに証拠を付けていけば、これは強い。本当の話をしてもらい、それに証拠を付けていけば、これは崩れない。一番よく事件が分かる。証拠を突きつけて、それに供述を付けていくというのは、往々にして裁判で崩れてしまう。だから検察庁や特捜も、まず供述をとることを狙うんです。

佐藤　松尾さんと取調官との間に、人間的な信頼関係はできたんでしょうか？

萩生田 それが出来ないと、喋《しゃべ》らないですよ。松尾の場合は、約40日にわたり、ホテルで寝泊りしてもらって、任意で事情を聴いています。必ず朝、2人で迎えに行き、車に乗せて警視庁に入る。帰りは夜中にまたホテルに送り届ける。これを1カ月以上続けるわけですから、やはり、送る側と送られる側との間に、人間関係のようなものができあがる。毎日、「おはよう」、「おやすみ」と挨拶《あいさつ》を交わしている仲ですからね。

もう1つ、これは経験からいえることですが、人間には他人に触れられたくない部分、触られたくない一番の欠点というのがある。例えば、性的な奇癖といったことですが、この部分を押さえると、その人間は、結構、いろんなことを喋るようになります。

佐藤 一番隠したいことってありますね。人は、自分が秘密だと思ったことは秘密になりますから。

萩生田 誰にでも絶対、隠したいことはある。全部を喋る人はいません。何かを隠す。ただ、そこは、触らない方がいい。

佐藤 知っていても触らない方がいい?

萩生田 そう。その人間の一番嫌がるところだけは聴かない。それが、取り調べる側の人情だと思います。そして、その配慮が被疑者にも通じて、自白につながるという場合があるんですね。

佐藤 分かります。ギリギリのところまで追い込んではいけない。情報の世界でも同じです。逃げ道は必ず残してやる。ところで贈収賄事件の立件は難しいといいますね。

萩生田　たしかに難しい。警察署が警視庁管内に102ありますが、警察署で絶対できない事件は1つしかない。贈収賄事件だけです。これだけは、警視庁の捜査2課と検察の特捜部だけにしか扱えない。

佐藤　棲《す》み分けはどうなっているんですか？

萩生田　先に見つけた順です。贈収賄事件というのは、いくら心証がクロでも、供述が取れなければ逮捕できない。それも、贈賄側、収賄側の両者の供述が必要です。片方だけだと、裁判の過程でひっくり返ることがある。

佐藤　どちらがしゃべりやすいですか？　人によりますか？　事件によります？

萩生田　収賄側ですね。役人の方がしゃべりやすい。

佐藤　やはり、役人の方が弱い（笑）。

萩生田　業者の方が、打たれ強いですね。おもしろい話ですが、役人で、よくクラブや飲み屋で金を払わないのがいますね。すると、飲み屋の方では、借金取りにオカマを役所に差し向けたりするんですよ。そうすると、払うというんです（笑）。

佐藤　へーえ、そうなんですか。元特捜検事の田中森一さんに聞いた話で、地方公務員の収賄事件の件があります。被疑者は実はホモで、金を男に貢《みつ》いでいた。ところが、それがわかると、被疑者は、「そのことだけは家族との関係もあるし、職場にも知られたくない」と、取調室でわんわん泣いたそうです（笑）。そこで田中さんは架空の女性を作って、その女に貢いだという検面調書を作成した。公判も問題なく済み、被疑者から非常に感謝されたそうです。「事実を曲げて、真実を追求する」と田中さんは言ってましたね。

萩生田 そういうのはあり得ますね。金が行ってることには変わりないから、多少、事実を曲げてもいいんじゃないですか。先ほど言いました、「相手が絶対隠したいことには触れない方がいい」ということでしょう。

ちょっと話は違いますが、本に書いた東海銀行巨額不正融資事件に登場するブローカーの愛人ホステスから、「萩生田さんの本を読んだ」という電話があったんですよ。彼女は結婚して子供もいると言っていた。「私のこと、20歳と書いてあったけど、私、あのとき30歳だったのに」というから、「あんただと分からないように10歳若く書いてやったんだよ」と答えてやりました。

佐藤 いい話ですね。刑事訴追を受けた者は、出所後、自分を取り調べた捜査官に挨拶に訪れる人が多いといいますね。

萩生田 松尾も先頃、刑務所を出所して、取調官と会ったようです。

佐藤 静かに国内で暮らしているんですか？

萩生田 はい。ただ、どこに住んでいるかは、知りません。知っている者からも聞かないようにしています。私から漏れたと思われると嫌ですから。

佐藤　それは正解です。我々のインテリジェンスの世界では「クオーター（区分）化の原則」と呼んでいますが、知らないことについては絶対にしゃべれない、ということです。やはり、萩生田さんはプロですね。

萩生田　プロではないです。私の持論ですが、刑事にプロはいない。職人気質《かたぎ》という人はいますが。

佐藤　と言いますと？

萩生田　刑事には定年退職があります。プロというのは、10代の頃から80歳ぐらいまで1つのことだけを手がける人たちのことをさします。しかし、刑事というのは60歳の定年まで、さまざまな職種を経験します。ずっと捜査の現場にいるわけではありません。

佐藤　偉くなると管理部門へまわりますからね。

萩生田　そう。自分で調べをするわけじゃない。

松尾が最後まで守ったもの

佐藤　話を事件に戻しましょう。2001年7月に捜査は終了しましたが、最終的に捜査はどのような形で決着したのでしょうか。

萩生田　最終的に内閣官房から松尾に渡った報償費は、1993年11月の細川総理の韓国訪問から、1999年7月の小渕総理の中国・モンゴル訪問まで、計46回、総額11億5700万円。このうち、松尾は9億8700万円あまりを着服していました。しかし、事件として立件できたのは、約5億円だけです。結局、数億円に上る金がどこに消えたのか、その使途が不明のままとなりました。

佐藤 本にも書かれていた通り、萩生田さんは、松尾さんから外務省の上級幹部に現金が必ず行っていると睨《にら》んで捜査を行っておられた。だけど、結局、松尾さんはこの点については最後まで口を割らなかった?

萩生田 そうです。アメリカ大使館1等書記官をつとめ、東京サミットや九州・沖縄サミットを取り仕切ったというプライドがあったんでしょう。口は固かった。彼は幹部を守ったんですよ。彼は相当、利口な男です。というのは、初公判や最終弁論などでも「この事件を起こしたのは、自分の独善的な性格によるものだ」と供述したからです。弁護士が考えたわけでもなく、本人が考えた戦略でしょう。「自分の独善」へ逃げることで、幹部たちを守った。

佐藤 萩生田さんは、本の中で、『絶対にある』と睨んでいた松尾と外務省幹部との間の金の流れの追及は頓挫《とんざ》しました。その点ではわれわれの敗北でした」と総括されていますね。

萩生田 無念でした。上層部などへの金の流れが絶対あると踏んだのは、それが常識だからです。社会の常識で考えればいい。下の人間だった松尾にあのようなことができるのですから、権力を持つ上層部ができないはずはない。贈収賄罪《ぞうしゅうわい》を扱っていると分かりますが、課長補佐あたりが持っている権限というのは、本当はもっと上にあるんです。そもそも、松尾のような人物があれだけ長期にわたり、多額の現金を扱うポジションに居続けることができたこと自体、外務省という組織全体の体質を表していると思いますよ。

佐藤 その通りですね。上層部だけではなく、下の方でこれだけ不正をやれるということは、上ではもっとメチャクチャできるということなんですよ。これは、官僚の物理の法則からして当然だと思います。でも、逆に、萩生田さんたちは、よくここまで切り込めましたね。小泉政権が誕生したということも、偶然ですが、関係したと思います。

萩生田 捜査を終えてみて、よくあそこまでできたな、というのが率直な印象ですね。着手した当初は、ここまでできるとは思わなかった。ただ、この手の事件というのは、捜査を進めるにつれて、どんどん上に上がっていかないとだめなんです。下りてきちゃいけない。これは推測といったものではなく、捜査の常識なんです。その意味では、上に行けなかったことは残念です。前述の通り、松尾が誰かを守ろうとして、完全には口を割らなかった結果、約5億円もの金の流れが解明できなかった。その点は、捜査側の人間として慙愧《ざんき》に堪えません。

佐藤 私も反省しているのですが、松尾さんが横領した内閣官房報償費の原資は国民の税金なんですね。松尾さんからもらっているのではなく、国民からくすねているんです。どこかの企業が営利活動で儲《もう》けた内部留保の金を裏でバラまいていたというのではなく、国民の税金を国益のために必要だといって、機密費として騙《だま》し取り、愛人のマンションや競走馬に注ぎ込んでいた。この事件の悪質さはそこにあると思います。

日本の経済状態が逼迫《ひっぱく》し、格差が深刻になってきている今日の状況の下で、この事件を再度見直すことを通して、今でも存在するこの種の「機密費」が、どう使われているかを検証してみることは、意味あることです。萩生田さんの本が出たことは、外務省のためには本当に良かったと思います。外務省の心ある人たちがこれをきちんと読めば、何があったかが相当程度分かります。ただ、この「外務省報償費流用事件」というのは、刑事事件において明らかになった部分以外のことも全部出しておかないといけないと思っています。ですから今回、萩生田さんにここまで踏み込んでお話しいただいたのは実に意義深いことです。そうでないと、あの伏魔殿と呼ばれる組織はまた同じことを繰り返すでしょうから。

「新潮45」2009年8月号掲載

宗男VS.平野官房長官、機密費をめぐる最終戦争

誰が日本国家を支配するか

2010年2月4日、東京地方検察庁は、政治資金規正法違反（虚偽記入）容疑で逮捕、勾留《こうりゅう》されていた石川知裕衆議院議員（民主、北海道11区）ら3名を起訴した。「鬼の特捜」（東京地検特別捜査部）に逮捕された時点で、起訴はパッケージなので、このこと自体は織り込み済みだ。問題は、石川氏らの共犯として民主党の小沢一郎幹事長を在宅起訴できなかったことだ。

石川氏を「階段」にして、小沢氏につなげていくというのが検察のシナリオだった。しかし、うまくいかなかった。函館《はこだて》ラ・サール高校から、早稲田大学商学部に進み、学生時代から小沢氏の書生をつとめていた純粋培養で、まだ36歳の石川氏ならば、独房に閉じこめて、徹底的に揺さぶれば、望み通りの調書をとることができると検察は思ったのであろう。しかし、そうならなかった。逮捕される前、石川氏は筆者に「水谷建設から5000万円のカネを受け取ったことは絶対にありません。こんなことで事件を作り

あげるのならば、一生かけてでも検察と闘う」と何度も述べていた。筆者は、石川氏に、「取調室の中は、人間と人間の真剣勝負の場だ。検察官は彼らの立場から、石川さんの将来を真面目《まじめ》に考えている。特に担当の検察官は、検察庁の内部では、石川さんの罪の負担が軽くなるように、あなたを守るべく本気で頑張っている。しかし、それはあなたを釜《かま》ゆで、ノコギリ引きにはしないで、絞首刑《こうしゅけい》で楽をさせてあげるということが大前提なんだよ。政治家としての石川知裕を『殺す』ことが検察官の仕事なんだ。検察官に引きずられて、自分がやっていないことを認めたらダメだよ。その後、一生後悔することになる」とアドバイスした。

1月15日夜、「鬼の特捜」によって石川氏は逮捕された。この晩、筆者は、新潮社で法律問題について打ち合わせた帰りに、神楽坂《かぐらざか》駅すぐそばの居酒屋で、弁護士たちと一杯やっていた。居酒屋からでて、タクシーに乗り、携帯電話をチェックした。鈴木宗男衆議院外務委員長（新党大地代表）からの留守番電話が入っているので、１４１７番を押した。するとゆっくりとした口調で、鈴木氏のメッセージが聞こえた。

「佐藤さん、石川知裕さんが検察に呼ばれました。8時に検察から南（裕史《ひろし》）弁護士に連絡があり、8時半に検察庁に出頭するようにということでした。新聞記者からの情報では、既に逮捕状が出ているということです」

早速、鈴木氏の携帯に電話をして、認識の擦り合わせをした。しばらくして、南弁護士から筆者に電話がかかってきた。

南「弁護士の南です。8時に検察庁から石川への出頭要請があり、8時半に私が付き添って出頭しました。検察庁の建物に入る直前に石川から佐藤さんに『優さん、ほんとうにお世話になりました。闘いますと伝えて下さい』という依頼を受けました」

佐藤「わかりました。そう言っていたんですか。もし南先生が面会に行くことがあれば、石川さんによろしくお伝え下さい」

この瞬間から、検察・小沢戦争の第2回戦が始まった。第1回戦は、2009年3月3日の特捜による小沢氏の公設第1秘書大久保隆規氏の逮捕だったが、このときは小沢氏の起訴どころか、事情聴取にも至らず、検察が完敗した。検察を応援する世論の風が吹かなかったからだ。世論が、民主党政権の成立を妨害する政治的捜査と受け止めたからだ。

第2回戦では、既に民主党が権力を握っている。小沢幹事長は、鳩山由紀夫総理の権力基盤そのものだ。ここにメスを入れることで、世論は「さすが『鬼の特捜』だ。権力と対峙《たいじ》して、稀《き》代《たい》の悪代官小沢一郎をやっつけてくれる」と拍手喝采《かっさい》すると検察は思っていたのだろう。確かに、新聞は拍手喝采した。しかし、普通の国民がついてこなかった。もちろん国民は小沢流政治も大嫌いだ。ただし、検察の正義に対しても白けている。

筆者は、検察・小沢戦争の本質を「誰が日本国家を支配するか」を巡る権力闘争であると考えている。マスメディア、国民の小沢氏に対する目つきはよくない。第2回戦で、小沢氏が勝利したとは言えない。ただし、負けなかった。他方、小沢氏を政界から追放しようとする「鬼の特捜」の目的は達成されなかった。客観的に見て、検察は2連敗した。

もう1つの戦争

検察・小沢戦争に筆者も若干巻き込まれていた。この戦争は2月4日で一区切りとなったが、筆者の周囲ではもう1つの戦争が始まっている。鈴木宗男氏と平野博文内閣官房長官との総理大臣官邸と外務省の報償費（いわゆる機密費）を巡る戦争だ。この戦争に火がついたのは、石川氏らが逮捕された1月15日のことだ。

この日の深夜、筆者と鈴木氏は、都内の弁護士事務所に出向いた。東京拘置所に護送される前の石川氏と面会した弁護士から話を聞くためだ。弁護士の話によると、石川氏は元気だが、起きている事態を十分に把握できず、当惑している様子だった。筆者も鈴木氏も特捜に逮捕された経験があるので、石川氏が置かれた状況が皮膚感覚でわかる。途中、鈴木氏の携帯電話が何回も鳴る。

「秘書官、これは小沢幹事長だけでなく、鳩山政権の命運にもかかわります」

鈴木氏が、緊張した声で、佐野忠克《ただかつ》総理秘書官と話をしている。他に民主党の有力政治家と打ち合わせている。

弁護士事務所を出るときに鈴木氏がつぶやくように言った。

「佐藤さん、俺はやっぱり間違えていた。あの官房長官では鳩山総理を本気で守ることができない」

あの官房長官とは、平野博文氏のことだ。

「どうしたんですか」と筆者は尋ねた。

「どうもこうもない。電話に出ようとしない。居留守をつかっているんだろう」

「どうしてそんなことをするのでしょうか。平野官房長官に対する鳩山総理の信頼は厚いじゃないですか。官房長官も政権を支えるのに必死じゃないんですか」

「いや、まったくダメだな。平野の能力を超えるような事態が生じ、当惑しているんだ。小沢幹事長が潰《つぶ》れれば、鳩山政権が倒れることが平野には理解できていない。政治家としての基礎体力があまりに低い」

鈴木氏は、吐き捨てるように言った後、こう続けた。

「佐藤さん、あなたが言うように、報償費問題で俺が平野に妥協したのは失敗だった。間違えた配慮をした。タイミングを見て質問主意書を再提出する」

これまで、腹の中にためていた鈴木氏のマグマが噴出しそうになっているのを筆者は感じた。実は、平野官房長官が、機密費の闇《やみ》を国民の前に明らかにしようとする鈴木氏の行動に圧力をかけて、質問主意書を撤回させていたのだ。鈴木氏はこれまでに120以上の質問主意書を提出しているが、そのうち撤回したのは2通だけである。そのいずれもが、平野官房長官の秘密裏の要請に応《こた》え、鈴木氏が撤回したものだ。具体的に見てみよう。

2009年10月29日付の質問主意書だ。

〈外務省の報償費に対する鳩山由紀夫内閣の見解に関する質問主意書

二〇〇六年三月十日の政府答弁書（内閣衆質一六四第一一七号）で、「外務省の報償費は、国の事務又は事業を円滑かつ効果的に遂行するため、当面の任務と状況に応じその都度の判断で最も適当と認められる方法により機動的に使用するために設けられている経費である。」との説明がなされている外務省の報償費、いわゆる機密費の定義について、本年九月十六日提出の質問主意書で問うたところ、同年十月一日の政府答弁書（内閣衆質一七二第一八号。以下、「政府答弁書」という。）では「御質問の諸点については、新内閣の下でこれまでの経緯等を確認しているところであり、その結果も踏まえ適切に対処してまいりたい。」との答弁がなされている。右を踏まえ、質問する。

一 新内閣における、外務省における報償費のこれまでの経緯についての確認作業は、現在どの様な進捗《しんちょく》状況にあるのか説明されたい。

二 かつて外務省において、報償費を首相官邸に上納するという慣行があったと承知するが、新内閣は右を確認できているか。

三 二で、確認できているのならば、二の慣行は何のために、また、いつからいつまで行われていたのか説明されたい。

四 二〇〇五年十一月一日の政府答弁書（内閣衆質一六三第二六号）では、外務省大臣官房会計課審査室について「外務省大臣官房会計課審査室（以下「審査室」という。）は、外務省組織令（平成十二年政令第二百四十九号）第二十二条各号に掲げる事務をつかさどる会計課にあり、報償費及び外務本省の交際費に関する事務を行っている。」との説明がなされているが、同室に報償費関連の文書が保管されているという事実はあるか、新内閣は確認できているか。

五 かつて報償費が、外務省における公務とは関係のない会食等、私的に流用された事実があり、その際にかかった費用、参加した人数等の詳細を明記した文書が同省大臣官房会計課審査室に保管されていると承知する。鳩山由紀夫内閣総理大臣、そして岡田克也外務大臣は、国民の税金が原資である同省の報償費について、右で挙げた様な不適切な使途の実例を徹底的に調査し、そのあり方を見直す考えはあるか。「政府答弁書」では前文で挙げた答弁がなされているところ、今次質問主意書において改めて質問する。〉

「〝上納〟は明らかにできない」

それから数日後、11月初めのことだ。筆者と鈴木氏の間でこんなやりとりがあった。
鈴木「報償費に関する（総理）官邸の態度が変化している」
佐藤「どういうことですか」
鈴木「質問主意書を取り下げてくれという電話が、平野官房長官からあった。俺は『それはだめだ。ここで自民党政権時代の膿《うみ》を出しておかないと、国民の信頼を外務省は回復できない』と突っぱねた。すると、今度は官房長官から、衆議院のHPにすでに質問主意書を提出したことが書かれているので、撤回すると藪蛇《やぶへび》になる恐れがあるから、撤回ではなく、答弁延期を了承してくれという電話があった」
佐藤「受けたんですか」
鈴木「受けた。俺も与党だから、官房長官に言われたことは聞かざるを得ない」
佐藤「しかし、行政府による国会議員の質問権への圧力じゃないですか。民主主義の根幹を揺るがす話です」
鈴木「だが、撤回ではない。来年（2010年）1月5日まで、延期してくれということだ。延期ならば、受けざるを得ない。国会でこの問題に焦点をあてたくないというのが官房長官の意向だ」
ところが、鈴木氏は1月4日にこの質問主意書を撤回してしまった。このことについて筆者と鈴木氏の間で、翌5日にこんなやりとりがあった。

佐藤「なんで質問主意書を撤回したのですか」
鈴木「平野官房長官から『機密費の上納について明らかにするわけにはいかない。質問主意書を撤回してくれ』という電話があったので、従わざるを得なかった」
佐藤「しかし、外務省から総理官邸に報償費を上納していたという話を僕は丹波實外務審議官（当時）から聞いています。鈴木さんも官房副長官として知っていたじゃないですか」
鈴木「年間20億円だという説明を受けている」
佐藤「あのカネが外務省に還流して、腐敗の温床になっていたんじゃないですか。あの問題を表に出さない限り外務省の体質は変わりませんよ。前に申し上げた通り、国会議員の質問権を内閣が圧力をかけて潰すことは、民主主義の原則に反します。妥協すべきでないと思います。ここは原理主義的対応をすべきと思います」
鈴木「しかし、官房長官に言われればどうしようもないよ」
　新党大地は1人政党だ。政治力学の観点から、鈴木氏が平野官房長官との対峙を避けるのは仕方ないと思った。それとは別に２００９年11月17日付で鈴木氏は、「外務省報償費の官邸への上納に関する質問主意書」という件名の質問主意書を提出したが、これも平野官房長官からの働きかけのため翌18日に撤回している。

官僚の掌《てのひら》で踊らされる官房長官

しかし、状況が激変した。1月28日朝、鈴木氏から筆者に電話があった。
鈴木「腹を括《くく》った。機密費の質問主意書を今日、再提出する。撤回はない」
佐藤「大丈夫ですか」
鈴木「勝負を賭《か》ける。平野官房長官の普天間《ふてんま》飛行場移設に関し、名護《なご》市長選挙の結果を斟酌《しんしゃく》しない、地元が応じない場合、法的に解決するとの発言を聞いて、この官房長官は鳩山由紀夫総理を本気で支えていないと確信した。報償費の真実を表に出すことが、真の意味で鳩山内閣のためになると俺は腹を括った」
佐藤「わかりました。私も鈴木さんの闘いを応援します。しかし、自民党政権時代の官房報償費を暴露すると、民主党の国会議員に国会対策でカネをバラ蒔《ま》いていた話が表に出ることを平野官房長官は恐れているのじゃないでしょうか」
鈴木「それはない。民主党にカネを蒔いていたのは、森政権までだ。小泉さんは無駄なカネは使わないという主義だった。その後の安倍、福田、麻生の３政権のときも官邸から民主党にカネは流れていない」
佐藤「それじゃ、なぜ、自民党政権時代の報償費の不適切な使い方について、平野官房長官は明らかにしようとしないのでしょうか」
鈴木「官邸の役人の掌の上で踊らされているのだと思う。『平野官房長官！ 報償費の真実を表に出すと、このカネをあなたが自由に使えなくなりますよ』と知恵をつけられているのだろう。普天間問題、報償費問題、それから、今回の小沢幹事長と検察の闘いに関しても、(平野)官房長官は、官僚の側に立っている。このまま放置していると、鳩山政権が内側から腐食していく。国民の監視が及ばない報償費は、政治家が腐敗する原因になる。8月30日(2009年)の総選挙(衆議院議員選挙)で政権交代が確実になった2日後、麻生政権の河村建夫《かわむらたけお》官房長官(当時)が、報償費を2億5000万円引き出した。報償費も国民の税金だ。政権を去る者が、報償費を私物化してはならない。ここにメスを入れて、本当に日本国家のために必要なインテリジェンスやロビー活動にカネを使う態勢を整える。その気になればすぐにできる」

佐藤「そうですね。本当に自由に使えるカネがあれば、僕が検察に逮捕されることもありませんでした」

作られそうになった贈収賄《ぞうしゆうわい》事件

2002年5月14日、筆者は、背任容疑で「鬼の特捜」によって逮捕された。具体的には2000年4月、イスラエルのテルアビブ大学で行われた「東と西の間のロシア」というテーマの国際学会に、袴田茂樹青山学院大学教授、田中明彦東京大学大学院教授、末次一郎安全保障問題研究会代表(故人、陸軍中野学校出身の社会活動家)などを派遣する際に、外務省関連の国際機関「支援委員会」のカネを使ったことが背任に問われたのである。東京拘置所に設置されたプレハブの取調室で、筆者は検察官に「外務省の報償費を使っていれば、この件であなたたちが逮捕されることはなかった」と何度も言われた。

これと別に、検察は筆者と鈴木氏を絡《から》める第3の事件を準備していた。それは、鈴木氏を贈賄、筆者を収賄とする贈収賄事件である。2000年12月25日に鈴木宗男氏がモスクワを訪れ、クレムリンでプーチン大統領の側近であるセルゲイ・イワノフ安全保障会議書記と会見したことを、検察は私的外交と位置づけ、このために筆者が外務省の秘密情報を鈴木氏に流し、鈴木氏から筆者がカネを受け取っていた（収賄）という組み立てを考えた。政治家である鈴木氏を贈賄とするきわめて異例な贈収賄事件が作られるところだった。もっとも、当時、外務省では、筆者だけでなく、多くの外務官僚が鈴木氏の政治資金に依存して外交活動を行っていた。外務省の予算は、内規でがんじがらめにされているので、情報収集や接待で必要とされるカネが出ないのである。それだから、機動的なカネを鈴木氏に頼ったのだ。ただし、この贈収賄事件が立件されなかったのは、筆者が使ったカネのかなりの部分が、鈴木氏の手でロンダリング（洗浄）された内閣官房報償費だったからだ。そのカネは、小渕恵三総理や森喜朗総理から出ていた。この報償費が誰に渡されたかは内閣参事官が記録する。この記録が以前、日本共産党に流出したことがあったので、筆者が「こんな危ないカネは使えません」と言ったところ、小渕、森の両総理が「鈴木宗男先生を経由して受け取れ」と筆者に指示したのだ。筆者が逮捕されたのは、小泉政権時代だが、森氏は清和会の代表として、現在の小沢一郎氏のような権力をもっていた。事件が森氏に拡大することを検察は嫌がった。この贈収賄事件が作られていたら、筆者は確実に実刑だったと思う。今ごろは刑務所の中で、作家になることもなかったと思う。森氏は筆者にとって恩人なのだ。

森氏と鈴木氏は、現在も仲がいい。1月26日、釧路《くしろ》で行われた鈴木宗男後援会に、スピードスケート国民体育大会の開会式に出席した森氏が飛び入りし、あいさつした。森氏は、「日本に2大政党は馴染《なじ》まない。だから新党大地が重要なんだ。小選挙区制はよくない。人物本位の中選挙区制がよい」と鈴木氏に秋波を送った。鈴木氏は、平野官房長官のような労組幹部の官僚的体質が抜けきらない政治家よりも、政治的には対立している自民党の泥臭い党人派で人情に厚い森氏の方がいっしょにいて楽しいようだ。

報償費の本来の目的とは

報償費について筆者が鈴木氏とやりとりした場面に戻る。

佐藤「上納問題を表に出す具体的な方法がありますか」

鈴木「岡田克也外務大臣は、本心では、報償費の膿を出したいと考えている。鳩山総理も小沢幹事長も間違いなく賛成する。障害になっているのは、平野官房長官だけだ。ショック療法を用いてでも、官房長官の意識改革を行わなければならない」

鈴木氏は、先に引用した質問主意書を1月28日付で再提出すると共に2月2日付で事実上、岡田外相に宛《あ》てた以下の質問主意書を提出した。

〈外務省報償費の官邸への上納に係る外務大臣の認識に関する質問主意書

外務省における報償費、いわゆる機密費について、岡田克也外務大臣に質問する。

一　外務省の報償費が、同省から首相官邸に上納されていたという慣行が過去にあったが、この支出は、外務省においてどの様な項目として処理されていたか。

二　一の支出は、官邸においてどの様な項目として処理されていたか。

三　一の慣行は、どの様な法的根拠に基づき、行われていたものか。

四　一の慣行が過去に行われていたことは、また仮に現在も行われているならば、それは適切か。〉

現在、鈴木氏の目は、猛禽類《もうきんるい》のように光っている。自民党政権の中枢《ちゅうすう》で、総理官邸と外務省の裏を知り尽くした鈴木氏は、報償費が官僚支配の重要な道具となっていることを知っている。政権交代を利用して政治家と官僚による報償費の怪しげな使い方を撲滅する。それとともに、協力者獲得や情報収集のような、日本国家のために必要とされる「裏仕事」のために報償費を使える態勢を整えておく。そうでないと日本の外交が沈滞してしまう。筆者も、鈴木氏の闘いを応援する。それは、十分な態勢が整わない状況で、インテリジェンス活動に従事すると、超ドメスティックな検察庁によって、外交官が逮捕される危険があるからだ。第2の佐藤優を出さないためにも、報償費を本来の目的で使える態勢を整える必要がある。

ここまで書いたところで、新たな動きがあった。鈴木氏の質問主意書に対して、外務省から総理官邸への報償費の上納を認める答弁書が閣議で決定されたのだ。

〈政府は5日に閣議決定した答弁書で、外務省の報償費（機密費）が「かつて総理大臣官邸の外交用務に使われていた」として、官邸に上納していたことを初めて認めた。外務省では2001年、職員の報償費詐欺《さぎ》事件が発覚。当時から上納が指摘されていたが、自民党政権時代、政府は否定していた。事件発覚後は行われていないという。

鈴木宗男・衆院外務委員長（新党大地）が1月提出した質問主意書への答弁書。鳩山内閣は発足直後から「これまでの経緯などを確認している」（筆者註＊鈴木氏の昨年9月の主意書への答弁書）として調査を続けてきた。

岡田克也外相は（中略）過去の政府見解と今回の答弁書の食い違いについて「整合性はありません。大臣が代わり、政権交代も行われ、事実を事実として申し上げている」と述べた。〉（2月6日付朝日新聞朝刊）

この答弁書によって、過去、日本政府が国民に対して嘘《うそ》をついていたことが明らかになった。なぜ、虚偽答弁がなされたのかについて、徹底追及することが重要だ。平野官房長官の妨害が懸念《けねん》されるが、鈴木宗男氏が政治生命を賭《と》して戦うと筆者は信じている。

「新潮45」２０１０年3月号掲載

第6章　沖縄への想《おも》い

実は決断の専門家、鳩山研究論文で読み解く総理の実像

20歳の頃に何をしていたか!?

2月末にイスラエルから友人が東京にやってきた。外交官時代に筆者はこの友人と知り合った。なぜか当時から気が合い、筆者が東京地方検察庁特別捜査部に逮捕され、犯罪者となった後も、以前と同じような関係が続いている。この友人はインテリジェンスに通暁《つうぎょう》している。しかも、情報収集や工作だけでなく、分析についても豊富な経験がある。現在は、現役を退き、ビジネスマンになったが、情報勘がとてもいいので、話をすると啓発される。

ちなみに、インテリジェンス業界で、このイスラエルの友人のような経験を積んだ人はあまりいない。CIA(米中央情報局)やBND(独連邦情報庁)では、情報収集や工作を行う人と情報の評価・分析を行う人を別にする。人間は、自分で取ってきた情報、自分が行っている工作が可愛《かわい》くなり、情勢を客観的に分析することができなくなるケースがあるため、それを恐れて、このような態勢をとっているのだ。

これに対して、イスラエルでは、優れたインテリジェンス・オフィサーは、自分で取ってきた情報や自らが行う工作を突き放して見ることができるので、分析業務に従事させても構わないと考えている。英国もイスラエルのような考え方をしている。イスラエルは、インテリジェンスを芸術と考えている。従って、この仕事は、競争試験によって選抜された官僚が行う通常の官庁の仕事とは異なっていると考える。芸術家に通じるような才能がインテリジェンスにおいては不可欠だと考える。もっともこのような才能のある人はそうたくさんいない。従って、モサド（イスラエル諜報《ちょうほう》特務庁）、アマン（イスラエル軍諜報部）などのインテリジェンス機関でも、9割くらいの職員は、CIAやBNDのように官僚的な仕組みの中で働いている。しかし、特別な才能があると認められた1割は、組織からかなりの権限を任され、自由に活動している。幸い、外交官時代、筆者はこのような特別な才能があるインテリジェンス・オフィサーの何人かと面識を得る機会に恵まれた。今回やってきた友人もその1人だ。

この友人は、日本の政局情報に強い関心をもっている。検察と民主党の小沢一郎幹事長との抗争について意見を求められたので、率直に筆者の見立てを説明した。

友人「それじゃ、検察は、小沢幹事長摘発をあきらめていないわけだ」

佐藤「もちろんあきらめていない。しかし、検察がどういう手を使うかがよく見えない。脱税がひとつの線だが、僕のところに入ってくる情報だと国税庁の動きがいま一つ慎重だ。民主党に移行した権力が、再び自民党に戻ることはないと財務官僚は見ている。それだから、下手に国税にゴーサインを出して、検察が再度負けるようなことになると、そのとばっちりが財務省に来ることを恐れているのだと思う」
友人「検察は、民主党政権を倒すことを考えているのか」
佐藤「それはない。機微に触れる話なので、少し丸めて話す。検察は、石川知裕代議士に対して、小沢を排除して鳩山政権を生き残らせるということを強く示唆《しさ》していたということだ。検察に迎合した供述をして、小沢幹事長の摘発に協力することで、鳩山政権を生き残らせることが世のため、人のため、そして、あなたのためであると石川さんを説得しようとしたようだ」
友人「石川さんは、その説得に応じたのか」
佐藤「断った。小沢幹事長が沈めば、鳩山政権が崩壊するという認識だ」
友人「正しいと思う。しかし、石川さんは、検察の尋問を切り抜けることがよくできたな。インテリジェンスの訓練を受けたことがあるのか」
佐藤「それはない」
友人「誰かインテリジェンス専門家が助言をしたか」
佐藤「それについて、僕は情報を持ちあわせていない。弁護士が優秀だったのだと思う」

友人「そうか。それで、鳩山総理は、この状況をどう切り抜けようとしているのか」

佐藤「それについては、僕が現役の頃、君に教えてもらった、あの方法で分析している」

友人「あの方法って？」

佐藤「要人の行動様式を分析するためには、20歳の頃に何をしていたかについて調べろ。20歳の頃に身についた思考様式は、その後も基本的に変わらない、という君の方法論はとても役に立つ」

友人「それで、20歳の頃、鳩山さんは何をしていたのか」

佐藤「数学の演習に熱中していた。特に偏微分方程式の演習に熱中していた。そして、マルコフ連鎖に行き着いた」

友人「確率論か」

佐藤「そうだ。鳩山総理は、確率論に基づいた決断のプロだ」

鳩山総理は、小沢・検察戦争、米海兵隊普天間《ふてんま》飛行場移設問題でも発言がよくぶれる、優柔不断で決断力がないという評価が定着している。しかし、その見方は間違えている。鳩山氏は、高度な数学を用いた意思決定論の専門家で、いつ決断をすれば、もっとも有利な結果を得ることができるかを明確に意識しているというのが、筆者の見立てだ。

科学的な意思決定

その前に、鳩山氏に関する永田町（政界）や霞が関（官界）でときどき耳にする風説を排除しておく必要がある。風説によれば、鳩山家では東大法学部出身者以外はエリートと見なされない。鳩山由紀夫氏の父で大蔵事務次官と外務大臣を歴任した鳩山威一郎《いいちろう》氏、弟で法務大臣、総務大臣をつとめた鳩山邦夫《くにお》衆議院議員（自民党）は、いずれも東大法学部を卒業した秀才だ。これに対して、鳩山氏は東大工学部出身で、その後は学者になった。鳩山家の落ちこぼれで、しかも理科系脳なので、宇宙人みたいなところがある、ということらしい。このような風説により、鳩山総理の能力を過小評価する傾向がある。これは危険だ。

国会議員で、大学教師の履歴をもつ人はかなりいる。その大部分が学者としては二流以下で、ろくに研究業績も残していない。こういう政治家は選挙のときの箔《はく》をつけるために、大学を腰掛けにしたに過ぎない。これに対して、鳩山総理は、米国の名門スタンフォード大学で修士号を2つ、博士号を1つとった本物の学者だ。

ちなみに米国の名門大学で博士号をとるためには、英語力のみならず高度のディベート（討論）能力が求められる。そのとき重要なのは論理力だ。筆者は、鳩山氏の英語論文をいくつか読んだが、いずれも知識人の英語で書かれ、論理構成もしっかりしている。

今回は、読者に容易に検証できる鳩山氏の日本語論文を読み解くことで、総理の「頭の中」を覗《のぞ》いてみたい。まず、鳩山総理は、学問の限界をよく理解している。

〈大学は即戦力養成機関である必要はない。学生にとっては、問題に直面したとき、その問題の性格を認識し、解決への方向づけがある程度念頭に浮かぶくらいのセンスを身につけることができるならば、十分社会での活躍が期待できるはずだし、教育もそれをめざすべきである。学術論文のほとんどは簡略化されたモデルをあつかい、実践にそのまま応用できるものは少ないであろうが、それらからのエッセンスを抽出し、上記のセンスを養なうことには十分意味がある。

一流の板前は同じ料理でも客の好みを見わけ、客ごとに味付けを変えるという。そのセンスは経験的および直観的に客の嗜好《しこう》を選別し、使うタネ、包丁、調味料などを十分認識することによって養なわれる。〉（『オペレーションズ・リサーチ：経営の科学』1978年1月号）

客、すなわち相手の政治家や記者の好みを見分け、それにあった味付けで、発言をしているのだ。しかし、使う食材と出す料理は変わらない。これを数学の言葉を用い、鳩山氏はこう説明する。

〈本来、私がやりたかった「政治の世界にもっと科学的な意思決定をしたい」ということはどういうことか。簡単に申し上げますと、何かを決めたい時には必ず自《おのずか》ら目的がある。すなわち数学的に言うと「目的関数」、何らかの目的関数をつくって、それを最大にするか、最小にするか、いずれにしても極値を求めることをどうやって定式化するかという問題が一つあると思います。しかしそれだけではなく、問題に対して何も条件がなければ簡単ですが、一般的にはそこには条件がたくさんついてくるわけです。それが「制約条件」です。私どもが数学のレベルで意思決定問題をつくりあげていく時、まず制約条件、条件を満たす中で目的関数を最大にする、最小にするにはどうしたらよいかという発想が科学的意思決定の方法だと思います。〉（鳩山由紀夫「生活の中における情報と意思決定」『Journal of Culture and Information Science, 1(1)』同志社大学文化情報学会、2006年3月）

　このような発想をするようになったのは、父・威一郎から聞いた日本の政治の現実に、強いショックを受けたからだ。

〈青函《せいかん》トンネルをどうつくるかという予算つけの時、「複線でつくってしまった」と親《おや》父《じ》は後悔していました。「あれは単線でよかった。単線で、海底で交差するところまでつくらなければよかった。そうすればあと5年でも10年、早くできたかもしれない。早くできていれば、もっと使いようがあったのに」と親父は嘆いていました。それ自身、ある意味で「数学を使って最適な戦略で意思決定できたものを、政治の力でできなかった」という話であります。〉（前掲論文）

日本の政治家や官僚は、文科系の教育を受けた人が多い。もちろん文科系であっても、数学の知識はある程度もっている。

ただし、政治の現場で用いる数学は、四則演算の域を出ていない。それだから「足して2で割る」という言葉を政治家はよく使うのだ。しかし、現実の世界は変化する。なればこそ、関数や微分法を理解する人々が政治を行う必要がある。鳩山氏は政治の現状を〈正しい分析がなかなかわからないで政治の世界に入ってしまうと、いわゆる腹芸とか政治的圧力が起こる〉（前掲論文）と批判する。

マルコフ連鎖の応用

それでは、鳩山総理が考える目的関数とはどういうことか。大きな意味では、日本の国家体制を最大限強化するということであるが、下位の目的関数もある。

ここで、焦眉《しょうび》の課題となっている普天間問題について考えてみよう。ここでの目的関数は、日米同盟を強化することだ。その目的関数にとっての制約条件が、沖縄県民の動向、社民党の動向、国民新党の動向、小沢・検察戦争、中台関係、米朝関係などだ。これらの制約条件は時間の経過とともに変化する。それぞれの制約条件の変化を、鳩山氏はシミュレーションし、それがどうなるかを考えている。そこで重要なのは、鳩山氏が民主党も日本国家も理想的な状態でなく、壊れていると認識していることだ。壊れた機械の一部分の部品を取替えることで、最大の成果をあげようとしている。鳩山氏は、機械的なモデルで政治を考えている。

〈保全の対象となる機器などの系が、保全の意味からいくつかの稼《か》動《どう》状態に分けられる場合に、どのような予防的保全処置をほどこすべきかという議論は、１９６３年にDerman によってマルコフ保全モデルとして定式化された。Derman の基本モデルはしばしば引用されており、本質的には取替モデルである。保全を考慮すべきある程度大きな系では、系の取替という保全よりも、点検をし、故障部品を取替え、不具合個所を修理するといった保全活動がより自然と思われる。〉（『オペレーションズ・リサーチ：経営の科学』１９８２年12月号）

ここで出てきたマルコフ保全モデルというのが、先にあげたマルコフ連鎖の応用だ。アンドレイ・A・マルコフ（Andrei Andreevich Markov 1856—1922）は、帝政ロシア末期からソ連時代初期に活躍した天才数学者だ。サンクトペテルブルク国立大学教授をつとめた。

〈１９００年ころからは確率論に集中している。独立確率変数列について研究し、かなり一般的な条件のもとで中心極限定理に厳密な証明を与えた。次いで従属変数列の研究に移り、今日マルコフ連鎖と呼ばれる重要な概念を導入しその研究をすすめた。それは $\{X_n\}$ を確率変数列とし、……X_{n-1}, X_n まで観測されたとき、未来の値 X_{n+1}, ……の分布を得るためにはX_nのみを知ればよいとするものであり、その研究は確率過程の近代的理論の出発点となった。〉（『世界大百科事典』平凡社、ネットで百科版）

これでは、少しわかりにくいので、意思決定論の入門書からも引用しておこう。

〈この概念（引用者註＊マルコフ過程）は、ソ連の数学者マルコフが、プーシキンの詩『オネーギン』のなかにある母音と子音の分布状態を調べている時に、偶然に発見したといわれている。概念を要約すれば、「ある段階における事象が、その直前の事象に左右され、それ以前の事象には左右されないような状況を数学的に表現したもの」ということになろう。つまり、「未来は現在にのみ関係し、過去には関係しない」という場合である。〉（木下栄蔵『わかりやすい意思決定論入門』近代科学社、１９９６年、１７３～１７４頁《ページ》）

「お見合いの問題」

具体的には、「お見合いの問題」というマルコフ連鎖の応用問題がある。これについて、鳩山氏自身が、同志社大学（筆者の母校である）で、２００５年7月11、12の両日に行った講演で、こう説明している。

〈お見合いなんて時代遅れのこと、誰もやらないと思うかもしれません。付き合いの仕方でも同じように考えられる問題だと思います。正式な数学の問題としては「セクリタリー・プロブレム」、秘書の採用の問題とか「海辺の美女の問題」、海辺の美女を男が口説く問題とかも考えられます。結婚の問題、「マレッジ・プロブレム」「お見合いの問題」というのが適切な言い方ではないかと思います。〉（鳩山由紀夫「生活の中における情報と意思決定」『Journal of Culture and Information Science, 1(1)』同志社大学文化情報学会、2006年3月）

数学的に物事を扱う場合、問題の単純化が不可欠だ。「お見合いの問題」に関しても、鳩山氏は以下のような単純化を行う。

〈お見合いは数学的に扱うと、関心があるのは男性の場合、「一番すばらしい女性と結婚したいなと。それをどうやったらうまくいくのかな」ということです。お見合いは実は一人の人とお見合いして、その人と付き合うかどうかを決断する。「この人と結婚したい」と思えばプロポーズする。もし気に入らない時は、その人を断って2番目の人に対しておつきあいを開始する。その人がよければ、その人にプロポーズして結婚する。条件として「男性が女性に対して」ということを考えてみます。「女性が断る」ケースはとりあえず消しています。「プロポーズしたら結婚できる」という簡単な問題にしています。その場合、たとえば10人くらいとお見合いできそうだと考えます。10人は同時に出てくるわけではありません。合コンはしません。合コンの方が合理的かと思いますが、その場合は男性も女性も複数単位ですから。そうではなく1対1、男性が一人の女性に対して結論を出した後、2人目、3人目ということで進んでいって「一番すばらしいと思う女性と結婚できる確率を大きくしたい。それにはどうしたらいいか」というのが「お見合いの問題」です。〉(前掲論文)

ここで1000人のお見合い候補がいるとする。どのような決断をすれば、最高のパートナーと結ばれるであろうか。数学的な操作をした後に鳩山氏はこう結論づける。

〈最初の368人は付き合いを断って369番目から、368人の人と比べて一番いいと思う人が現れたらプロポーズする。それが正解で1000人の中で一番の女性と結婚できる確率は3割6分8厘になる。相当高い確率で自分が一番期待している人と結婚できる話になります。

数学的に単純化して申し上げると楽しい結論が出るのです。取るか取らないかという選択を順次行わないといけないときにベストな選択のルールはどうしたらいいかという、オプティマル・ストッピング・プロブレム、「最適停止問題」、どういう時にストップをかけるのがいいかというのが数学の問題として有名な話であります。〉(前掲論文)

何も考えていない「普天間問題」

鳩山氏は、決断をする直前の状況だけしか考慮しない。政治決断において、しがらみを無視することが最適な決断のために不可欠なのである。歴史や伝統はしがらみに過ぎない。

鳩山総理は、普天間問題について、ぶれているとはいささかも思っていない。

鳩山氏がこれまでに決断したのは、ただ1つ。今年5月末までに普天間飛行場の移設先を具体的に決定するということだけだ。

現時点で、移設先として名護市辺野古《へのこ》のキャンプ・シュワブ陸上、日米合意の同沿岸、あるいは沖縄県知事が容認した同沖合、それ以外に鹿児島県の徳之島《とくのしま》、あるいはグアム島などさまざまな固有名詞があげられているが、鳩山総理は、具体的なことは何も考えていないというのが、筆者の見立てだ。

3月から4月にかけて、有力な具体案が出てくる。恐らくその案を鳩山総理が採ることはない。それは、「お見合い」にたとえれば、最適の候補者となるからだ。そして、1000人のうち368番目と比較して、その後出てくる少しでもましな候補者と結婚するように、5月の大型連休明けくらいに鳩山総理は、その直前の案と比較して少しでもましな場所を普天間飛行場の移設先にする。

こういう説明をしたところ、イスラエルの友人がコメントをした。

友人「面白い見方だ。ただ、マルコフ連鎖は確率の分布をしめすだけで、実際に具体的な決断をすることとの間には距離がある」

佐藤「当然、僕もそのことはわかっている。それに普天間飛行場の移設先候補が100

0カ所あるわけではない。ただし、僕がここで強調したいのは、直近の状況を判断材料とするだけで、自らにもっとも有利な成果が生まれるという経験則を鳩山総理がもっているということだ」
友人「どういうことか」
佐藤「去年（2009年）3月、検察が当時民主党代表をつとめていた小沢氏の公設第1秘書を逮捕した。小沢氏は党代表を辞任した。その与件だけで、鳩山氏は代表選挙に出るという決断をした。小沢代表の下で鳩山氏は幹事長をつとめていた。過去の経緯から、幹事長は代表と連帯責任をとるべきだという声に耳を傾けていたら、代表選挙に出馬することを逡巡《しゅんじゅん》したであろう。しかし、そういう余計なことは考えず、直近だけの情報で出馬し、当選したから内閣総理大臣のポストを得た。結果から見ると、直近だけの情報で決断するという方法に間違いはないということになる」
友人「しかし、マルコフ連鎖がすべての事象に成り立つとはいえない」
佐藤「それはそうだ。しかし、これまでに失敗したという意識がない人は、行動を改めない。鈴木宗男氏だって、かつて意思を通すために官僚を大声で怒鳴ることがよくあった。周囲から『そんな行動をしていると、いつか官僚から復讐《ふくしゅう》されますよ』という忠告を何度も受けたが、無視した。その結果が、特捜による逮捕、投獄につながった。東京拘置所の独房から保釈になった後、鈴木さんはめっきり怒鳴らなくなった。失敗から学んだのだ」
友人「鳩山氏が総理の座から転落することになれば、考え方を変える」
佐藤「しかし、それでは鳩山氏にとって遅すぎる」
友人「いつも真実がわかるのは、遅すぎるタイミングで、だよ」
確かにこの友人の言うとおりだと思った。

「新潮45」2010年4月号掲載

密約問題の全舞台裏

手元に残ったフロッピー

2010年3月19日に衆議院外務委員会で、日米密約に関する参考人招致が行われた。参考人は、外務省の元事務次官の斎藤邦彦氏（75歳）、元条約局長の東郷和彦氏（65歳）、元毎日新聞記者の西山太吉氏（78歳）、大平正芳《おおひらまさよし》首相秘書官だった森田一《はじめ》氏（75歳）の4人だった。

筆者は自宅の仕事場でコンピュータに向かい、衆議院インターネット審議中継を見ていた。斎藤邦彦氏の証言が終わり、鈴木宗男外務委員長が、「ありがとうございました。次に、東郷参考人にお願いいたします」と述べた。筆者は緊張してコンピュータのディスプレイを見つめた。東郷氏は、「東郷和彦でございます」と挨拶《あいさつ》をした後、手に持っている紙をときどき見ながら、話しかけるような調子で陳述を始めた。

「私は、一九九八年七月から九九年八月まで外務省条約局長として勤務いたしました。本日は、まず、六〇年安保条約改定時の核持ち込みに関するいわゆる密約問題に関連して、条約局長在任中及びその後いかなるかかわりを持ったかを御報告し、次に、今回発表されました調査報告について意見を申し述べたいと存じます」

こう述べた後、東郷氏が条約局長をつとめていたときに、前任の竹内行夫氏（現最高裁判所判事）から引き継いだ日米密約関連の文書を5つの「赤いファイル」に整理したときの状況について次の証言をした。

「日米安保関連資料を五つの赤い色の箱型のファイルに年代順におさめました。

第一の箱より、六〇年の安保条約改定時、第二の箱に六八年、小笠原《おがさわら》・沖縄返還交渉時、第三の箱に七四年のいわゆるラロック発言への対応、第四の箱に八一年のいわゆるライシャワー発言への対応、最後に九〇年代、それぞれに関連する資料をおさめました。その上で、全資料五十八点のリストを作成し、そのうち最重要資料十六点に二重丸を付記し、さらに本件についての政策的評価についての意見書を書きました。

A4の紙で、意見書は三ページ、リストは四ページ、計七ページの文書を二部作成し、一部は、赤ファイルの第一の箱の一番上に入れ、資料とともに後任の条約局長に引き継ぎ、もう一部は、封筒に封をして北米局長にしかるべく送付いたしました。その際、文書作成作業の過程で使用した私物のフロッピーが手元に残ったままになりました。

以後、手元に残ったこのフロッピーはどなたにもお見せすることなく、この問題についても外務省在職中かかわることはないままに、二〇〇二年外務省を退官し、その後、この問題に大きな関心を寄せないままに歳月が過ぎました」

実は、外務省に対して決定的な打撃を与えることになるこのフロッピーを巡って東郷氏と外務省の間で神経戦が展開されたのだが、その点については後で説明する。そして、東郷氏は、このフロッピーのデータを外務省が既に持っていることを明らかにした。

「昨年十二月四日、有識者委員会より本件に関する見解を聴取されました。よって、私は、フロッピーの中にあった七ページ文書を委員会に提出し、これに関し私が承知するすべてを詳細にお話しいたしました。

退官後、その扱いに苦慮してまいりました七ページ資料を、有識者委員会という場を通じ、外務省、日本国民、そして歴史に対してお返しすることができたというふうに考えております」

この証言を聞きながら、筆者は「これで外務省の逃げ道がなくなった。東郷さんの長い闘いも終わった」と思った。

外務省にはさまざまな外交秘密文書がある。これらの秘密文書は、主に3つに分かれる。第1が公電だ。公電とは外務省が公務で用いる電報という意味だ。第2が、決裁書である。外務省としての意思決定をする際の稟議書《りんぎしょ》で、赤色の枠で囲われた表紙をつけることになっている。第3が報告・供覧だ。これは緑色の枠で囲われた表紙をつけることになっている。外務省の秘密区分には、無指定（平《ヒラ》）、取扱注意、秘、極秘の4種類がある。公電にはすべて番号がついているので追跡可能だ。それ以外の文書についても、極秘については、文書番号を取らなくてはならないという規則になっている。

しかし、ほんとうの機微に触れる文書は、文書番号をとらず、また決裁書や報告・供覧の表紙もつけない「闇《やみ》文書」として処理されることが多い。公電でも、存在しないことになっている「部内連絡」という公電がある。この公電は、他の書類と区別できるように水色の紙に打ち出される。外務省員でも、機微に触れる仕事に従事したことがない人は、部内連絡の存在すら知らない。政治家の動静や、経済産業省、警察庁などと外務省の利害が異なる内容について、外務本省と出先の大使館のやりとりは部内連絡によって行われる。政治家のスキャンダル情報も部内連絡にはたくさん記されている。岡田克也外務大臣が、職権を行使して部内連絡をチェックすれば、自民党政権時代の政官の癒着がどのようなものだったか、民主党を含む野党の国会議員に対する監視を外務省がどれだけ精力的に行っていたかがよくわかる。

また、極秘の書類をコピーしたときは、それを必ず文書記録に残すことが内規で義務づけられている。しかし、それを守るのは下《した》っ端《ぱ》だけで、局長以上の幹部は原簿には載っていない極秘文書の闇コピーをもっている。そして、これらの闇コピーを政治家に運ぶ幹部もいる。筆者が知る範囲でも、ヨーロッパの某インテリジェンス機関から入手したロシアに関する極秘情報を、秘密指定を解除せずに孫崎享《うける》国際情報局長（当時）が総理大臣を退いた橋本龍太郎氏に裏で流したことがある。1998年のことだ。筆者は橋本氏から、「こういう情報が入ってきたのだけれど、君は信憑性《しんぴょうせい》についてどう思うか」と書類を見せられた。ワープロの字体と書式が筆者と親しくする外務省の同僚が日常的に用いるものに似ていたので、「ロシア関連の機微に触れる情報を橋本前総理に流したことはないか」と質《ただ》したら、「孫崎局長から（内閣総理大臣）官邸にもっていく極秘の仕事だという命令を受けて、翻訳した資料のことと思う」と真相を告白した。そこで、筆者は当時、内閣官房副長官をつとめていた鈴木宗男氏を通じ、孫崎氏からの資料が持ち込まれているかチェックしたが、官邸にそのような資料は持ち込まれていなかった。これは秘密漏洩《ろうえい》であるとともに、インテリジェンスの掟破《おきてやぶ》りだ。筆者はそのことを端的に孫崎氏に指摘した。孫崎氏は激昂《げきこう》していたが、こういう乱暴な仕事をする上司の下で働いていると、部下が事故に遭遇する。筆者は今でも間違ったことをしたとは思っていない。

バルコニーでの会話

北方領土交渉でも、存在しないことになっている秘密文書がいくつかある。例えば、1992年にロシアのコズイレフ外務大臣が渡辺美智雄《みちお》外務大臣に対して行った秘密提案だ。日本側はこの秘密提案を断った。この提案に乗っていたならば、90年代の半ばに歯舞《はぼまい》群島と色丹島《しこたんとう》は日本に返還され、20世紀中に国後島《くなしりとう》、択捉島《えとろふとう》も日本領であることが確認されていたかもしれない。日本は貴重な機会を逃してしまった。

この秘密文書の存在を筆者は東郷氏から教えられた。1994年のことだ。当時、筆者はモスクワの日本大使館で2等書記官をつとめていた。この年の1月に東郷氏が（大使に次ぐ）次席公使として大使館に赴任した。当時、モスクワの次席公使は、公邸をもっていた。19世紀の豪商が、愛人のために建てた豪邸で、1階が大使館領事部、2階が東郷氏の公邸となっていた。

東郷氏の祖父は、太平洋戦争開始時と終戦時の外務大臣をつとめた東郷茂徳《とうごうしげのり》氏で、父は外務事務次官、駐米大使を歴任した東郷文彦《ふみひこ》氏だ。外務省サラブレッドの家系だ。それにもかかわらず、東郷氏には尊大なところがない。もともと外交官になるつもりはなかったということだ。ほんとうはフランスの文芸批評をやりたかったのだが、学生（東京大学教養学部）時代に、自らの能力の限界に気づき、「外交官でもやるか」と思って外交官試験を受け、合格した。古代ギリシアの哲学者プラトンの著作を愛読している。こういう教養人だから、東郷氏はロシアの政治エリートや知識人の世界に深く食い込むことができた。

その年の夏のことと記憶している。東郷氏の公邸に呼ばれた。公邸にはバルコニーがある。そこから、隣のエストニア大使館が見える。東郷氏が筆者をバルコニーに誘った。

公邸の壁に盗聴器が埋め込まれているというのは公然の秘密だ。それだから、機微に触れる話をするとき、東郷氏はいつも筆者をバルコニーに誘い、小声で話をする。この日はこんなやりとりがあった。

東郷「1992年のコズイレフ・渡辺会談の記録が出てきた。正式の記録にはしていないが、通訳が作成した記録が残っていた」

佐藤「やっぱりありましたか。ブルブリス（元ロシア国務長官）から、『日本側は何で92年の秘密提案を断ったのだ』と聞かれ、私は答えられませんでした。（大使館の）政務班にも記録は何もありませんでした」

モスクワの日本大使にも知らされない形で、秘密交渉が動いていたのだ。その実態を東郷氏から聞かされ、筆者は驚愕《きょうがく》した。

東郷氏は、大使館の幹部職員だ。筆者は、ロシア専門家としてはそこそこ評価されていたかもしれないが、ノンキャリアの叩《たた》き上げだ。仕事上の関係があっても、個人的に親しくなることは、あまりない間柄だ。しかし、筆者は東郷氏にとても惹《ひ》きつけられた。それは、東郷氏が「日本の国益とは何か」をそれこそ24時間考えているからだった。今になって振り返ると、それは東郷氏の出自とも関係している。前に述べたように東郷氏は外務省サラブレッドの家系だが、祖父の東郷茂徳氏は、豊臣秀吉《とよとみひでよし》による慶長の役で、朝鮮半島から連れてこられた朝鮮人陶工の末裔《まつえい》だ。東郷の前は朴《ぼく》という姓を名乗っていた。東郷和彦氏はそのことを隠さず、「僕は韓国系だ」と言っていた。また、東郷茂徳氏の夫人エディさんはドイツ人だった。東郷氏は、能力も高く、社交的で人脈も広いので、妬《ねた》まれていた。東郷氏について「あの人はものすごくエネルギッシュだけど、あれは日本人の感覚じゃないね」と、悪口にならないように注意しながら、外務省幹部が東郷氏に対して冷ややかな評価をするのを筆者は何回か耳にしたことがある。

東郷氏は外務省エリートだが、民族的（エスニック）な観点からは、境界線上の人間なのである。筆者も母親が沖縄の出身なので、境界線上の人間だ。日本社会の境界線上に位置する人間にとって、「日本人である」ということは、自明な概念ではない。どこまで自覚し、口に出すか否《いな》かは別にして、こういう人たちは日本社会に対してある種の「居心地の悪さ」を感じている。常に「よき日本人であるということはどういうことか」と自問自答しているのだ。従って、日本国家に対する想《おも》いが過剰になる。筆者も東郷氏も北方領土問題の解決にそれこそ命がけになって取り組んだ。日本国家に徹底的に尽くすことによって、ほんものの日本人になることができるという想いを、筆者も東郷氏も無意識のうちにもっていたのだと思う。その結果、2人とも政治の渦に巻き込まれることになった。

2001年4月に小泉純一郎政権が成立し、田中眞紀子氏が外務大臣に就任した。しかし、小泉氏にも田中氏にも外交に関する準備はまったくできていなかった。特に田中氏が「1973年の田中（角栄）・ブレジネフ共同声明が原点になる」などという、冷戦終結後の日露交渉をまったく無視するような発言を繰り返し、北方領土交渉が日本側の理由で停滞する状態になってしまった。田中氏は、平成研（旧経世会）に所属し、かつ北方領土交渉に深く関与していた鈴木宗男氏を敵視した。田中氏を支持する外務官僚はほとんどいなかったが、この機会に鈴木氏の影響を外務省から排除することを考える外務官僚は少なからずいた。

筆者の記憶では、01年7月のことだ。東郷氏がオランダ大使として赴任する直前のことだった。2人で永田町のザ・キャピトル東急ホテルの中華レストラン「星ヶ岡」で、食事をしながら、今後の北方領土交渉と「鈴木・田中戦争」にどう対処するかについて相談した。そのとき、東郷氏から、「佐藤君、実は、（01年）4月に情報公開法が施行される前に、日米密約に関する文書を条約局と北米局が破棄したらしいんだ」という話を聞いた。筆者が、「滅茶苦茶《めちゃくちゃ》じゃないですか。それじゃ真実が永遠にわからなくなってしまう。田中大臣が来たので、秘密が守れなくなると思ったのでしょうか」と質すと、東郷氏は「いや、それよりも情報公開法が施行されるので、これまで歴代の総理、大臣や外務省幹部が『存在しない』と言っていた密約が『存在する』ということが明らかになったら、自民党政権がもたなくなると思ったのだろう」と答えた。そのとき、筆者が心配したのは、日露関係に関するさまざまな秘密文書も破棄されたのではないかということだった。この点について、東郷氏は、「ロシア・スクール（ロシア語を研修し、主に対露外交に従事する外交官たち）は、北方領土問題を抱えているので、文書を破棄したら交渉ができなくなる。その心配はないよ」と述べていたので、安心し、それ以上この問題について深く考えることはなかった。

この話をした半年後の02年1月末に始まった鈴木宗男バッシングの嵐《あらし》に筆者も東郷氏も巻き込まれた。東郷氏は、オランダ大使を免官になり、外務省からの退職を余儀なくされた。筆者は同年5月14日に東京地方検察庁特別捜査部に逮捕された。その直前、逮捕の危険を感じた東郷氏は、オランダに「亡命」した。東郷氏は、オランダの後、アメリカ、台湾などでの生活を経て、08年に「亡命」を終えて帰国した。その後、筆者と東郷氏の間で密約文書の破棄についても話題になったが、東郷氏は踏み込んだ話をしなかった。ただし、やりとりの過程で、「東郷氏はこの問題について本気で何かしようとしている。タイミングを待っている」という感触を筆者はつかんだ。

歴史に対する犯罪

２００９年8月11日、札幌でのことだ。その晩、東郷氏と筆者は、民主党への政権交代を後押しするシンポジウムに出席した。そのシンポジウムで、東郷氏は「条約局長時代に前任者から引き継いだ文書を整理したが、その中には密約に関連する文書もあった」と発言した。咄嗟に筆者が「それは密約文書の存在を確認することですか」と尋ねると東郷氏は、「いやそうは言っていない。密約に関連する文書と言っただけだ。いま私が言えるのはそこまでだ」と言って議論を打ち切った。当時、自民党政権も外務省も密約の存在を全面的に否定していた。シンポジウムの会場には新聞記者もいたが、東郷発言の重要性に気づかなかったようだ。しかし、筆者は東郷氏が腹を括《くく》ったと感じた。

その晩、JRタワーホテル日航札幌35階のレストランバー「SKY J」で、筆者と東郷氏は夜遅くまで話し込んだ。ここで筆者は「赤いファイル」が作成された経緯について詳しく聞いた。東郷氏が密約のリストのデータが入っているフロッピーを持っているという話も聞いた。2人の間でこんなやりとりがあった。

東郷「あの中には、僕の父が、安保課長、アメリカ局長のときに手書きで作成した極秘文書がたくさんあった。僕はそれを読んで父が外交官生命を懸けて何をやったかがよくわかった」

佐藤「そのファイルは今も残っているのでしょうか」

東郷「破棄されたらしい。僕の父だけじゃない。外務省の先輩たちの苦悩があのファイルに込められている。佐藤君、密約関連文書が破棄されたのなら、これは歴史に対する犯罪であるとともに僕の父に対する侮辱でもある。父は自分が何をしたかを後世の国民にわかるように証拠をきちんと残した。それを破棄した人たちは歴史を冒瀆《ぼうとく》したことになる」

佐藤「その話を表に出して、『赤いファイル』の運命を確かめないとダメです。そうしないと外務官僚は、嘘《うそ》をつき続け、公文書を廃棄し、国民をだまし続けることになります」

東郷「僕も本気でこの問題に決着をつけたいと思っている。日本はあまりに過去の問題をひきずり過ぎている。きちんと歴史に照らして事実を明らかにしたうえで、前に進まないといけない。だが総選挙もある。僕の知っていることを役立てるためには、今話し過ぎたらいけない」

佐藤「要は外務省が真相を語らざるを得ないような状況をつくりだすということですね」

東郷「どうするのが一番よいか、まだわからない。だが、外務省も自分で考える必要があると思う」

筆者は、「フロッピーに入っているリストを、マスメディアに公表すればよい。動かぬ証拠を突きつけて、外務省を追いつめ、真実を国民の前に明らかにせざるを得ない状況に追い込むのです」と言ったが、東郷氏は「そういうやり方はしたくない」ときわめて消極的だった。しばらく経《た》って、その理由がわかった。

東郷氏は「文藝春秋」09年10月号に「核密約『赤いファイル』はどこへ消えた」とい

う論文を発表した。その後、外務省の内情に通じた人物と筆者は会った。この人物をZ氏としておく。

Z氏「『赤いファイル』などの機密文書は東郷さんの後任となった谷内正太郎条約局長（前外務事務次官）が引き継いだ。情報公開法施行が近づいてきたときに谷内局長は、部下の杉山晋輔条約課長（現・地球規模課題審議官・大使）に『然《しか》るべく処理してくれ』といってこれらのファイルを渡し、処理を委《まか》せた。これが僕の知る真相だ」

佐藤「『赤いファイル』を杉山氏は破棄したのでしょうか」

Z氏「わからない。東郷さんは、『赤いファイル』のリストが入ったフロッピーを持ち出した。しかし、それを表に出すことはできないと思う」

佐藤「外務公務員法（国家公務員法の特別法で外務省職員に適用される）の守秘義務違反のからみですか？」

Z氏「そうじゃない。窃盗だ。フロッピーのデータを外務省から東郷さんは盗んだということになる。窃盗の時効は7年だ。東郷さんは外国に長く出ていた。当分時効は来ない。それだから、東郷さんがリストを表に出すことはできないと外務省は高をくっている」

その話を聞いて、筆者は東郷氏が消極的だった理由がわかった。

東郷氏が参考人として証言した3月19日の午後5時過ぎに筆者は東郷氏と会った。2

人の間でこんなやりとりをした。
佐藤「東郷さんも戦略家ですね。フロッピーに入った密約文書の一覧表と東郷さんの意見書をいったん外務省に渡し、外務省の責任で公開させるということですね。こうすれば、東郷さんが窃盗罪に問われることもない」
東郷「いろいろ考えたが、これが僕の持っている情報を外務省、日本国民、そして歴史に対してお返しするいちばんいい方法と思ったんだ」
佐藤「有識者委員会に渡すだけでなく、その場に同席した外務官僚にも渡した。これで外務省も、知らないという言い訳ができなくなる。陰険なやり方ですね」
東郷「いや、同席していた外務省の事務官が『私にもください』と言ったので、渡しただけだよ」
こう答えたあと、東郷氏はニヤッと笑った。この日の午後5時前に岡田克也外務大臣が東郷氏の携帯電話に連絡し、東郷氏が作成した密約の一覧表と意見書の公表について了承をもとめたという。東郷氏は、「すでに外務省にお返ししたものなので、外務省が公表することについて私に異存はありません」と答えた。これで問題は、東郷氏の手を離れた。
岡田外務大臣は、外務省に委員会を設置して「赤いファイル」に関する文書の行方を追及することにした。本件に関する真相をもっともよく知っているのは朝日新聞だ。2

006年3月8日に鈴木宗男氏が提出した質問主意書にこう記されている。

〈本田優《まさる》朝日新聞編集委員が『世界』(岩波書店)平成十七年十二月号に寄稿した論文「日米『核密約』の真相」において、「二〇〇一年四月に情報公開法が施行される直前に、外務省内で大量の文書が破棄され、先に触れた六八年の(日米外交当局による)機中会談についての東郷局長の文書も、ラロック証言、ライシャワー発言への対応策についての文書も破棄されたという証言を聞いたからだ。『こういう文書はあるから問題になる。もうありません。捨てました』と、ある外務省高官からそう聞いたときには、怒りを通り越してあ然とした」と記述しているが、二〇〇一年四月の情報公開法施行直前に外務省が将来公開されると問題になると考える外交秘密文書を破棄したという事実があるか。〉

　この質問に対して、同年3月17日に、小泉純一郎内閣総理大臣名で〈外務省としては、御指摘の事実があるとは承知していない。〉という答弁書が提出された。「赤いファイル」の行方を調査すれば、「承知していない」ととぼけることはもはやできない。朝日新聞は、「こういう文書はあるから問題になる。もうありません。捨てました」と秘密を暴露した外務省高官の実名を知っている。この実名が明らかになれば、外務省が吹っ飛ぶ。外務省としては、朝日新聞に対しさまざまな懐柔工作を行うであろう。この工作に朝日新聞は乗るだろうか。今後、外務省と朝日新聞の間でどのような綱引きが行われるか見ものである。

「新潮45」2010年5月号掲載

亡《な》き母にとっての沖縄と日本

「マブイウティ」と「マブイグミ」

毎月25日を過ぎると2～3日は、月刊誌原稿の締め切りが重なるので、抱えている仕事が終わるまで（近所のマンションの一室を借りた仕事場とは別の）自宅の仕事部屋から文字通り一歩も外に出ることができない。携帯電話もドライブモードにして、留守電を日に1回、まとめて聞くというスタイルになってしまう。筆者の仕事部屋は3階にある。扉を開けたところにある踊り場で、飼い猫（いずれも去勢済みの雄）のシマ（茶トラ模様）とチビ（サバトラ模様）が待っていて、仕事部屋に入って筆者と遊ぶ機会をうかがっている。普段、毎日1～2時間は、猫と遊ぶことが筆者の日課になっているが、25日後、締め切りに追われる筆者が緊張しているときは、猫たちは絶対に仕事部屋に入って来ない。筆者の心の動きを、人間よりも猫たちの方が正確に読むことができる。

２０１０年7月27日は、「文學界《ぶんがくかい》」（文藝春秋）に連載している「ドストエフスキーの預言」の原稿を書いていた。そろそろ連載の着地点について考えながら、チェコのプロテスタント神学者ヨセフ・ルクル・フロマートカのドストエフスキー論について書いているのだが、その過程で、ソ連の独裁者スターリンによるカント哲学やソシュール言語学に関する独自の解釈について、言及しなくてはならないので、部屋中にチェコ語、ロシア語、ドイツ語、英語などの本が散らかり、筆者は神経を集中してキーボードを叩《たた》いている。それと同時に新聞と雑誌の原稿を処理していた。

筆者はいくつかの原稿を同時に書き進めることが多い。編集者や作家から、「よくそういう離れ業ができますね。内容が混乱しませんか」と言われることがあるが、そんなことはまったくない。ロシア語と日本語を交互に話していても、両方の言語が混淆《こんこう》することが絶対にないのと同じで、同時並行の原稿の内容が混乱することはありえない。筆者の月産原稿量は、1000枚（400字詰原稿用紙換算）を軽く超えている。このペースで3年以上執筆しているが、特に苦しく感じたこともない。テーマを変えるごとに、魂が切り替わるような気がする。このことを同僚の作家に話すのだが、なかなか理解してもらえない。ある時期から、魂の切り替えが容易にできるのは、筆者に沖縄の血が流れているからと思うようになった。

琉球《りゆうきゆう》語（沖縄方言）で魂のことを「マブイ」と呼ぶ。日本人の常識では、1人の人間に魂は1つしかない。しかし、沖縄人の感覚では、1人の人間に複数のマブイがある。ある専門家によると、どうもマブイは6つあるらしい。事故に遭遇したり、大きなショックを受けることがあると、虚脱状態になってしまうことがある。沖縄人は、複数あるマブイのいくつかが、身体《からだ》から離脱してしまったのでこの虚脱状態が生じると考える。これを琉球語で「マブイウティ（マブイ落ち）」と言う。そして、「マブイ落ち」した人に特別の儀式を行って、マブイを取り戻す「マブイグミ（マブイ込め）」という習慣がある。これが効果をあげることがよくある。筆者はマルクス主義や日本の左翼思想に関心をもつとともに、英国の保守思想や日本の右翼思想も真剣に勉強している。筆者の中にあるマブイがそれぞれの事柄に特化しているのであろう。そして、これら複数のマブイを統括する「何か」が筆者の心の中にあるのだ。恐らく、キリスト教が強調する霊（ギリシア語のプネウマ）がこの「何か」と深い関係をもっているのだろうけれど、完全に納得できない段階でそのことを理論化してはいけないと戒めている。

母の最期《さいご》

話を7月27日夜、「文學界」の原稿を書いていた時点に戻す。突然、胸騒ぎがした。書類鞄《かばん》から携帯電話を取りだして液晶画面を見た。十数件の着信記録と留守録が1件残っている。19：11と19：14に2度、妹からの着信記録が残っている。妹はブラジルに嫁いでいるが、6月24日に母が緊急入院したために一時帰国し、病院で付き添いをしている。筆者は母と、その3日前、7月24日の午後5時過ぎに面会した。そのときは、腹水がたまり、両足も浮腫《むく》んでいたが、顔から黄疸《おうだん》は少し引き、母の意識はしっかりしていた。

「どうしてこんなに苦しい思いをするのかね。お母さんが何か悪いことをしたのかな」と母は、冗談半分に言った。筆者は、「(筆者の自宅がある新宿区の)曙《あけぼのばし》橋周辺にいい介護型施設があるので、いま空きがあるかどうか調べている。大きな炎症は治まっていると先生は言っている。退院できるよ。頑張らないと。今度の施設は僕の家から近いので、毎日、お見舞いに行くよ」と答えた。

母は、「どうもありがとう」と言って、利《き》き手である左手で、筆者の右手を強く握った。その握りが強いので、筆者は安心して、「もうすぐ孫たちがブラジルから来るからね。頑張ってね」と言って病室を去った。これが筆者と母の最後のやりとりになった。もちろんその時点で、筆者は3日後に母との永久の別れがやってくるとは、夢にも思っていなかった。

妹の着信記録を見て、筆者は1417番を押した。メッセージが1件あるという案内の後、妹の声が聞こえた。

「お兄ちゃん、午後4時10分頃から、お母さんの容態が急変しています。優君、優君とお兄ちゃんの名前を何度か呼んでいます。このメッセージを聞いたらすぐに電話してください」

液晶画面の時間表示を見るとちょうど20：00だ。筆者はすぐに妹の携帯に電話をした。すぐに妹が出た。
筆者「どう」
妹「4時過ぎから急に苦しみだしたので、点滴に痛みをやわらげる薬を入れてもらった。そうしたら、少し落ち着いた」
筆者「意識は」
妹「あるよ。ただ呼吸が苦しそうで、脈拍数が落ちている」
筆者「先生はどう言っている」
妹「いま、横にいるから替わるね」
そう言って、妹は医師に電話を替わった。医師の話でも、容態が急変しており、最高血圧が70を切り、脈拍数も急速に低下しているので、重篤《じゅうとく》な状態と見なしているということだった。
筆者「すぐに病院に行った方がいいでしょうか」
医師「できるならそうしてください。どれくらい時間がかかりますか」
筆者「できるだけ早く行くようにします。それでも1時間少しはかかります」
医師は、「それではお待ちしています」と答えた。
母からは、葬儀は親族だけの密葬にするようにということを、何度も強く言われている。仕事に穴をあけるとどうしてもその理由を説明しなくてはならなくなる。それだから、どうしても穴をあけられない仕事だけは、緊急処理をして出かけなくてはならない。「文學界」の編集者には、「母親の調子がよくなく、これから見舞いに行くので、状況によってはこれまで書いた部分だけで次回の連載にあててもらうことになるかもしれません」という連絡を留守番電話に残した。「創《つくる》」の原稿がほんとうに締め切りぎりぎりだったので、それを書き上げ、午後9時過ぎに家内と2人で家を出た。東京駅から新幹線で大宮に行き、そこからさいたま赤十字病院にタクシーで向かった。母の病室の前で時計を見ると22:15だった。

先刻電話に出た福田裕昭先生がナースステーションで待っていた。筆者が「遅れて済みません」と言うと、福田先生は、「少しお話ししましょうか」と言って、面談室の方を目で指したので、筆者は「まず、母を見舞いたいです」と答えた。福田先生は、「わかりました。そうしてください」と答えた。

病室の前に行くと、扉が開いたままだった。福田先生、家内と一緒にカーテンを開けて病室に入ると、妹が母の手を握りながら枕元《まくらもと》で話していた。妹の目は、涙で真っ赤になっていた。妹は、「もう息も止まり、脈もないよ」と言った。足下で立っている看護師も目を真っ赤にしていた。妹は、「8時過ぎくらいに、息をしなくなった」と言った。筆者も妹のそばに行き母の手を握って、「お母さん」と一言だけ声をかけた。

筆者は、福田先生に「死亡時刻はいつですか」と尋ねた。福田先生は、「息子さんが来るのをお待ちしていました。これから確認します」と言った。福田先生は、筆者が母と最期の面会をした後に死亡を確認することで、親の死に目に間に合うようにする気遣いをしてくれたのだと思う。胸が熱くなった。筆者は、「よろしくお願いします」と頼んだ。妹と筆者が枕元から遠ざかり、福田先生と入れ替わった。福田先生は、「それではこれから最後の診察をします」と言った後、

「佐藤安枝さん、佐藤安枝さん」

と2回声をかけた。その後、聴診器を母の胸に当てた。そして、さらに母の左手首の脈をとった。さらに、ペンライトをとり、母の瞼《まぶた》を開き、瞳《ひとみ》に光をあてた。福田先生は、筆者と妹の方を向いてこう言った。

「呼びかけに対する反応がありません。心音も聞こえず、脈も停止しています。瞳が光に反応しません。私の時計で恐縮ですが、平成22年7月27日午後10時20分に死亡を確認しました。お悔やみ申し上げます」

筆者は、「どうもありがとうございます。福田先生や（担当部長の）甲嶋《こうしま》洋平先生にほんとうによくしていただいて、むしろ命の時間を延ばしていただき感謝しています。6年前、リンパ癌《がん》で敗血症を起こし、救急車でこの病院に運び込まれたときも、母は生死の境でした。『さいたま赤十字病院で命を助けてもらった。とても感謝している』と

母はいつも言っていました。どうもありがとうございます」と述べた。

こうして、母は79年の生涯を終えた。7月31日に、同志社大学神学部で筆者の2年後輩で、日本基督《キリスト》教団高梁《たかはし》教会（岡山県）の八木橋康広牧師の司式で告別式を終え、母は天に旅立った。八木橋牧師は、御両親を早く亡くされた。その関係で、神学生時代から筆者の両親は八木橋氏をとても可愛《かわい》がっていた。社会人になってから、八木橋牧師が筆者の両親と話した時間の方が、筆者が両親と話した時間よりも圧倒的に長い。母は、筆者が牧師になることを望んでいたが、結局、筆者は外交官になり、その後も職業作家となって母の期待に応《こた》えることはできなかった。ただし、信頼する八木橋牧師の司式で葬儀ができたので、母も満足したことと思う。

将兵から託された「お守り」

母の自己意識では、母は14歳のときに1度死んでいる。この原体験が、母の人生、そして筆者に対する躾《しつけ》や教育にも強い影響を与えた。1930年生まれの私の母（佐藤安枝、旧姓上江洲《うえず》）は、沖縄の久米島《くめじま》出身だ。母は幼児期に急性灰白髄炎《かいはくずいえん》（ポリオ、いわゆる小児麻痺《まひ》）にかかった。当時の久米島には、医師も看護師も1人もいなかった。母の両親は祈禱《きとう》と民間療法で、母の健康回復に全力を尽くした。その頃、久米島では多くの子供たちがポリオで命を失った。母は命はとりとめたが、右手に麻痺が残った。当時、久米島の女性はほとんど島から出ずに農家に嫁いで生涯を送るというのが標準的なライフサイクルだった。しかし、右手に障害がある母は激しい農作業に耐えられないと考えた両親が、母に教育を受けさせ、人生の選択の可能性を広げることを考えた。沖縄本島の西100キロメートルに位置する久米島には、当時、国民学校（小学校）しかなかった。母は那覇の親戚《しんせき》の家に身を寄せ、昭和高等女学校に通った。1944年、戦局が厳しくなり、学校から3、4年生は学徒隊（後に梯梧《でいご》隊と呼ばれるようになる）に志願し、1、2年生は家族の元に帰るようにと指導された。女学校2年生で当時14歳だった母は、帰郷するはずだった。しかし、沖縄本島と久米島をむすぶ連絡船は、米軍の空爆で沈められ、帰郷の可能性は奪われていた。母の2人の姉が那覇で生活していた。24歳になるいちばん上の姉が「石部隊」（陸軍第62師団）の軍医部に勤務していた関係で、母は14歳で辞令を受け正規の軍属として勤務することになった。

母たち3姉妹は最前線で軍と行動をともにした。前田高地の激戦で、母は米軍のガス弾を浴びた。幸い、すぐそばに軍医がいて、注射などの処置を受けたので命拾いした。軍人の中にはすぐに大声で怒鳴り、ビンタをする乱暴者もいたが、「米軍は女子供を殺すことはしない。捕虜になりなさい」とそっと耳打ちする英語に堪能《たんのう》な東京外事専門学校（現・東京外国語大学）出身の兵士もいた。こういう助言をしてくれた日本兵は、この東京外事専門学校卒のインテリ兵だけでなく、何人もいた。母が軍属となるために尽力したのは、前川大尉《たいい》だったが、この大尉は陸軍士官学校や予備士官の出身ではない兵卒からの叩き上げだった。あるとき、「石部隊の参謀は馬鹿《ばか》ばかりだ。あまりに腹が立つので、会議の後、庭に出て上官の前で立ち小便をしてやった」と言っていたという。佐官級の将校たちも前川大尉には一目も二目も置いていたという。「軍隊の階級と実力は違う。非常時になると実力のある者の方が上に立つ」という話を筆者は子供の頃から、前川大尉のエピソードとともに何度も聞かされた。前川大尉のエピソードは立ち小便の話だけではない。この大尉は、米軍が沖縄に上陸する前にチフスで病死した。死ぬ直前に母は、やせ衰えた前川大尉からこう言われたという。

「俺はもうすぐ死ぬ。いいかよく聞け。俺が死んだら沖縄は負ける。日本も負ける。米軍は女子供は絶対に殺さない。捕虜になれ。そして生き残れ。将来、いい男を見つけて結婚し、子供をつくるんだ。こんな戦争に負けたぐらいで日本は滅びない」

そして、母は「あなたが内地に行くことがあったら、俺のお袋に届けてくれ」と言われ、写真と手紙を託された。これが、その後、母が前線で多くの将兵から預かることになる手紙や写真の第1号だった。飛行機が空襲で焼かれてしまったため、米軍に「斬《き》り込み」攻撃を行った将校たちから、「いつか日本に行くことがあったらお袋に届けてくれ」と遺書や写真を母はいくつも託された。「航空服を着た特攻隊員たちは、とても格好がよかったので、あこがれた」と母は筆者に述べていた。しかし、その遺書と写真は、捕虜になったときに米軍によってすべて取り上げられてしまった。斬り込みに行く田口輝男陸軍少尉から預かった小さな太鼓型の「お守り」だけが、母のズボンのポケットの底に偶然残っていた。戦後、10年以上経ったとき、田口少尉の遺族を、筆者の父が探し当てた。母は、斬り込みで死んだ息子の最期について御母堂に伝えることができた。母は少尉から預かった「お守り」を御母堂に渡した。するとしばらくして、その御母堂から「よく考えたが、この太鼓はあなたがもっていてくれた方がいい」と送り返してきた。この太鼓型のお守りが母にとって沖縄戦を伝える唯一《ゆいいつ》の「物証」だった。母の死後、遺品を整理しているが、まだこの太鼓型のお守りは見つからない（筆者註＊その後、見つかった。お守りは、琉球《りゅうきゅう》うるしの箱に入れられて、「昭和20年5月沖縄県浦添《うらそえ》村前田の陣地で特攻隊（小隊長）田口輝男少尉より（お守り袋はなくなりこれだけ残る）」というメモが添えられていた）。

手榴弾《しゅりゅうだん》の安全ピンを抜き……

1945年6月22日（一般には23日となっているが、元沖縄県知事で琉球大学名誉教授の大田昌秀《まさひで》氏の実証研究に基づく22日説を筆者は正しいと考える）、沖縄本島南端の摩文仁《まぶに》の司令部壕《ごう》で第32軍（沖縄守備軍）の牛島満《うしじまみつる》司令官（陸軍中将）、長勇《ちょういさむ》参謀長（陸軍中将）が自決し、沖縄における日本軍による組織的戦闘は終結した。その後も、母は摩文仁の海岸にある自然の洞穴に数週間潜んでいた。小さな洞穴に、17人が潜んでいたという。

恐らく6月23日未明のことだ。摩文仁には1カ所だけ井戸があった。母がそこで水を汲《く》んでいるときに、2人の下士官と会った。2人は母に「われわれは牛島司令官と長参謀長にお仕えしていた。2人はこれから自決すると言ってわれわれを追い出した。戦争はこれで終わる」と伝えた。

母たちは投降せずに、沖縄本島北部に筏《いかだ》で逃げ出すことを考えていた。北部の密林地帯で、米軍に対するゲリラ戦を展開することを考えていたのだ。しかし、海を見ると、米軍の艦船が十重二十重に島を囲んでいる。夜間も照明弾がひっきりなしに降ってくる。夜闇《やあん》に紛れて脱出することも不可能だった。そこで、洞穴にいる17人は、水汲みや用便の帰りに米兵に発見された場合は、自決するか、洞穴と異なる方向に敵兵を誘導するという約束をした。しかし、この約束は守られなかった。

7月に入ってからのことだ。母たちは米兵に発見された。用便に行った日本兵が米軍に発見されたが、約束を守らずに洞穴に戻ってきたからだ。訛《なま》りの強い日本語で米兵が「スグニ、デテキナサイ。テヲアゲテ、デテキナサイ」と投降を呼びかける。洞穴の入り口には十数丁の三八式歩兵銃が並んでいる。外側から、暗い洞穴の中の様子は見えない。日本語を話す米兵の横には自動小銃を抱えた別の米兵が立っている。その米兵はぶるぶる震え、自動小銃が揺れていた。

母は自決用に渡されていた2つの手榴弾のうちの1つをポケットから取りだし、安全ピンを抜いた。信管（起爆装置）を洞穴の壁に叩《たた》きつければ、4〜5秒で手榴弾が爆発する。母は一瞬ためらった。そのとき、母の隣にいた「アヤメ」という名の北海道出身の伍長《ごちょう》が、

「死ぬのは捕虜になってからでもできる。ここはまず生き残ろう」

と言って手を上げた。

母は命拾いした。筆者は子供の頃から何度も「ひげ面《づら》のアヤメ伍長があのとき手を上げなければ、お母さんは手榴弾を爆発させていた。そうしたらみんな死んだので、優君が生まれてくることもなかった。お母さんは北海道の兵隊さんに救われた」という話を聞かされた。

母は捕虜になった後、大浦崎収容所に連行された。いま米海兵隊普天間飛行場の移設先として話題になっている辺野古崎周辺だ。ここには、沖縄人収容所が設けられていた。米軍は、沖縄人は日本人とは別の「異民族」という認識をもっていたので、沖縄人は分離されたのである。母は軍属であったが、民間人の避難民と同じ取り扱いを受けた。収容所では米軍の軍用食が十分に配給され、母たちは、ひもじい思いをすることはなくなった。学校も始まった。もっとも教科書もノートも鉛筆も、黒板もチョークもない。戦

争で生き残った教師が、浜で木の枝で白い砂の上に字を書いて、消しながら国語の授業をした。そしてみんなで歌を歌った。学生らしい生活が少しだけ戻ってきた。

収容されてどれくらい経ったか、母の記憶は定かではないが、ある暑い日の昼過ぎのことだ。収容所当局が集会所の前に収容者全員が集まるようにと指示した。収容所幹部が「日本は降伏した。戦争は終わったので、今日からここに星条旗を掲げる。敬礼するように」と命じた。星条旗が掲揚されたが、誰一人、敬礼しない。誰かが日の丸をもってきた。そして、星条旗の下に日の丸をつけて、掲揚した。それでも誰も星条旗に敬礼しようとしない。収容所当局も星条旗に敬礼させることをあきらめた。

その数時間後のことだった。しばらく聞かなかった大砲と機関銃の激しい音がした。誰かが「日本軍の飛行機だ」と叫んだ。母が海を見ると、大浦湾に停泊する米艦船に翼に日の丸がついた十数機の特攻機が突っ込もうとしている。日本が降伏したにもかかわらず、恐らく九州から飛んできたであろう日本軍機だ。その姿を見て、母は、その数カ月前、激戦のさなかに石部隊の司令部で将校から聞かされた「いま戦艦大和《やまと》が沖縄を助けに向かっている。日本は絶対に沖縄を見捨てない」という話を思い出した。結局、米艦への体当たりに成功した特攻機は1機もなかった。全機が撃ち落とされた。しかし、米軍は明らかに虚をつかれ、あわてふためいた。辺野古崎周辺は、大日本帝国最後の特攻隊が散華《さんげ》した場でもあるのだ。

二律背反的な国家観

沖縄の人々には、学校で教えられる公《おおやけ》の歴史とは別に、それぞれの家庭で、言葉で伝えられる沖縄戦の物語がある。私の母の物語は、沖縄戦を体験した他の沖縄人と比較すると日本軍に対して明らかに甘い。母が学徒隊の一員としてではなく、正規の軍属として戦争に参加した故《ゆえ》に視座が日本軍（特に石部隊）と親和的になっている点は否《いな》めない。また、1952年に沖縄を去り、その後、ずっと東京と埼玉で暮らしたため、米国施政権下の沖縄の苦難を共有していないという点もある。しかし、決定的な差異は、生と死を分かつ瞬間に起きた母の原体験に起因すると筆者は見ている。母の原体験では、「死ぬのは捕虜になってからでもできる。ここはまず生き残ろう」というアヤメ伍長の一言と、両手を上げる勇気によって、救われたのである。あの瞬間、日本兵が目の前で友軍兵あるいは沖縄の住民を殺害する姿を見ていたら、あるいは「米軍は女子供を殺すことはしない。捕虜になりなさい」と耳打ちする将兵が1人もいなかったならば、東京出身で、中国大陸で陸軍航空隊の通信兵として従軍し、その後、嘉手納《かでな》飛行場の建設に従事した男性（筆者の父）を母が結婚相手に選び、本土に渡ることはなかったと思う。もちろん筆者が生まれてくることもなかった。また、母が別の男性と結婚し、息子ができても、「日本国家に仕える仕事に就くな」と言って外務官僚になることに反対したであろう。

2003年10月8日、私は東京拘置所での512泊513日の勾留《こうりゅう》を終えて、さいたま市の母のもとに身を寄せた。父は2000年11月に死去したので、団地で母が1人で住んでいた。この日は母の73歳の誕生日でもあった。筆者は恐る恐る玄関のチャイムを押した。扉が開いた。母は筆者の顔を見るなり、涙を少しだけ浮かべ、「私はあの戦争で弾に1度もあたらなかった。運がとても良かった。優君は、私から生まれたのだから運がいいはずだ。逮捕されたこと、牢屋《ろうや》に入ったことなどたいした話ではない。命までもっていかれるわけではないから」と言った。ここで、母の沖縄戦体験と筆者の獄中体験が交錯した。そして「日本国家とどう付き合うか」という問題が浮かび上がった。母は、戦後、プロテスタント教会で洗礼を受け、キリスト教徒になった。政治的には非武装中立を掲げる日本社会党の熱心な支持者になった。同時に、母は靖国《やすくに》神社にも参拝していた。母とともに石部隊の軍属であったすぐ上の姉が、戦死し（享年《きようねん》19）、英霊として靖国神社に祀《まつ》られているからだ。母はあの戦争での体験を踏まえ、日本国家とヤマトゥンチュ（沖縄出身者以外の日本人）に対する二律背反的な感情をあえて整理しないことに決めたようだ。その二律背反的な母の国家観は明らかに筆者に影響を与えている。筆者としては、母がもっていた二律背反的な日本国家観を少し無理をしてでも言語化したいと考えている。

「新潮45」2010年9月号掲載

あとがき　顕在化した中国の脅威に立ち向かえる「外交力」を再生せよ

外務官僚には、国家が本質において、利己的で、暴力的な存在であることが理解できていないようである。2011年3月11日の東日本大震災による大量破壊で、日本が弱くなったことは明白だ。国際関係は力の均衡によって成り立っている。日本の力が弱くなれば、そこに中国、ロシア、韓国などがつけ込んでくるのは当然のことである。

中国は尖閣《せんかく》諸島に対する日本の実効支配を覆《くつがえ》そうとし、ロシアは北方領土への投資を進め現地の「脱日本化」に腐心している。韓国も、竹島問題に関し、国際常識からかけ離れたヒステリックな領土ナショナリズムを煽《あお》り立てている。急速に対日包囲網がつくられつつある。これに対抗する戦略を、政治家も官僚も構築していない。場当たり的にすべての国と対峙《たいじ》していると、消耗するだけで、結果として日本の国益を毀損《きそん》することになる。本格的に対峙しなくてはならない国家を限定し、外交戦略を構築しなくてはならない。もちろん口先では「どの国とも仲良くします」と言うが（それが現下国際社会の礼儀である。日本は文明国として礼儀知らずとみなされるような行動を取ってはならない)、中国を標的とする外交戦略を構築することが、日本国家と日本民族の生き残りにとって不可欠と私は考える。中国が潜在的脅威であるという論者は間違えている。航空母艦の就役を決定した中国はもはや潜在的脅威ではなく、顕在化した現実的脅威だからだ。この現実をロシアは実に冷静に見ている。２０１１年7月末から8月初頭にかけて、ロシア国営ラジオ「ロシアの声」(旧モスクワ放送)が、日本向けの放送で、中国の空母に関する論評を行った。さりげない形で、ロシアが中国の脅威について日本にシグナルを送っているのだ。

まず、7月29日にナタリヤ・カショ氏の名前で〈中国の空母「ヴァリャーグ」は日本を眠らせない〉という論評を放送した。

〈中国の「海の竜」が突如出現し、日本を脅《おびや》かしている。北澤俊美《きたざわとしみ》防衛相は中国に対し、空母造船の目的について説明を求めた。29日行われた記者会見で北澤防衛相は、日本政府はこの問題について中国政府に透明性を求めると語っている。

前日、枝野官房長官は北澤氏よりもさらに具体的な発言を行っており、中国海軍力の拡大について日本政府としては「空母建造の具体的な目的や、今後の建造、配備計画等を含めた各種の情報をしっかりと開示して頂くことにより、軍事に関する透明性の向上を図ることが期待されている」と述べている。

中国がウクライナから購入した旧ソ連製の空母「ヴァリャーグ」。中国はこれを学術上の目的および乗員の訓練に限定して使用すると説明しているが、米国も日本もこれを信用していない。船体にはレーダー機器も搭載され、次世代のコンピューターシステムも設置されているからだ。これについてロシア科学アカデミー極東研究所、日本調査センターのヴィクトル・パヴリャテンコ専門員は、憂慮の原因はこれにとどまらないとして次のように語っている。

「米国がこの海域に戻ってきたことが中国に圧力となった。米国としては、しばらく前に失われたポジションを勝ち取らねばならない。この海域ではパワーバランスの再編が行われた。米国は依然として圧倒的な勢力を誇っているが、それでも唯一《ゆいいつ》の存在ではない。米国の失った軍事政治的、軍事戦略的ポジションは中国へと移行している。このため、中国、日本、アメリカ他一連の国へ圧力がかかることで新たな力の均衡は成り立っているのだ。」

空母大国になろうとする中国の試みは東南アジア諸国に強い懸念《けねん》を呼んでいる。豊かな海底資源の眠る西沙《せいさ》諸島（パラセル諸島）や南沙諸島（スプラトリー諸島）海域では、中国はより執拗《しつよう》に領土権を主張するようになっている。中国が２０１２年に空母造船を行う決定をとった目的は、南シナ海において自国に好都合な規則を掲げてプレーを行うためであることは明白だ。

ここ数年、この海域では中国、ヴェトナム、フィリピンの衝突が相次いでいる。バンコクのネシンル紙が伝えたところによると、東南アジア諸国連合（ASEAN）の海軍司令官らはホットラインを創設し、各国の境界線が隣接する懸案のこの海域で緊急事態が起きた際には、互いに通報しあうことを約束している。

他の見方をすると、中国に最初の空母ができることで、同海域の諸国は米国の参加する海上軍事演習をすることになり、これがかえって中国に独自の空母を保有する論拠を与えることにつながりかねない。中国海軍は２０２０年までに４―５の空母艦隊を形成する構えだ。これは南シナ海、東シナ海で展開し、艦隊の護衛やパラシュート部隊の作戦の際に使われる。中国はすでに上海《シャンハイ》の造船所で２つの空母を建造中であることから、近い将来にもアジアに空母大国が出現することは間違いない。〉(http://japanese.ruvr.ru/2011/07/29/53903455.html)

カショ氏は、中国が近く就役する空母について、〈学術上の目的および乗員の訓練に限定して使用すると説明しているが、米国も日本もこれを信用していない〉と述べるが、これはロシアも中国の説明を信用していないという意味だ。ロシア科学アカデミー極東研究所のパブリャテンコ上級研究員（元日本研究センター長）は、ウラジオストックの極東国立大学を卒業しており、軍幹部との人脈を持っている。米中の相対的力関係が変化した当然の結果として、アジア太平洋地域の軍事バランスも変化すると見ている。それが可視化されたのが、中国による空母の保有なのだ。中国が空母大国になるのは確実で、米国並びにその同盟国との間での軍事的緊張が激化することは必至であるという見方を示す。

さらに8月1日の「ロシアの声」は、ウラジーミル・フェドルク氏の名前で、〈中国空母大国「G10」の仲間入りへ〉という放送を行った。

〈中国は公式に、自国での空母計画を有していることを認めた。中国はソ連で作られた旧式空母「ヴァリャーグ」をはじめ、海上カジノとして使うために購入したが、現在それを自国の海軍で使用するため改修作業を続けている。

ただしすぐにその空母に武器が装備されるということではなく、当面はパイロットおよび乗組員の訓練のために使われる見通しだ。早くも来年にはそのような訓練が開始されると見られている。いままでそのような訓練には、世界で唯一コンクリートで作られた空母の実物大模型が使われていたが、いまや「ヴァリャーグ」の改修作業が進み、さらに上海では2隻の近代的空母が建造されている。

ロシア科学アカデミー極東研究所のパーヴェル・カメンノフ専門家は、2020年までには中国は空母部隊を編成すると指摘し、次のように述べている。

「中国には空母建造の経験はありませんが、他国の経験を注意深く研究しています。ですから、近い将来にはそのような経験を獲得することに疑問をはさむ余地はないでしょう。日本からの情報によれば、中国は2014年までには最初の空母を進水させるほか、

2020年までには原子力空母を進水させる見込みです」

日本はすでに、中国の海軍力の増大に懸念を示しており、空母計画の詳細を公開するよう要求している。ロシアの政治学者であるスタニスラフ・タラソフ氏によれば、現在問題となっているのは中国の新しい軍事的脅威というよりも、中国の政治的野心の拡大であると指摘している。

「中国の動きは、空母の建造や海軍力の増強によって日本との軍事的バランスを変更させるということを表しているのではなく、自らの国力を象徴的に誇示するということだと思います。つまりアメリカが自国の空母を世界の各地に配備することによって力を誇示するのと同じことです。現在中国の影響力はかなり広範に広がってはいるものの、アメリカのような行動はとることができません。ですから、空母を持ち、たとえばそれをアフリカ沿岸に派遣することによって、中国の力を誇示することができるかもしれません。私自身の考えでは、それは第三国に具体的・現実的な軍事的脅威を与えるものではないと思います」

中国が世界最大の空母大国アメリカに挑戦状を突きつける、というシナリオはほかの動きからでも推測される。現在、中国海軍は世界の軍事予算の約3分の1を占めている。石油やほかの天然資源の輸送ルートの安全を確保するためには海軍力が必要だ。さらに現在、中国のシーレーンはアメリカ海軍によって脅かされている。その意味で、空母の建造は、中国が海のうえでの競争力を高めるための手段だといえる。またアメリカの空母に引けをとらないため、中国は原子力空母の建造のほかに、対艦ミサイルの開発も進めている。それは空母が最も恐れる武器だ。またステルス機能をもった第五世代戦闘機のプロトタイプの実験も行われている。〉(http://japanese.ruvr.ru/2011/08/01/54017464.html)

カシヨ氏の論評では、中国の軍事的脅威に関する表現が直截《ちよくせつ》的すぎると考えたのか、フェドルク氏の論評においては、若干、トーンを変えたシグナルを送っている。ロシアの意図は、日本政府が空母を持つ中国の軍事的脅威をどれくらい真剣に受け止めているかについて探ることだ。ウクライナに引き渡された旧ソ連の空母「ヴァリャーグ」を中国が、カジノとして使うと言って購入しながら、実際は軍事目的で用いていることについてさりげなく触れている。「中国人は平気で嘘《うそ》をつくので気をつけろ」というメッセージを日本に伝えているのだ。さらに2020年までには、中国が原子力空母を保有する見通しについて述べる。対艦ミサイルやステルス戦闘機の開発についても日本の注意を喚起している。しかし、何よりも重要なのは、中国が空母を保有する意図を「政治的野心の拡大」に求めていることである。中国は米国に対抗する世界帝国になる政治的意図を持っている。それを実現するためには、米国の海上覇権を打破しなくてはならない。そのために空母が必要になるのである。19世紀プロシアの軍事理論家クラウゼビッツは、

「戦争は政治の延長である」と言った。中国の政治的野心が、世界的規模で深刻な問題を引き起こしはじめているのだ。「ロシアの声」では、タラソフ氏の口を借りて、〈私自身の考えでは、それは第三国に具体的・現実的な軍事的脅威を与えるものではないと思います。〉と述べているが、これは中国に配慮した修辞だ(中国は「ロシアの声」を含む、ロシアの公開情報を細かくフォローし、中国にとって都合が良くない報道については、反応してくる)。繰り返すが、ロシア政府の意図は、中国に対する脅威に関するロシアのシグナルに日本が食いつくかを探ることだ。ロシアは、クレムリン(大統領府)、ホワイトハウス(首相府)、外務省、SVR(対外諜報庁《ちょうほうちょう》)を通じて、日本の政治エリート(国会議員や官僚)と面談した際にも、中国の脅威に関するシグナルを伝えているはずである。これを正確に読み解くことが、外交のプロ集団である外務省の仕事だ。そして対策を立てる。

処方箋《しょほうせん》は難しくない。日米安保体制を深化させるとともに、ロシアとの戦略的提携を強化し、中国を牽制《けんせい》するのだ。福島第1原発事故後、中長期的に脱原発を日本は志向する。現実的観点から、電力を確保するためには液化天然ガス(LNG)が必要だ。それをロシアから確保すればよい。サハリン(樺太《からふと》)沖大陸棚の天然ガス・石油資源を日露で共同開発する大枠で、日露双方の立場を毀損しない形で北方領土の開発を進めればよい。そうすれば北方領土問題を軟着陸させるシナリオが見えてくる。しかし、現下の外務省がそのような絵を描いているとは思えない。その前提になる情報のキャッチボールすらできていない。なぜできないのだろうか。正直に私の見立てを述べる。まず、ロシアが送るシグナルを読み解くことができない。さらに、ほんとうは日露提携戦略の組み立てをしたいと思っているが、知恵が出てこないのである。能力が低い者は、自分の能力不足を隠すためにナショナリズムを隠れ蓑《みの》にし、「何もしないのが最大の国益だ。じっと耐えていれば、ロシアが日本に歩み寄ってくる」という根拠のない希望的観測を述べる。じっと耐えて待っている間に、ロシアによる北方領土の実効支配が動かざる現実として国際社会から認められ、しかも日本はロシアからエネルギーも確保できないという状態になるという近未来の姿が、私の目には見える。

国民、政治家、マスメディアと有識者が力をあわせて、外務省改革を進めねば、日本国家と日本国民の利益を保全することができない。この大きな課題の中で、私がやらなくてはならないことがある。私しか知らない、外務省の実態、外務官僚の「素顔」を明らかにし、問題を提起することだ。本書のまえがきでも述べたが、「魚は頭から腐る」。日本外交の「頭」を救うために全力を尽くさなくてはならないと思う。

本書では外務省に対してずいぶん厳しいことも書いた。ただし、誤解しないでいただきたいが、これが外務省に対する私の愛情なのである。外務省は代替のきかない「会社」である。現在の外務省がいかにだらしなく、外務官僚の能力が基準に達しないで、国益を毀損するような状態が続いているとしても、日本外交を強化するために外務省は不可欠な組織なのである。本書を読んで、外務省員ならば「このままではまずい。何とかしなくてはならない」と思う箇所があるはずだ。あるいは私の主張に強い反発を感じる人でも、外務省の現状をそのままにしておいていいとは思っていないはずだ。勇気を出して、日常業務を遂行する中で外務省を内側から変える努力をして欲しい。

私の読者には外交官を志望する学生も多い。要領よく受験勉強をするとともに、外国語力（特に英語力）をみがいて欲しい。同時に歴史書、哲学書、数学書、小説などをひもとき、国家公務員試験に直接関係のない幅広い教養をつけることも重要だ。外務省は、人間という資源しかない役所だ。帝国主義化する社会の中で、日本国家と日本人が生き残るために、静かな愛国心と、高い教養、そして他人の気持ちになって考える優しさを備えた青年が外務省に採用され、縦横無尽の活躍をすることを心の底から願っている。

末筆になりますが、「新潮45」への連載を担当してくださった宮本太一氏、単行本を担当してくださった原宏介氏に感謝申し上げます。また、作家としての佐藤優を見いだしてくださった伊藤幸人氏の助言なくして、本書が陽の目を見ることはありませんでした。どうもありがとうございます。

2011年9月7日　箱根仙石原《せんごくばら》の仕事場にて　佐藤優

文庫版あとがき

２０１３年6月30日、私の執行猶予《ゆうよ》期間が満了した。鈴木宗男事件関連の背任、偽計業務妨害事件で、２００９年6月30日、最高裁判所は私の上告を棄却する決定を行い、懲役2年6月、執行猶予4年の判決が確定したが、執行猶予期間を満了すると、刑の言い渡しが効力を失う。私の懲役2年6月の判決は、「なかったこと」にされた。

私が東京地方検察庁特別捜査部に逮捕されたのは、２００２年5月14日のことだった。初公判は、同年9月17日に行われた。ちょうどこの日は、小泉純一郎総理（当時）が、日帰りで北朝鮮の平壌《ピョンヤン》を訪問し、金正日《キムジョンイル》と会談した日だ。公判を終え、東京拘置所のかび臭い独房にもどるとラジオから小泉訪朝に関するニュースが流れていた。ノートにメモを取りながら、情勢を分析する。もはや私は、外交官としては死んだ人間であるにもかかわらず、外務省の主任分析官としての習性はなかなかとれない。「僕はなんでこんな意味のないことをしているのだろうか」という思いが昂《こう》じて、笑いがとまらなかった。人間は、自らの限界に突き当たると笑うという哲学者の考察は正しいと思った。

初公判からしばらくして、私を取り調べた西村尚芳検事が拘置所を訪ねてきた。西村氏は、特別捜査部から特別公判部に異動になって、私の裁判を担当することになった。西村東京拘置所内に設置されたプレハブの取調室における西村氏とのやりとりが、今も鮮明に私の記憶に残っている。


〈「鈴木さんへの義理はもう十分果たしたよ。あなたが他の外務省の人たちや業者と違って、最後まで鈴木先生と切れなかったのは、対露平和条約交渉の盟友だったからだ。あなたは友だちを裏切らないし、盟友を見捨てない。そういう人だ。でももう十分鈴木さんへの義理は尽くしたし、鈴木先生もそれはわかっているよ。もっと自分のことを考えないと。それから、あなたがいつまでもこんな中にいるとそれは社会的損失だよ。外交のことでも国策捜査のことでも、どんどん書いて問題提起をしていけばいいじゃないか」

「検察にとって都合のよくないことも書くよ」

「それは仕方がないよ。もったいないよ。これで社会的に活躍しなくなってしまうのは。国策捜査に巻き込まれた人で、これまでとは別の方面で能力を発揮している人はいくらでもいるよ。だから早く外に出ることを考えることだ。鈴木さんはあと一年は外に出られないよ。それに鈴木さんの十年裁判に付き合う必要はないよ」

「いや、ある程度のところまで付き合うことに決めたんだ」

「わかった。でもほどほどにしておきなよ。裁判なんて時間の無駄だよ。これ以上は言わない。ただ、弁護士には遠慮せずに、少なくとも週一回は接見（面会）に来てもらうようにした方がいい。それから食べ物でも本でも欲しいものは遠慮なく弁護士にお願いしたらいい。独房でストイックな生活をしていると知らず知らずのうちに神経が参ってしまう」

「わかった。弁護士には遠慮しないで何でも頼むよ」

「それから、外に出てからは、仕事や他人のためにではなく、もっと自分の欲望に忠実に生きて欲しいと思う。あなたのこれまでの生き方はあまりにも自分を犠牲にし過ぎているよ。それはよくない」

「いや、僕は僕でそれなりに楽しく生きてきたつもりだ」

「ほんとうにそうだろうか」

「ほんとうにそうだ」

「それならばもうこれ以上は言わない」〉（佐藤優『国家の罠《わな》―外務省のラスプーチンと呼ばれて』新潮文庫、２００７年、４４７〜４４９頁《ページ》）

徹底的に争った結果、私は11年、国策捜査の呪縛《じゅばく》から逃れることができなかった。ただし、私の人生にとって、この事件に巻き込まれたことは、有意義だったと思っている。もし、事件に巻き込まれずに、あのまま外務省で仕事を続けていれば、私は自分の活動を突き放して見ることができなくなっていた。そして、どこかで健康を害し、死んでいただろう。実は、1996年と99年に扁桃腺《へんとうせん》を腫《は》らして入院したことがある。そのときに医師から、「腎臓《じんぞう》が弱っているので精密検査を勧める」と言われていたが、無視していた。今は、2カ月に1回、大学病院で経過観察を続けながら、慢性腎臓病と上手につき合っている。

今回、文庫化にあたって、本書をていねいに読み直した。私が西村検事に「いや、僕は僕でそれなりに楽しく生きてきたつもりだ」と言ったのは、一部、強がりがあったことを認めざるを得ない。外交交渉や情報収集が私にとって得意分野であったことは間違いない。しかし、できることと好きなことは異なる場合がある。私は外交官という仕事を決して好きではなかった。それは、官僚の職業的良心が「出世すること」だからだ。官僚は、自らの出世、省益、国益が同心円を描いている。また、出世するにつれて、より大きな権限が付与されるようになる。従って、仕事に意欲的な官僚は、とにかく出世を目指す。外務省を含む中央省府の場合、キャリア職員ならば、努力すれば局長ポストをつかむことはできる。しかし、その後は、運と政治家との関係で、その先の出世が左右される。それだから、局長以上の官僚の生態は、独特のものとなる。

課長ポストで出世がとまったキャリア職員、原則として管理職になれないノンキャリア職員の場合、局長以上の幹部職員の生態を目《ま》のあたりにする機会がない。私の場合は、きわめて例外的だが、ほとんどの外務省員が目にすることのない外務省幹部の立ち居振る舞いの現場証人となる機会が何度もあった。ここで権力者の内在的論理を知ることができ、とても勉強になった。

モスクワに勤務していたときも、通常は大使が付き合うソ連共産党中央委員、ときには政治局員、ソ連崩壊後のロシアでも大統領府の副長官や副首相、閣僚と個人的に親しく付き合う機会を得た。ここで知った権力者の内在的論理は、日本でもそのまま適用できた。ロシアの政治エリートと付き合ったときと同じ流儀で、私は日本の政治家と付き合った。私としては、普通に仕事をしていたつもりだが、周囲は私を政治的な官僚と見なすようになった。

また、東京の外務本省に戻ってからは、情報部局で勤務することになった関係でロシアに加えてイスラエルの政府関係者と深く付き合うようになった。イスラエルでもモサド（諜報《ちょうほう》特務庁）の長官や副長官、その他の政府高官から、私は可愛《かわい》がられた。当時、知り合ったロシア人やイスラエル人との関係は今でも続いている。

他の外務官僚と私の間で、違いがあったとするならば「友だち」という言葉に対する認識だ。ロシアやイスラエルは、政治的緊張がひじょうに高い。余計なことを言うと、それが文字通り命にかかわることがある。そのような状況で、「友だち」という言葉には、たいへんな重みがある。モサドの伝説的なインテリジェンス・オフィサーのウォルフガング・ロッツがこんなことを述べている。

〈ここで私のいう友人とは、いちばん狭義のものであり、ちょっとした知り合い、飲み仲間、あるいは親しい隣人などは含まれない。真の友はまことの貴重品であり、彼らの体重と同じ重さのダイヤモンドほどの価値がある。秘密情報機関とて例外ではなく、部内でたくさんの友人をつくるというわけにはいかないが、つくるとなればいい加減なものはゆるされない。不必要に大げさないいかたはしたくないが、あなたが友だちがいのある人間なら、そのためにいつか命拾いすることもあるということを強調しないわけにはいかない。それは事実であり、私もその実例を目撃している。〉（ウォルフガング・ロッツ［朝河伸英訳］『スパイのためのハンドブック』ハヤカワ文庫、1982年、29頁）

『外務省に告ぐ』で、あるときはストレートに、別のときには反語的に、私が強調しているのは、「友だちをたいせつにしないようでは、よい外交はできない」ということだ。現役の外交官でも、私の著作をていねいに読み、政策に生かしている人がいる。迷惑をかけたくないので、詳しいことは書かないが、私の失敗から学んで、日本の国益を増進する外交をしたたかに進めて欲しいと思う。

私は今年、54歳になった。そろそろ人生の残り時間が気になり始めた。作家として書きたいことがいくつもある。実を言うと外交は、それほど書きたいテーマではないのだが、私の得意な分野であるので、今後も論考を発表し続けていくことになる。「できることと好きなことは異なる」という問題に、今も私は悩み続けている。

文庫化にあたっては古浦郁氏にお世話になりました。また、伊藤幸人氏から、いつも貴重な助言を頂いています。深く感謝申し上げます。

2014年2月9日

佐藤優

解説　告発する快楽

原田マハ

初めに言っておく。超ド級のトップ・インテリジェンスにして「月産原稿量千枚超」を誇る怪物のごとき作家・佐藤優の知性と筆力には、どんなにがんばったところで私は到底かなわない。ゆえに、この解説では少々ふざけたことを書く。けれど、ここまでフルスピードでページをめくってきた読者に読み飛ばされないように、細心の注意は払いたい。

本書の解説にまったくの畑違いである私を指名してきたのは佐藤優自身ということだった。そうと知って私は、「日本を代表するインテリの著作の解説なんて、とても務まらない」と、正直戸惑った。が、おそらく佐藤優は最初から私に高水準の知的かつ博学な解説を望んではいまい。むしろ「やっちゃってください」というくらいの感じかもしれない。いや、きっとそうだろう。そうでありますように。

それにしても、とてつもない本だ。一読して、本書は快楽に満ちていると感じた。「告発」という名の快楽である。強烈な放出である。潔《いさぎよ》い露出である。そしておそらく、ほぼすべてが事実なのだろう。だからこそ本書はこれほどまでに読者を引きつけるのだ、というのが一読しての感想である。もし、ここに書かれていることのすべてがほんとうに偽らざる真実であるとしたら、本書はむしろ「ホラー」と呼んだほうがいいかもしれない。こんなことが外務省で実際起こってるって、それじゃもう、これ全部「怪奇現象」じゃないか。

もとより、佐藤優の体験してきたことは、尋常ならざることばかりだ。ノンキャリアの外交官になった時点でもうすごいのだが、ロシア語、英語を初めチェコ語や琉球語《りゅうきゅう》まで操る語学力、対ロシア外交における丁々発止の交渉、あのムネオとの切っても切れない絆《きずな》、東京拘置所における五百十二日間の勾留《こうりゅう》、最高裁での有罪確定、外務省失職、そして月産原稿量千枚超を誇る作家への転身——何がすごいって、すごくないことがひとつもないことだ。同業者的には、やはり月産千枚のところが最も響くのだが。

独特のビートを保ったスピード感あふれる文体に身を任せて読むと、さながら二人乗りボブスレーに乗っているような疾走感。前が私で、後ろが佐藤優。三、二、一、スタート！　で滑り出したら、もう止まらない。ゴールにたどり着く頃には、すっかり気分は佐藤優。インテリでもなんでもない自分だが、何か佐藤優との一体感を感じて、フィニッシュしてしまった。こんな読書体験は、小説ではなかなか得られない。

で、せっかく佐藤優的気分になったところで、ううむ、そういえばかつて、こんなことに近いといってもそうでもないかもしれないが遠くもないことが、私にもあったな。――と、思い出したことがある。それは、政界が抱え込む深い闇《やみ》や外務省が死んでも隠《いん》蔽《ぺい》したい恥部など、本書においてあぶり出されている数々の驚愕《きょうがく》すべき事実にくらべれば、はなはだ小さな塵《ちり》のごとき話ではあるが、佐藤優の男気あふれる「告発」に誘導されるかたちで、ここに開陳しておく。

私は、かつて都内有数の都市開発企業「M」に勤務していた（ここで実名を伏せてしまうあたりが、佐藤優には到底かなわないところだ）。その頃、オーナー社長・Mさんの肝入りで、パリやニューヨークに負けない「文化都心」を東京に創出するというプロジェクトが進行中だった。私は、文化都心の中心となるであろう美術館計画を策定するために「M」に転職を果たしたのだった。

この構想が立ち上がったとき、私は商社「I」に勤務しており、文化コンサルタントとして、M社長に「こんな美術館を作ってはいかがですか」と進言する立場だった。私のアイデアは社長に気に入られ、発足されたばかりの美術館準備室へと移籍することとなる。その後、紆余曲折《うよきょくせつ》のちに、M美術館はニューヨーク近代美術館（MoMA）と提携関係を結ぶことに成功した。私は、さしたる英語力もなかったのだが、マンハッタン（ワシントン……ではない）との交渉窓口に抜擢《ばってき》された。度胸と運に味方されたのだと、いまでも思っている。

マンハッタン側との交渉で渡米した際に、いつも不思議に思うことがあった。会えば必ず「どこに泊まっているの？」と聞かれるのだ。ロンドンやパリの美術館とやりとりする際には聞かれたことがない。MoMAや、ほかのアメリカの美術館に限っての質問だと気がついた。つまり彼らWASPの文化エリートは、泊まっているホテルのランクで、こちらのポジションを推し量っていたわけだ。

これに気づいた私は、その頃火が着いたようにマンハッタンで広まり始めたデザイナーズホテルに泊まるように心がけた。超高級ではないが、スノッブで小洒落《こじゃれ》ている。「フォーシーズンズ」はあえて避けた。社長夫妻がたまにマンハッタン訪問するときのために、最上級のホテルはとっておかねばならない。この作戦（？）が功を奏したのかどうかわからないが、MoMAの私に対する扱いは「アジア人十把ひとからげ」的なものではなかった。「ホテルはいつもホリデーインです」と脳天気に答えていたら、どんな扱いをされていたことだろう。

ところがあるとき人事部が私に文句を言ってきた。社員の宿泊代は一泊八千円が上限なのに、お前の泊まるホテルはいつも一泊三百ドル以上すると。私は堂々と言い返した。一泊八十ドルかそこらの宿は、マンハッタンではドミトリーと呼ばれる。ドミトリーなんぞに泊まってMoMAと交渉すれば、鼻で嗤《わら》われるのがオチだと。人事部は私の言っていることをまったく理解しなかった。結局、私は「M」を退職する日まで、アートだ文化だとたてついて必要以上に経費を使いまくるとんでもない社員だと、上からマークされ続けることになった。

――とまあ、たいした話ではないが、白状するうちに、気分がすっかり上がってきた。なるほど、いっそ告白、告発とは、こんな甘美さを伴うものであったか。

本書には、外交交渉のカードのちらつかせ方、切り方、回収の仕方など、一般人は知り得ない微細なエピソードも多々盛り込まれている。さらには、外務省における不倫、セクハラ、いじめ、自殺等、どこの会社で起こったことですか？（実際、外務省内部の人間は、外務省のことを『わが社』と呼ぶ、とも）と疑いたくなるような赤裸々な暴露話には、半分は呆《あき》れ、半分は官僚もやはり人の子なのだと奇妙に安堵《あんど》感《かん》を覚えるようでもある。しかしながら、松尾克俊氏の内閣官房報償費の横領事件について、さらりと述べられていたくだりが怖い。「原資は国民の税金なんですね。……（それを）愛人のマンションや競走馬に注ぎ込んでいた」……ってちょっと待てよ、おい！とツッコミを入れたくなる。ほんとに大丈夫なのか外務省。いや、全然大丈夫じゃないでしょう。

それにしても、佐藤優の男気。実に、いい。最も感じ入ったのは、次の一文。

すべて上司の了解を得て行っていた業務が、罪に問われ、外務省という組織も自分を守ってくれない。これは自分にとってきわめて理不尽な状況だ。しかし、この理不尽な逮捕によって、外務省のシステムが改革され、後輩たちが自分のような境遇に陥らなくなるのなら、あと1つ2つ犯罪を背負ってもかまわない。獄中で、私はこんな風に考えていました。

グラリときた。いいじゃないか、佐藤優。ラスプーチンと呼ばれた男。歯に衣着せぬ男。告発の快楽を追求する男。仕事の合間に愛猫とたわむれる男。そして月産原稿量千枚超の男。こんな男、ちょっといない。

（平成二十六年二月、小説家）

本書は平成二十三年十月、新潮社より刊行された。

外《がい》務《む》省《しよう》に告《つ》ぐ

新潮文庫　さ－62－6

平成二十六年四月一日発行

著者　佐《さ》藤《とう》優《まさる》

発行者　佐藤隆信

発行所　株式会社 新潮社

郵便番号　一六二―八七一一
東京都新宿区矢来町七一
電話　編集部(〇三)三二六六―五四四〇
読者係(〇三)三二六六―五一一一
http://www.shinchosha.co.jp

価格はカバーに表示してあります。

乱丁・落丁本は、ご面倒ですが小社読者係宛ご送付ください。送料小社負担にてお取替えいたします。

印刷・大日本印刷株式会社　製本・株式会社植木製本所

ISBN978-4-10-133176-8 C0195